중국어교육과 상호작용

– 언어, 문화, 기술

중국어교육과 상호작용

– 언어, 문화, 기술

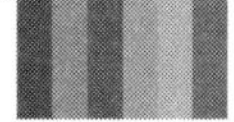

박찬욱 지음

學古房

서 문

학교라는 큰 울타리 속에서 타 동학들과 더불어 공부하다 이젠 혼자서 해보라 하며 학교로부터 최종 학위를 수여받은 지 만 10년이 지났다. 공부하는 사람에겐 글이 곧 자신이라고 대뇌이며 내심 잘, 써보겠노라 매달려왔건만 막상 그간의 몇 편을 묶어 한 권으로 내보이려고 하니 미숙함만 보여 내심 망설였다.

그저, 그동안 무엇에 관심을 가져왔고 이젠 무엇을 정말 깊이 있게 다루어야 할지에 대해 자신을 성찰하는 마음으로 작업을 시작했다. 따라서 이 책은, 가장 자신 있게 내보이고 싶은 글들의 모음이라기보다는, 그동안의 연구를 갈래 중심으로 되짚어보고자 했던 자기 다잡기의 일환이었다고 해야할 것이다.

서명의 부제를 '언어, 문화, 기술'이라고 한 것도 그러한 점에 기인한다. 여기서 '언어'는 언어의 사용적 측면을 가리키기 위해, '문화'는 교육에 요구되는 자료의 다양함을, 그리고 '기술'은 수업으로의 접목을 위한 몇 가지 제작 및 시용(試用) 결과를 수렴하기 위해 사용되었다. 그리고 이들 모두는 상호작용을 염두에 둔 언어의 교육을 지향한다.

이 책의 각 장은 국내 학술지에 수록되었던 글들이다. 장마다 다소의 차이는 있으나 책의 구성에 맞게 체재와 제목을 바꾸기도 하였고 기술의 명료함과 가독성의 제고를 고려하여 본문과 주 등에 크고 작은 수정을 가하기도 하였다. 또한 글들이 각기 독립적으로 게재되었던 탓에 동일 개념이 재차 소개된 부분은 간략화하려고도 하였다. 글의 원 출처 및 기타 관련 표기는 각 장 서두에 상세 제시하였다.

온 힘을 기울였음에도 불구하고 글을 쓰고 다듬는 과정이 결국 우물 안에서 벌인 작업이다 보니 어색하거나 생경한 부분이 없을 수 없을 것이다. 이후 여러 선생님과 동학들의 질정을 바라 마지않는다.

글을 쓰는 과정에서 주위의 도움을 많이 받았다. 우선 재정적으로 서울여자대학교의 지원에 힘입은 바 크다. 지면을 통해 다시 한 번 감사의 뜻을 표하고 싶다. 그리고 늘 아낌없는 격려로 연구를 독려해 주신 김현철, 강윤옥, 徐大明 교수님과 맡은 직분에 성실하라며 늘 기도로써 위해주시는 장인어른, 장모님께 감사의 말씀 올린다. 아울러 하루 중에 쉼표 하나는 찍을 수 있도록 해주는 가족에게 고맙다는 말 전한다. 근래 급격하게 쇠해지신 모친께 이 책이 작은 웃음 드릴 수 있었으면 좋겠다. 끝으로, 출판을 기꺼이 맡아준 학고방 하운근 사장님과 조연순 팀장님께 심심한 감사를 표한다.

2018년 2월

박 찬 욱

목 차

제1부 중국어교재와 언어 사용

제2부 중국어수업의 소재 탐색

제3부 중국어교육과 기술 사용

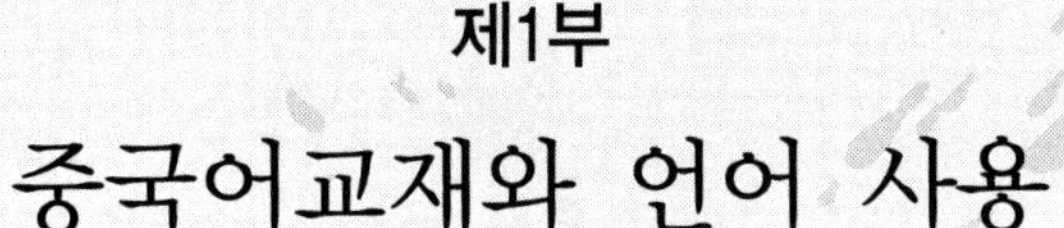

제1부

중국어교재와 언어 사용

제1장
중국어교재와 칭찬행위*

1. 문제의 제기

본 장에서는 교재의 대화 속에 드러난 언어행위 분석을 통해 학습자들의 말하기 능력, 즉 원어민과의 의사소통능력을 배양하는데 교재가 어느 정도 기여할 수 있으며 좀 더 나은 능력의 신장을 위해 개선되어야 할 점이 무엇인지를, 교재 내 칭찬화행(compliment)과 반응을 중심으로 살펴보고자 한다.

근래 들어 중어학계에 '응용'이라는 말이 중심화두로 떠오르고 있다. 언어 자체를 분석의 대상으로 놓았던 기존의 시각에서 벗어나 언어분석의 결과를 우리 일상의 일부와 그리고 기존의 여타 학문과 어떻게 접목시킬

---

* 본 장은 『비교문화연구』 제13권 2호(2009년 12월), pp.343~364에 「"인접쌍" 개념을 이용한 중국어 말하기교재 분석: "칭찬 — 반응" 구조를 중심으로」란 제하로 게재된 원고를 수정한 것이다. 연구는 2009학년도 서울여자대학교 교내학술특별연구비의 지원을 받았다.

수 있을까를 생각하기 시작하였다. 전산언어학, 심리언어학, 사회언어학, 대외한어교학 등이 그 예로서 기존의 중국어 연구결과를 여타 분야의 연구결과와 결합하려는 것이다. 이러한 현상은, 논문검색은 차치하고 중국이나 한국의 서가들만 둘러보아도 쉽게 확인할 수 있다. 중어학계의 이러한 현상은 영어학계와 비교하면 많이 늦은 감이 있으나 각 분야마다 그 첫 발을 내딛고 있다는 점에서 상당한 고무적인 일이라 할 수 있다. 위의 '응용'에서도 특히 대외한어교학 분야가 가장 주목을 받고 있는데 이는 크게 두 가지 면에 기인한다. 사회적인 입장에서 보면, 중국과의 교류가 빈번해지면서 중국어 능통자에 대한 사회적 수요가 급증하고 그에 따라 교육의 중요성도 부각되었으며 학문적인 입장에서 보면, 연구가 곧 교실에서의 실천이며 그 실천은 다시 곧 이론의 바탕이라는 인식에 기인하고 있다. 이러한 분위기로 인해 중국어 교육자들은 중국어를 잘 하면 된다는 결과론적 입장에서 중국어를 어떻게 해야 잘 할 수 있는가 하는 과정론적 입장에서 고민하기 시작했고 그 결과가 대외한어교학의 부흥을 불러온 것이다.

본 장의 논의는 '중국어를 어떻게 하면 잘 하도록 할 수 있을까'에 대한 고민에서 출발한다. 이러한 고민의 주요대상으로는 교수자, 학습자, 교재가 있겠는데 여기서는 교재에 대한 검토와 분석이 주를 이룬다. 언어 학습은 언어로써 수행하는 기능에 따라 듣기, 말하기, 읽기, 쓰기로 나뉠 수 있다. 이 중에서도 우리는 일반적으로 한 사람의 외국어 수준을 가늠하는데 있어 그 척도로 말하기 능력을 꼽는다. 기타 언어수행에 비해, 주변 사람들에게 쉽게 노출될 뿐만 아니라 계획되지 않은 수행자의 현장 대응능력을 요구하기 때문이다. 언어교육의 가장 궁극적인 목적이 언어학습자들의 의사소통 능력을 배양하는데 있다면, (위와 같은 이유로 인해)말하기 능력은 언어수행에 있어 초급에서 고급단계까지 우선적으로 중시해야 할 기능으로 꼽힌다.

말하기교재는 중국인들의 말하기 관습을 바탕으로 한다. 중국인들이 일상 속에서 나누는 대화를 학습자들의 수준에 맞추어 상황과 상용어휘, 대화의 양을 단계별로 재조직, 배열한 것이라 볼 수 있다. 교재 편찬 시 중시해야 할 점은, 내용상 중국인들의 일상대화가 가능한 그대로 반영되어야 한다는 데 있다. 어쩌다 간혹 쓰이는 표현보다는 상대방의 선행발화에 따라 의례 반응하는 발화를 기반으로 해야 학습자들이 좀 더 빨리 원어민과의 접촉면을 늘릴 수 있기 때문이다. 대화는 단순한 단어의 배열 또는 문장의 배열이 아니다. 그것은 해당 민족의 사회행위를 바탕으로 한다. 예를 들어 "謝謝"라는 감사행위는 "不客氣"라는 반응을 기대하고 요구한다. 만약 선행 발화에 대한 적절한 반응이 나오지 않았을 경우 무례한 사람으로 오인되어 대인관계에 영향을 줄 수 있다. 이러한 예로 미루어, 학습자들이 아무리 많은 단어와 문장을 외우고 있다고 하더라도 그것을 적절하게 사용하지 못하거나 사용하지 않는다면 올바른 언어수행능력을 배양했다고 말할 수 없을 것이다. 교재 분석에 있어 화행연구가 필요한 이유는 바로 여기에 있다. 이 중 칭찬은, 특히, 각 문화별로 상당히 상이한 반응을 요구하며 더 나아가 같은 문화 내에서도 누구와 어떤 상황에서 마주하느냐에 따라 때론 '수용'을 또 때론 '거절'을 요구한다. 따라서 중국인의 '칭찬 — 반응'에 대한 관습적 구조분석은 이에 대한 습득이 요구되는 학습자들을 위해서도 필요하며 상황에 따른 '반응'을 고려해야 하는 교재의 편찬을 위해서도 필요하다.

'칭찬 — 반응'의 행위구조 분석에는 연속체에 대한 이해를 전제한다. 연속체란 "발화에 수반되는 행위가 연속적으로 상호 연관성을 가지고 일어나는 것(박용예 2005, p.326)"으로서, 이와 관련하여, 본 장에서는 인접쌍이란 개념에 기초하고자 한다. 이는 이 개념이, '인사'에 대한 '인사', '감사'나 '요구' 등에 대한 '수용'이나 '거절' 처럼, 대화 속에서 화자들에 의해 구성되는 행위 쌍을 관찰하는데 상당히 유용한 관점을 제공해주기 때문이다(Sacks & Schegloff 1973).

다만 대화분석 방법론에서는 본래 자연담화를 분석의 대상으로 삼지만 여기서는 다듬어진 대화문을 분석대상으로 삼는다는 점에서 큰 차이가 있다. 그럼에도 불구하고 대화분석의 분석틀을 차용하고자 하는 데는, 외국어교재의 궁극적인 목적을 원어민과의 상호의사소통에 둔다면 그 안의 대화구조 역시도 중국원어민의 사회행위 — 대화 — 를 원형으로, 그들의 행위방식과 가장 유사하게 편성되었을 것이라는 가정에 근거한다.

칭찬이란 "상대방에 대해 무엇인가 좋은 것을 말하는 호의적인 판단이나 의견으로서 이를 통해 상대방과의 취향이나 흥미에서의 공통성을 표현하여 대화참여자 상호간에 유대감을 창조하거나 강화하는 것(Manes & Wolfson 1981[이원표 2001, p.328 재인용])[1)]"을 의미한다. 이에 칭찬의 주제는 크게 주로 상대방이 소유하고 있는 외모나 물건, 또는 능력이나 성취 등에 주로 집중되는 경향이 있으며, 그에 대한 반응은 크게 '동의'와 '비동의'로 양분된다. 하지만 어느 때 '동의'표현을 해야 하고 또 어느 때 '비동의'표현을 써야 하는지는 각 민족의 문화나 화자가 처한 상황에 따라 다르게 인식될 수 있어 일찍부터 영어권 연구자들의 주목을 받아왔다. 그러나 중국인의 '칭찬 — 반응'을 분석의 대상으로 한 연구는 90년대 들어서부터 시작되었으며(Chen 1993, Ye 1995, Chen 2003, Wang & Tsai 2003), 특히 국내의 중국어 교재 대화를 분석대상으로 한 연구는 거의 전무한 것이 현실이다.

이에 아래에서는 교재 내에 출현하는 '칭찬'과 그 '반응'을 중심으로 살펴보고자 한다. 기술의 중점은 교재 내에 출현하는 '칭찬'과 그 '반응'이지만 자연담화에 대한 기존 연구(Wang & Tsai 2003)와의 비교를 위해 '칭찬'의 주제를 '외모, 소유'와 '능력, 성취'별로 나누고 '반응'도 '수용', '거절', '무응답'으로 나누어 기술할 것이다. 더불어 지위적 요인과 연계할 때 어떤 현상이 존재하는지도 함께 살펴본다. 그리고 현상에 대한 원인 분석과 결과를 바탕으로 향후 교육에 있어 고려해야 할 점들을 제안한다.

2. 분석의 대상

분석대상은 중국어 교재 내에 출현하는 '칭찬 — 반응'구조이다. 이에 언어자료는 시중에 출판된 중국어 말하기교재에서 취하였다. 그 교재 목록은 다음과 같다.

1. 『Easy 中國語』(Red)
   [劉彤 , 邵力敏 편저, 주양곤, 고단단 번역 2004 China Press]
2. 『Easy 中國語』(Blue)
   [劉彤 , 邵力敏 편저, 주양곤, 고단단 번역 2004 China Press]
3. 『Easy 中國語』(Green)
   [劉彤 , 邵力敏 편저, 주양곤, 고단단 번역 2004 China Press]
4. 『중국어路』(上)
   [趙金銘 , 蘇英霞 , 胡孝斌 저, 김현철 편역감수 2007 다락원]
5. 『중국어路』(下)
   [趙金銘 , 蘇英霞 , 胡孝斌 저, 김현철 편역감수 2007 다락원]
6. 『新步步高 중국어』(중급)
   [叢琳 , 盧嵐嵐 편저 2006 시사중국어사]
7. 『알짜배기 중국어 구어표현 500』
   [沈建華 著, 왕혜경 편저 2006 시사중국어사]
8. 『신공략 중국어』(프리토킹편)
   [馬箭飛, 李小榮 2007(제2판) 다락원]
9. 『中級漢語口語』(下册)
   [劉德聯 , 劉曉雨 編著 1997 北京大學出版社]
10. 『高級漢語口語』(上册)
    [劉元满 , 任雪梅 , 金舒年 編著 1997 北京大學出版社]

교재를 선정하는 데에는 다음과 같은 기준을 따랐다. 우선 저자는 한국인이 아닌 중국 원어민이어야 한다. 이는 한국인 저자보다는 원어민 저자에 의한 교재가 '칭찬 — 반응'구조의 원형 고찰이라는 목적에 더 부합할 것이라는 가정에 기인한다. 둘째 초급, 중급, 고급을 모두 취한다. 이는 초·중·고급의 단계 설정은 학습자들의 편의를 도모하기 위한 것일 뿐, 실제로 원어민에게 있어서는 그 단계별 분류가 무의미하기 때문이다. "你好(안녕하세요)"란 인사말은 초급단계 학습자가 제일 먼저 접하게 되는 표현이지만 실제 원어민에게 있어서는 대인관계의 시작을 위해 평생 사용해야 하는 인사말이다. 각 교재별 '칭찬 — 반응'구조의 출현회수는 아래와 같다.

1.『Easy 中國語』(Red)	0회
2.『Easy 中國語』(Blue)	0회
3.『Easy 中國語』(Green)	0회
4.『중국어路』(上)	3회
5.『중국어路』(下)	8회
6.『新步步高 중국어』(중급)	4회
7.『알짜배기 중국어 구어표현 500』	12회
8.『신공략 중국어』(프리토킹편)	10회
9.『中級漢語口語』(下册)	11회
10.『高級漢語口語』(上册)	29회
총계:	77회

가장 일반적으로 여겨지는 '칭찬 — 반응'구조는 선행화자의 '칭찬'에 대해 후행화자가 '반응'하는 구조이다. 예를 들면 다음과 같다.

(1) 『중국어路』(上, 제22과)

司機: 你學了多長時間漢語了?

(중국어를 얼마나 배우셨죠?)

英愛: 半年多了。

(반여 년이요.)

司機: 說得眞棒!

(정말 잘 하시네요.)

英愛: 哪兒啊，還差得遠呢。

(뭘요, 아직 멀었는걸요.)

그러나 교재에서는 '칭찬'만 있고 '반응'이 없는 무응답의 구조도 상당수 포함되어 있는데 예를 들면 다음과 같다.

(2) 『중국어路』(上, 제22과)

小胡: 沒想到你還會書法。眞讓人佩服。

(서예도 할 줄은 몰랐어. 정말 대단한 걸.)

(小劉: ?)[2)]

小劉的同屋: 小劉不但會書法，還會畵畵兒呢。

(서예뿐만 아니라 그림도 그릴 줄 아는 걸.)

예(2)는 '칭찬'에 대한 '반응'이 부재한 경우에 속한다. '반응'이 제시되지 않았다는 것은 원어민의 사회행위에서도 없음을 의미하는 것이 아니다. 그러므로 이는 '칭찬'에 대한 즉각적인 반응이 제시되지 못했다는 것을 의미하는 '칭찬 — Ø'로 표시할 수 있을 것이다. 이와 관련한 논의는 아래에서 다시 이어진다.

3. 현상의 관찰

여기에서는 본래 중국어 교재 내의 대화를 크게 '성별', '주제', '반응', '지위', '인접쌍 구성유무'로 나누어 조사하였다. 그러나 이 중 '성별'은 이름을 통해서도 그렇고 삽화가 그려져 있지 않거나 대화녹음 내용을 직접 들어보지 않는다면 파악하기 힘들다는 한계가 있어 논외로 하였다. 이에 아래에서는 '주제', '반응', '지위', '인접쌍 구성유무'와 관련한 현상을 중심으로 기술하고자 한다.

3.1. 칭찬행위와 주제

'주제'는 주로 Wang & Tsai(2003)의 분류를 참고하였다. '주제'는 칭찬의 내용으로서 첫 번째 화자가 상대방의 어떤 부분을 칭찬하는가 하는 것인데, 좀 더 엄밀히 말하자면, 교재의 저자는 첫 번째 화자가 상대방의 어떤 부분을 칭찬하도록 설정했는가를 의미한다. 여기서는 우선 가장 자주 언급되는 '외모', '소유', '능력', '성취'를 꼽았다. 그리고 이 중에서 다시 칭찬을 받는 대상의 물질적인 면과 정신적인 면으로 간략화하여, 물질적인 면인 '외모'와 '소유'를 하나의 범위로 놓고 '능력'과 '성취'를 또 하나의 범위로 놓았다. 그에 해당하는 예는 다음과 같다. 먼저 '외모'와 '소유'의 예이다.

(3) 『중국어路』(上, 제7과)
小劉: 奶奶，您今年多大年紀了?
(할머니, 올해 연세가 어떻게 되세요?)
奶奶: 八十二了。
(여든 둘이란다.)
小劉: <u>您身體眞好</u>。

(그래도 정정하시네요.)
奶奶: 還行。
(뭐 그렇지 뭐.)

(4) 『중국어路』(下, 제31과)
小戴: 這花瓶眞好看。在哪兒買的? 我也想買一個。
(이 화병 정말 예쁘네. 어디에서 샀어? 나도 하나 사고 싶은데.)
朋友: 你要是喜歡就送你吧。
(그 그렇게 좋아하면 그냥 줄게.)
小戴: 這多不好啊。
(그건 좋지 않은 것 같은데.)
朋友: 這有甚麽? 拿去吧我還有一個呢。
(그까지 걸 뭐? 가져가. 난 또 있어.)

다음으로 '능력'과 '성취'의 예이다.

(5) 『新步步高중국어』(중급, 제3과)
朴英美: 李先生, 您有時間嗎?
(이 선생님, 시간 있으세요?)
李昌鎬: 有, 有甚麽事嗎?
(예, 무슨 일이세요?)
朴英美: 我聽說您的漢語水平很高, 想問問您關於學習漢語的情況。
(이 선생님 중국어 수준이 높다고 들었는데 중국어 공부와 관련해 좀 여쭈어 보려고요.)
李昌鎬: 您過獎了。不過我倒是學過差不多一年的漢語, 對漢語有一些了解。
(과찬이십니다. 뭐 한 1년 정도 배워서 조금 이해하고 있을 뿐입니다.)

(6) 『高級漢語口語』(上册, 제14과)

……

郝　陽: 乾!(两人在桌邊往盘子裏夾菜，然後走到場地邊的椅子上坐下來)時間過得眞快呀，一年一年像飛一樣。

(건배! 시간이 참 빨라. 일 년 일 년 날아가는 것 같으니.)

羅伯特: 是呀，回想幾年前我剛認識你的時候，你還是個沒畢業的大學生呢。現在呢，堂堂業務部的大經理了!

(그러네. 몇 년 전 막 알기 시작했을 때를 돌아보면, 자넨 아직 졸업도 안 한 학생이었지. 헌데 지금은, 당당히 업무부의 경리가 되었으니!)

郝　陽: 你不是也一樣? 記得那時候你連“你好”還說走調了呢，現在不但漢語講得呱呱叫，而且整個一個“中國通”了。(相視而笑)哎，對了老羅，你跟我們公司的合同快要到期了吧?你有甚麼打算?

(자네도 같지 않은가? 그 때 자넨 “안녕하세요”도 어색했던 것으로 기억하는데, 지금은 말은 물론이요 “중국통”이 되어있지 않은가. 아 맞다 노형, 우리 회사와의 계약이 곧 만료될 텐데 무슨 계획이라도 있는 거야?)

이러한 범주를 종합한 통계결과는 다음과 같다.

“칭찬-반응”	주제		총계
	외모, 소유	능력, 성취	
분류	24	53	77
백분율	31.2	68.8	100

표 1.

표 1을 보면 칭찬의 주제로는 외모나 소유 등 물질적인 면보다는 능력이나 성취 등 정신적인 면이 더 많이 출현하고 있다. 이는 지은이가 학습자로

하여금 칭찬 시 '능력'이나 '성취'를 더 많이 부각시키도록 교재구성을 하고 있음을 의미하는데, 이는 자연담화를 대상으로 한 Wang & Tsai (2003)의 분석결과와 대비를 이룬다. Wang & Tsai(2003, p.136, table.3)의 분석결과를 살펴보자.

"칭찬-반응"	주제					총계
	외모 appearance	능력, 성취 ability/ performance	소유 possessions	성격, 친분 personality/ friendship	기타 other	
출현횟수	205	128	79	36	6	454
백분율	45.2	28.2	17.4	7.9	1.3	100

표 2.

위에 제시된 Wang & Tsai(2003)의 분석결과에서 '외모'와 '소유' 범주는 총 284회, 62.6%이다. 이는 '능력'과 '성취'의 총합이 68.8%를 보인 표 1의 결과와 상반된다. 이러한 결과는, 교재의 '칭찬'행위가 중국어 모어화자의 행위 관습과 일치된 방향으로 구성되어 있지 않다고도 볼 수 있다.

3.2. 칭찬행위와 반응

여기서 '반응'은 첫 번째 화자의 칭찬을 듣고 두 번째 화자가 어떻게 응대하는가 하는 것으로서, 교재의 편찬자가 두 번째 화자의 반응을 어떻게 설정하고 있는가를 의미한다. Wang & Tsai(2003, pp.137~141)는 이를 '수용'과 '거절'로써 다음과 같이 나누고 있다.

〈수용(Agreement)〉	〈거절(Nonagreement)〉
1. 감사(appreciation token):	7. 강등(scale down):
예: A: ..這袋子满好看的。 B: ..謝謝。	예: A: ..這是你家呀? ..好乾淨哦。 B: ..還好吧。
2. 동의(comment acceptance):	8. 질문(question):
예: A: ..好有趣哟。 B: 對呀。	예: A: ..我很羨慕你這樣的個性。 B: ..眞的嗎?
3. 강화(praise upgrade):	9. 반대(disagreement):
예: A: ..感覺上你變漂亮了。 B: ..本來就很漂亮了。	예: A: ..你好象變瘦了。 B: ..騙人。
4. 내원설명(comment history):	10. 제한(qualifacation):
예: A: ..满好看的。 B: ..前幾天去買的。	예: A: ..满好看的耶 , 满適合你的哦。 B: ..我也覺得不错。
5. 조정(reassignment):	11. 무응답(no acknowledgement):
예: A: ..ye , 你穿新的毛衣哟 , ..满 , ..還满好看的。 B: ..穿第二次了。	예: A: ..感覺满斯文的啦。 B: ..啊你不是有急事嗎? ..怎麼不去配衣服呢?
6. 되돌려주기(return):	
예: A: ..你是满有智慧的一個人啊。 B: ..你腦筋也不差。	

표 3.

Wang & Tsai(2003, p.141)는 '수용'도 '거절'도 아닌 범주로 "해석요구(request interpretation)"를 따로 분류하고 있으나 우선은 본고의 분석에서 그러한 부분이 나오지 않을뿐더러 이렇게 강한 표현 — 칭찬하는 사람의 체면을 위협하는 — 은 교재의 표현으로 설정되지도 않을 것이라고 판단하여 논외로 하였다. 그리고 Wang & Tsai(2003)는 표 3의 11에 해당되는 '무응답'을 '거절'의 한 하위 형태로 분류하고 있으나 본고에서는 인접쌍의 구성유무를 판단할 수 있는 범주의 하나로서 '무응답'을 제 3의 범주로 따로 분류하였다. 이를 바탕으로 한 본고의 통계결과는 표 4와 같다.

수용 (Agreement)	출현횟수	백분율
1. 감사 (appreciation token)	3	3.9
2. 동의 (comment acceptance)	2	2.6
3. 강화 (praise upgrade)	3	3.9
4. 내원설명 (comment history)	5	6.5
5. 조정 (reassignment)	0	0.0
6. 되돌려주기 (return)	4	5.2
소계	17	22.1
거절 (Nonagreement)		
7. 강등 (scale down)	3	3.9
8. 질문 (question)	2	2.6
9. 반대 (disagreement)	19	24.7
10. 제한 (qualifacation)	4	5.2
소계	28	36.4
무응답 (no acknowledgement)		
11. 무응답 (no acknowledgement)	32	41.6
소계	32	41.6
총계	77	100

표 4.

수용 (Agreement)	출현횟수	백분율
1. 감사 (appreciation token)	28	6.2
2. 동의 (comment acceptance)	89	19.6
3. 강화 (praise upgrade)	12	2.9
4. 내원설명 (comment history)	10	2.2
5. 조정 (reassignment)	24	5.3
6. 되돌려주기 (return)	3	0.6
소계	166	36.5
거절 (Nonagreement)		
7. 강등 (scale down)	52	11.5
8. 질문 (question)	103	22.7
9. 반대 (disagreement)	20	4.4
10. 제한 (qualifacation)	98	21.6
소계	273	60.2
무응답 (no acknowledgement)		
11. 무응답 (no acknowledgement)	10	2.2
소계	10	2.2
총계	449	98.9*

*는 앞서 언급했던 것처럼 "해석요구"를 제외한 값이다

표 5.

(Wang & Tsai 2003, p.142, table.4)

표 4를 보면, 칭찬에 따른 '반응'은 '무응답'이 32회, 41.6%로 가장 높은 비율을 차지하고 있고 그 다음으로 '반대'가 19회, 24.7%를 차지하고 있다. 나머지는 모두 10회 미만의 출현횟수로 최대 7%를 넘지 않는다. 이러한 결과는 상당히 의외라고 할 수 있는데, 왜냐하면 어느 언어공동체나 첫 번째 화자의 발화에 대한 두 번째 화자의 응대가 자연스럽게 요구되기 때문이다. 이러한 점은 자연담화를 대상으로 분석한 표 5(Wang & Tsai 2003, p.142, table.4)의 결과를 통해서도 확인된다. 두 표를 비교하면 '거절'이 '수용'보다 많다는 점에서는 비슷하지만 '무응답'이 41%나 차지하고 있는 교재대화와는 달리 중국원어민의 자연담화에는 2.2% 밖에 차지하지 않을 정도로 무응답의 출현이 미미하다는 것에 주의할 필요가 있다.

3.3. 칭찬행위와 지위

여기서 '지위'는 지위의 고저를 말하는데, 직장이나 학교 등에서 이루어지는, 즉 상하관계가 표면적으로 명시된 화자 간의 대화를 제외하고는 교재대화의 대부분이 가족 간 대화나 이웃 간 대화, 친구 및 동료 간 대화로 구성되어 있기 때문에 연장자를 우선시하는 유교문화권의 관습과 대화상의 맥락을 바탕으로 각 역할들의 지위를 정하였다. 그에 따른 자료 통계결과는 표 6과 같으며 지위가 높으면 'H(igh)', 낮으면 'L(ow)', 대등하면 'E(qual)'로 표기하였다.

표 6에서 보이는 "H/L/E-×-×"형식에서 "H/L/E"는 앞서 언급했던 대로 각각의 지위를 가리킨다. 그리고 그 뒤를 잇는 첫 번째 숫자는 '칭찬'을 의미하는데, '외모, 소유'에 대한 칭찬은 1번으로, '능력, 성취'에 대한 칭찬은 2번으로 표시되었다. 마지막에 놓이는 숫자는 '반응'을 의미하는데, '수용'은 1번으로, '거절'은 2번, '무응답'은 3번으로 표기되었다. 예를 들면 "H-1-1"은 '높은 지위'의 화자가 상대방의 '외모, 소유'에 대한 칭찬을

하였으며 상대방은 그것을 '수용'하였음을 뜻한다. 또 "L-2-2"는 상대방의 '능력, 성취'에 대해 '낮은 지위' 화자가 칭찬을 하고 이를 상대방이 '거절'하였음을 의미한다.

	칭찬–반응			소계	칭찬–반응			소계	총계
높은 지위	H-1-1	H-1-2	H-1-3		H-2-1	H-2-2	H-2-3		
출현횟수	1	2	0	3	7	2	7	16	19
백분율	1.3	2.6	0	3.9	9.1	2.6	9.1	20.8	24.7
낮은 지위	L-1-1	L-1-2	L-1-3		L-2-1	L-2-2	L-2-3		
출현횟수	3	1	4	8	1	3	2	6	14
백분율	3.9	1.3	5.2	10.4	1.3	3.9	2.6	7.8	18.2
대등한 지위	E-1-1	E-1-2	E-1-3		E-2-1	E-2-2	E-2-3		
출현횟수	0	6	7	13	6	11	14	31	44
백분율	0	7.8	9.1	16.9	7.8	14.3	18.2	40.3	57.1
총계				24				53	77
백분율				31.2				68.8	100

표 6.

이에 따라 표 6을 보면, 칭찬하는 화자의 지위가 높은 경우, '능력, 성취' 칭찬에 대해 낮은 지위 화자의 '수용'(9.1%)과 '무응답'(9.1%)이 가장 높은 비율로 나타났다. 칭찬하는 화자의 지위가 낮은 경우, '외모, 소유' 칭찬에 대해 높은 지위 화자의 '무응답'(5.2%)이 가장 높은 비율로 나타났다. 화자간 대등한 지위의 경우에는 '외모, 소유'에 대한 칭찬을 하든(9.1%) '능력, 성취'에 대한 칭찬을 하든(18.2%) 상대방이 모두 '무응답'으로 응대하고 있는데, 기타 지위관계보다 '무응답'이 특히 더 두드러진다.

4. 결과의 분석

대화는 최소 두 사람의 참여자를 전제한다. 그리고 그 두 참여자는 선행화자의 발화행위에 따른 적절한 대응을 통해 대화를 이어나간다. 예를 들면 선행화자의 "밥 먹었어?"라는 '질문'에는 그 의도에 따른 후행화자의 "응", "아니", "지금 먹으러 가려구" 등의 '대답'이 요구되며 "너는?"이라는 되묻기로 다시 대화는 이어진다. 이와 같은 틀로 제3절의 현상을 살펴보면, '칭찬'에 대한 '무응답'반응이 전체의 40% 이상을 차지할 만큼 우세하다는 점은 본질적으로는 교재의 저자들이 대화의 속성에 대해 소홀했던 결과로 볼 수 있다. 위와 같은 '무응답' 반응의 우세현상이 다음의 두 가지 원인에 기인한다고 본다.

첫째, 행위 위주의 대화구성이 아닌 표현 위주의 대화구성이다. '말만 잘하면' 또는 '원어민이면' 누구나 말하기교재를 편찬할 수 있다는 일종의 표현 위주의 교재편찬 풍토가 그것인데, 대화를 원어민 화자의 상호작용 행위로서 보기 보다는 언어 표현들의 연속이라고 보았던 탓에 '반응'에 대한 고려가 충분하지 못했던 것이다. 아래의 예를 같이 보도록 하자.

(7) 『중국어路』(下, 제22과)

英愛: 老師，您教了多長時間漢語了?

(선생님은 몇 년 동안 중국어를 가르치셨어요?)

老師: 十多年了。

(십여 년 됐다.)

英愛: 您今年多大年紀?

(올해 연세가 어떻게 되시는데요?)

老師: 三十七歲。

(서른 일곱이란다.)

英愛: 眞的嗎? <u>您顯得眞年輕，我以爲您才三十一二呢。</u>

(정말요? 정말 동안이시네요. 전 서른 한 둘인 줄 알았어요.)

(老師: ?)

예(7)을 보면, 英愛가 선생님에게 예닐곱 살이나 낮추어 보며 외모에 대한 칭찬을 하지만 칭찬 '표현'을 하는데 머물렀을 뿐 그에 대한 선생님의 적절한 '반응'은 제시되어있지 않다. 이러한 예의 대화가 '행위 — 반응'의 시각에서 불충분하다는 것은, 우리가 일상에서 "동안이시네요"라는 말을 듣고 아무 반응이 없을 경우를 상상해 보면 금방 알 수 있을 것이다.

둘째, 한 명의 화자에 배당된 긴 편폭의 발화내용이다. 원어민들의 대화를 논할 것이 없이 우리의 일상대화를 보면 화자들이 짧은 양의 발화를 끊임없이 주고받으며 대화를 구성하고 있음을 발견할 수 있다. 현실에서의 상호작용은 매우 역동적인 데 반해 교재 내에서의 상호작용은 매우 느슨하며 정적이라는 데 그 문제가 있다. 다음의 예를 보도록 하자.

(8)『高級漢語口語』(上册, 제1과)

……

林 父: 動物通人性嘛，特別是狗。志强小時候養過狗，送出去好幾次又都跑回來了，眞招人疼。哎，聽說你們快期末考試了，學習緊張嗎?

(동물은 사람과 통하잖아. 특히 개를 봐. 志强이 어렸을 때 개를 키운 적이 있는데 몇 번이고 누굴 줘도 돌아와서 정말 가슴 아팠다고 그래. 너희들 곧 기말고사라고 들었는데 공부하기 힘들지?)

鈴 木: 還可以。

(그럭저럭요.)

林志强: (坐在沙發上削水果)她呀，學習起來是拼命地學，玩兒起來又是拼命地玩兒。

(저 친구야, 공부하면 공부 놀이하면 놀이, 모두 열심히 해요.)

林 雪: (給林木續茶)<u>你的漢語挺地道，沒有洋腔洋調</u>，來這兒幾年，習慣這兒的生活了吧?

(중국어에 외국인 억양이 없는 것이 마치 본토 사람 같은데, 여기 온 지 얼마나 되었지, 이 곳 생활에 습관은 들었지?)

鈴　木: (?) 剛开始可眞不適應。早上實在爬不起來，這兒上課的時間太早，可留學生們又都是夜猫子。現在我也和中國人一樣，中午總要睡會兒覺，要不然下午就昏昏沉沉的，幹甚麼都沒有精神。

((?) 처음에는 정말 적응하지 못했어요. 아침에 정말 일어나지도 못했고. 이곳의 수업시간은 매우 이르잖아요. 하지만 유학생들은 또 모두 올빼미 생활을 하고. 지금은 저도 중국인들처럼 12시 즈음해서는 잠도 좀 자야해요. 그렇지 않으면 오후 내내 비몽사몽해서 뭘 해도 정신이 없더라고요.)

……

예(8)에서 林雪는 鈴木의 남자친구인 林志强의 누나이다. 교재에서의 상황은 鈴木가 남자친구의 집에 처음 놀러가서 林志强의 가족들과 얘기를 나누는 것으로 설정되어 있다. 이 때 연장자인 林雪가 "你的漢語挺地道，沒有洋腔洋調(중국어에 외국인 억양이 없는 것이 마치 본토 사람 같은데)"라고 했을 때, 일상의 관습에 비추어 본다면 鈴木는 자연스럽게 머뭇거림 없이 그에 대한 반응(주로, '거절')이 나왔어야 한다. 그러나 교재대화에서는 鈴木의 반응을 제시하기 보다는 오히려 林雪의 발화를 계속 제시하고 있으며, 이러한 대화의 구성은 결국 첫 번째 화자인 林雪 발화의 마지막 행위 — 질문 — 를 겨냥해 두 번째 화자인 鈴木가 대답하도록만 하는 결과를 낳도록 하였다. 이같은 "질문—대답"의 구조에서 '칭찬'에 대한 '반응'이 개입될 가능성은 자연스럽게 사라지는 것이다.

대화의 속성과 그 구조에 대한 이해와 반영의 부족은 또 다른 문제도 야기할 수 있다. 3.3절의 "H-2-3" 항목을 보면 높은 지위의 화자를 낮은 지위의 화자가 '수용'과 같은 수준으로 '무응답'하고 있는데, 이러한 '무응답'반응은 대화에 내재된 기본적 관습은 물론, 연장자를 우대하는 유교문화권 내의 예의에도 어긋나는 결과를 초래할 수 있기 때문이다. 그러므로 다양한 표현의 나열만을 교재내 대화구성의 제1항목으로 놓을 경우 결과적으로는 학습자들로 하여금 적절하게 대응해야 하는 일상의 소통능력을 저해하는 결과를 낳을 수도 있을 것이다.

5. 결론과 제안

지금까지 말하기교재 내의 '칭찬 — 반응'구조를 인접쌍의 개념을 바탕으로 양적, 질적으로 분석하였다. 교재 내 대화구조가 보이는 현상이 자연담화에서 보이는 현상과 괴리가 있음을 보이기 위해 Wang & Tsai(2003)와 비교하기도 했다. 이를 통해 교재 내 대화에 출현하는 '칭찬 — 반응'구조가 중국어 화자의 행위 관습과 상당한 정도의 차이가 있음을 볼 수 있었다. 특히 '칭찬'에 대응하는 '반응'의 부재가 두드러졌는데 그에 대한 원인으로서 표현을 우선시하는 대화구성과 긴 편폭의 발화내용 제시를 논하였다.

마지막으로 앞서 제시한 현상들과 원인분석을 바탕으로 교재 편찬 시 고려해야 할 점들을 제안하며 끝을 맺고자 한다.

첫째, 자연담화 대상의 연구결과를 지속적으로 흡수할 필요가 있다. 가장 이상적인 것은 자연담화 연구와 교재 분석 및 구성을 병행하는 것이다. 자연담화에 대한 연구결과를 바탕으로 현행교재의 미진한 점들을 확인하고 현실과의 괴리를 줄이려는 노력을 교재 구성에 쏟아 붓는다면 학습자로 하여금 좀 더 낳은 현실적 감각의 의사소통 능력을 배양케 할 수 있을 것이다. 예컨대, 자연담화에서는 중국어 모어화자든 영어 모어화자든 모두 '외모'에 대한 칭찬을 가장 많이 한다고 하지만(Holmes 1988, p.458 [Wang & Tsai 2003, p.136 재인용])[3], 본고의 교재분석 결과는 그에 상응하지 못하고 있다. 이러한 괴리는 자연담화 연구결과와의 비교, 분석을 통해, '칭찬'행위로서 '능력, 성취'방면의 표현보다는 '외모, 소유' 관련 표현을 교재 속에 좀 더 다양화함으로써 극복할 수 있을 것이다.

둘째, 자연담화 자체에 대한 정밀한 관찰이 필요하다. 일상의 대화는, 교재와 다르게, 화자 간의 역동적인 말하기 순서에 따라 짧고 간결한 발화로 구성된다는 것을 발견할 수 있다. 이점에 비추어 예문(8)을 재구성한다면 다음과 같을 것이다.

(8) 『高級漢語口語』(上册, 제1과)

……

林 雪: (給林木續茶)你的漢語挺地道，沒有洋腔洋調，來這兒幾年，習慣這兒的生活了吧?
(중국어에 외국인 억양이 없는 것이 마치 본토 사람 같은데, 여기 온 지 얼마나 되었지, 이 곳 생활에 습관은 들었지?)

鈴 木: (?) 剛开始可眞不適應。
((?) 처음에는 정말 적응하지 못했어요.)

……

(8') 『高級漢語口語』(上册, 제1과)

……

林 雪: (給林木續茶)你的漢語挺地道，沒有洋腔洋調，
(중국어에 외국인 억양이 없는 것이 마치 본토 사람 같은데,)

鈴 木: 哪兒啊，還差得遠呢(或"謝謝您過奬"或"我妈妈是中國人")。
(뭘요, 아직 멀었죠. (또는 "과찬의 말씀 감사합니다"나 "저희 어머니가 중국분이시거든요"))

林 雪: 來這兒幾年，習慣這兒的生活了吧?
(여기 온 지 얼마나 되었지, 이 곳 생활에 습관은 들었지?)

鈴 木: 剛开始可眞不適應。
(처음에는 정말 적응하지 못했어요.)

……

나아가 언어교육에서의 유창함은 이러한 점에서 재고가 요구될 수 있다. 즉 얼마나 많은 양의 발언을 쉼 없이 하느냐로 학습자의 외국어능력을 가늠하기 보다는 상대방의 발화에 대해 얼마나 역동적으로 적절한 대응을 이어가느냐로 가늠할 수 있는 것이다.

셋째, 교재 분석과 구성에 대화분석의 방법론과 결과를 참고할 필요가 있다. 예컨대, 인접쌍 등의 개념은 상호작용적 시각에 비추어 봤을 때 교재 내 대화에서 어떤 표현이 더 부가되어야 하는지, 원어민의 대화관습에 어긋나는 표현은 없는지 등을 분석, 검토할 수 있는 시각을 제공해 줄 수 있다. 또 반대로, 교재 편찬자가 그러한 개념을 교재 구성 시 적극적으로 이용할 경우 현실적 행위구조에 바탕을 둔 대화구성은 물론 궁극적으로 학습자들의 말하기 능력 향상을 도모하는데 도움을 줄 수 있을 것이다.

제2장
중국어교재와 지시행위*

1. 문제의 제기

본 장에서는 교재 속 지시화행과 관련 인접쌍을 분석하고 그것이 주장이나 설득 등의 사회행위 성취에 어떻게 기여하는가 고찰함으로써 외국어 교육에 제공 가능한 몇 가지 시사점을 짚어 보고자 한다.[1)]

먼저 아래 예를 살펴보자.

(1) 『한어구어』(제1권, 제9과)(제프가 왕핑에게 전화를 건다)
傑夫: 請問, 王平在嗎?
王平: 我就是。

* 본 장은 『비교문화연구』 제27집(2012년 6월), pp.435~470에 「중국어 말하기 교육을 위한 몇 가지 화용론적 제언 — 교재 속 지시화행 분석을 중심으로」란 제하로 게재된 원고를 수정한 것이다. 연구는 2012학년도 서울여자대학교 교내학술특별연구비의 지원을 받았다.

예(1)에서 '王平在嗎'는 질문일까? 전화대화에서 송화자가 뗀 첫마디가 의문문이라는 이유로 '질문'의 힘을 갖는다고 판단할 수 있을까? 결론부터 말한다면 '王平在嗎'는 '요청'의 힘을 갖는다. 傑夫가 '王平在嗎'를 발화한 목적은 王平의 소재에 대한 정보요구에 있지 않다. '王平과 통화하고 싶으니 바꿔달라'는 요청에 있다. 설령 수화자가 王平이 아니더라도 그가 옆에 있다면 수화자는 '在'라는 정보제공에 그치지 않고 '等等'하며 바꿔 주었을 것이라는 점을 상기해보자. 또 다른 예를 보자.

(2) 『한어구어』(제3권, 제15과)(집 안에서)
妻子: 快看, <今晚有約>開始了。
丈夫: 都結婚了, 還對這種節目感興趣?
妻子: 結婚了就不能看這個節目了? 我們那兒還有好幾個姑娘沒有對象呢。
丈夫: 用你幫忙嗎?
妻子: 看, 這個小伙子眞帅, 一米八二, 還是工程師呢! 又愛游泳, 又愛打乒乓球, 多好的條件啊。
丈夫: 快給他寫信吧。
妻子: 開甚麼玩笑? 不過, 如果我還沒有結婚……

예(2)의 '快給他寫信吧'는 명령문이다. '快給他寫信吧'는, 명령문은 요구의 기능을 할 것이라는 일반적인 가정에 부합할까? 예(2)는 TV시청의 맥락이다. 프로그램 시청 중 그에 심취된 妻子를 보고 丈夫가 '快給他寫信吧'라고 하고 있는데, 맥락을 제외할 경우 이 예는 명령문과 요구하기라는 형식과 기능 간의 일치를 보여줄 수 있을 것이다.

그러나 Searle(1979, p.14)에 따르면, 상기 맥락에서 '快給他寫信吧'는 丈夫가 '바라지 않는다'는 점에서 화자의 진정성과도 불일치하고 TV출연자에 대한 '寫信'이 '妻子의 미래 행위'가 아니므로 지시화행의 명제내용을 어긴다는 점에서도 적정조건에 위배된다. 그러므로 '快給他寫信吧'에 대한 해석은 추론을 필요로 하는데, 妻子의 TV시청 목적이 직장동료에게 도움을 주려는데 있다는 점, '寫信'의 실현가능성이 적다는 점, 그리고 妻子에 대해 丈夫의 '싫은' 감정이 반영되어 있다는 점 등으로 미루어 볼 때 지시화행이 아닌 일종의 표현행위로 볼 수 있다.

상기 두 예는 언어의 형식과 기능 간의 불일치가 일상의 대화 속에서 흔히 나타나는 현상일 수 있음을 암시한다. 또 이와 같은 암시는, 중국어 교육으로 하여금 그동안 소홀히 해왔던 언어사용의 교육에도 관심을 기울이도록 요구한다. 그동안 중국어 교육은 언어 자체에 대한 교육에 힘을 쏟아온 경향이 있다. 하지만 외국어 교육의 목적이 '할 수 있도록 하는' 데 있는 이상 교수자의 고민도 이제는 어떻게 '잘 가르칠까'에서 어떻게 '하게 할까'에 맞춰져야 할 것이다.

화용기반의 언어 교육은, 앞서 본 예처럼, 시·공간과 인간관계, 의도와 추론 등 고려해야 할 부분이 많고 또 형식과 기능 간의 대응이 간단하지 않은 이유로, 그것의 중요성을 줄곧 인식해왔음에도, 의도적으로 소홀했던 것이 사실이다. 화용론은 직시, 응집성, 추론, 전제, 화행, 대화협력, 공손성 등 맥락과 언어사용의 이해에 많은 단서를 제공해 준다. 하지만 교육적 측면에서 중요도를 가린다면 그 중심은 화행(speech act)이어야 할 것이다. 물론 상기 개념들은 서로 동떨어진 별개의 것이 아닌 관찰 중점에 따른 분류이겠지만, 그럼에도 화행이 중심이어야 하는 이유는 화행에 대한 해석 과정이 상기 개념들을 모두 필요로 하거니와 인접쌍과 같은 행위연속체 구성에도 화행에 대한 이해가 요구되기 때문이다.

본 장에서는 화행 중에서도 지시화행을 중심으로 살펴볼 것인데, 그것은, 모든 언어행위는 타인이 나를 위해 무엇인가 해주기를 바란다는 기본적 이유에서 출발한다. 다시 말해, 발화한다는 자체가 곧 나의 일방적인 발화가 아닌 남이 나의 얘기를 경청해 주기를 바라는 욕망에 바탕한다고 보는데 지시화행은 이를 넘어서 명시적으로 또는 암시적으로 타인의 직접적인 행동까지 요구한다는 점에서 사회행위 성취를 위한 중요 도구라고 할 수 있다. 그렇다면 지시화행은 기타 다른 화행들과 어떠한 점에서 구별이 될까. Searle(1979)은 보편적 화행의 유형을 단언(assertives), 지시(directives), 언약(commissives), 표현(expressives), 선언(declarations) 등 다섯 가지로 분류하고 있는데, 이 중 지시에 대해서는 다음과 같이 논하고 있다(Searle 1979, pp.13~14).

1) 발화수반 포인트(the illocutionary point): 청자로 하여금 어떤 것을 하게 하기 위한 화자의 시도
2) 세계와 언어 간의 지향성(The direction of fit): 언어에 세상을 맞추기
3) 화자의 심리상태(the sincerity condition): 바람(희망, 욕망)
4) 명제내용(The propositional content): 청자 H는 미래의 어떤 행위 A를 한다
5) 관련동사 부류: ask, order, command, request, beg, plead, pray, entreat, invite, permit, advise, dare, defy and challenge 등

상기 요인 중에서 1)번에서 3)번까지가 화행유형의 주요 분류기준이 되는데(박용익 2001, p.83), Searle(1979, pp.2~5)에 따르면, 1)번 발화수반 포인트는 의사소통 목적으로서, 진술이라면 '표현'에, 약속이라면 화자의 '의무 이행'에 그 목적이 있다. 또 2)번 세계와 언어 간의 지향성은 발화된 명제 내용을 따라 세계가 맞춰지는지 세계의 상황에 언어가 맞춰지는지를 구분하는 것으로서, 약속은 발화된 이후 화자의 행동이 그에 맞춰진다는 점에서 전자에 해당하고 단언은 이미 존재하고 있는 상황에 대한 화자의 믿음을 표현한다는 점에서 후자에 해당한다. 그리고 3)번 화자의 심리상태는 발화를 하게 된 동기로서 단언, 설명 등은 '믿음'이, 약속이나 위협 등은 '의도'가, 사과 등은 '후회'가 그에 속한다.

본 장에서는 상기 분류기준을 바탕으로, 화자는 타인으로 하여금 무엇인가를 행하도록 시도하는가, 언어에 세계가 맞춰지고 있는가, 화자는 청자가 행하길 바라고 있는가를 중심에 두고 분석자료에 출현하는 지시화행을 선별하였다. 이에 '지시'를, 상기 관련동사의 부류에서도 볼 수 있듯, 요구, 주문, 명령, 요청, 충고 등을 모두 포함하는 개념으로 사용할 것이며 상황에 따라 요구, 충고, 제안 등 지시화행의 하위 부류명을 따로 제시하기도 할 것이다. 다만 '질문(question)'이 지시화행에 속하는가 하는 문제에 대해서는 그것을 지시화행의 하위범주로 분류한 Searle(1979, p.14)과 의견을 달리 한다. 그 이유는 질문과 지시가 모두 무엇인가를 요구한다는 점에서는 공동 기반을 갖고 있으나 질문은 '지식이나 정보와 관련된 것'을 요구하는 데 반해 지시화행은 '실제적 행동 그 자체'를 요구한다는 점에서 대별되기 때문이다.(박용익 2003, p.104) 이에 질문은 자료의 분석 대상에서 제외하였다.

분석대상은 『한어구어』라는 중국어 말하기 교재에서 취하였다. 『한어구어』는 총 6권이 출간되어 있는데 여기서는 그 중에서 제3권까지를 분석의 범위로 삼았다. 교재를 분석의 범위로 삼은 이유는 두 가지이다. 첫째, 자료수집의 용이성에도 불구하고 교재 대화문에 대한 화용적 분석이 부족하다는 데 있다. 대화문만을 대상으로 놓고 봤을 때 그동안 제작에만, 그리고 그것을 현장에 대입하는 데만 급급했을 뿐 대화문 자체에 대한 면밀한 관찰과 그것의 해석방법에는 관심이 소홀했던 것이 사실이다. 이에, 특정 화행을 예로 들어 교재 대화문을 분석함으로써 교재 및 수업으로 화행개념의 대입을 유도하고자 하였다. 둘째, 선행연구 방법의 보완을 꾀하는 데 있다. 그동안의 선행연구(강소영 2004, 김정은 2006, 2007)는 화행을 연속체 개념이 아닌 문장 단위의 개념으로 파악했던 경향이 있고 또 화행으로 무엇을 성취하는가 보다는 그것의 유형 분류에 주로 초점이 맞춰졌다고 볼 수 있다. 이는 자칫 화행의 성공여부를 결정짓는 선·후 화행 간 연계성 관찰에는 소홀함으로써 국소적인 관찰 결과를 도출할 가능성도 갖는다. 이에 본 장에서는 언어사용의 관점에서 교재를 분석할 것인데 그것이 유일한 대안일 수는 없지만, 교재가 실제 수업현장에서 사용된다는 점에서, 분석의 결과는 현장 수업을 위한 좀 더 현실적인 제언을 제공할 수 있을 것이라 본다.

2. 지시화행과 맥락

의미는 특정 상황 속에서 사용 중에 있을 때 구체적으로 드러난다. 화용에 대해 관심을 가져야 하는 이유는, 형식이 어느 상황에서 누구와 있을 때 사용되었는지를 분석의 전제로 삼음으로써 다양한 경우의 수로만 존재하는 의미와 형식 간의 불일치에 대해 해석의 근거를 제공하기 때문이다. 나아가 화자가 발화로써 자신을 어떻게 표현하고 또 세계에 어떻게 적응하는지, 그리고 그것을 통해 세계를 어떻게 변화시키는지 등에 주목함으로써 언어학의 연구대상을 관념 속의 언어에서 일상 속의 언어로 실제화 한다는 데 그 중요성이 부각된다.

화행의 지위 부여는 발화 상황을 전제로 한다. 상황을 전제하지 않은 해석은 종종 상이한 시각차를 불러온다. 따라서 발화가 어느 맥락에서 수행되었는가는 그것의 기능을 해석하는데 있어 중요한 단서를 제공한다.

(3) 『한어구어』(제2권, 제7과)(식당에서)

安妮: 傑夫, 快到周末了, 打算怎麼過?

傑夫: 我想做一次小小的旅行。

……

安妮: 你一個人去嗎?

傑夫: 我約了王平, 我們倆一起去。

예(3)에서 질문 '你一個人去嗎'에 호응하는 대답 '我約了王平'에 뒤이어 출현한 '我們倆一起去'는 '진술'로써 기능한다. 여기서 '我們'은 상대하고 있는 安妮를 제외한, 傑夫와 王平만을 가리킨다. 그러나 상황을 바꿔, 업무에 익숙치 않은 신입사원에게 일을 가르치는 과정에서 무언가를 갖고와야 할 때 '我們倆一起去'는 동일 행동을 촉구하는 지시로써 기능할 것이다. 그리고 이 상황에서 '我們'은 현재 마주하고 있는 상대방과 자신을 모두 포함한다. 이렇듯 똑같은 형식임에도 어느 상황에서 어느 화행의 뒤를 잇는지에 따라 상이한 화행으로 해석이 가능하며 또 발화상황에 민감한 직시어도 그 포괄범주를 달리할 수 있다.

(4) 『한어구어』(제2권, 제8과)(옷가게에서)
傑　夫: 不错。(對售貨員)小姐, 我想看一下那件衣服, 可以試試嗎?
售貨員: 可以。那邊有鏡子。
傑　夫: (試衣服)又瘦又短, 太小了。
李文静: 不是衣服小, 是你的個子太高了。小姐, 有沒有大號的?
售貨員: (找了半天找出一件)這是最大的, 先生, 請再試一下。

평서문, 의문문, 명령문 등 문장형식을 가리키는 명칭은 각각 '단언', '질문', '요청' 등 이미 그것의 주요기능이 무엇일지를 명시하고 있다고 가정할 수 있는데 이처럼 형식과 기능 간의 직접적인 관계가 존재할 것이라는 가정을 Levinson(1983[이익환 등 1992, p.316])은 직접화행 가설(literal force hypothesis: LFH)이라고 하였다.[2] 하지만 이와 같은 직접적인 관계가 실제로는 많지 않다.[3] 이는 예(4)에서도 발견할 수 있는데, '요구'라는 동일 기능을 수행함에도 평서문 — '我想看一下那件衣服', 의문문 — '有

沒有大號的', 명령문 — '請再試一下' — 이 다양하게 사용되고 있다. 이는 직접화행에 대한 관찰을 넘어 간접화행에 대한 주의의 필요성을 제기하는데, 예(4)에서 평서문과 의문문이 각각 어떻게 지시화행으로 기능할 수 있는지 살펴보도록 하자.

예(4)에서 '我想看一下那件衣服', '有沒有大號的'는 모두 그에 앞서 '小姐'라는 호칭어를 부가하는데, 傑夫는 매장이라는 공간에서 '小姐'를 불러놓고 '想看'으로써 자신의 바람만을 표현하고자 했던 것이 아닐 것이며 '有沒有'로써 매점의 재고 유무를 묻고자 한 것도 아닐 것이다. 따라서 이에 대한 해석에는 추론이 요구되는데, 구매라는 목적 하에 손님과 점원이 매장에 존재하는 이유와 쌍방 간에 존재하는 힘의 불균형 — 점원은 손님의 요구를 들어주어야 한다 — 등을 고려할 때 '想看'과 '有沒有'가 모두 지시화행으로 해석되어야 할 것이다. 이는 이어지는 售貨員의 행위를 통해서도 확인 가능한데, '想看'이후의 행위는 명시적이지 않으나, '有沒有'이후의 후행 행위는 '有'나 '沒有'의 대응발화가 아닌 직접적인 행동 '找了半天找出一件'이기 때문이다.

이를 볼 때, '拿下'라는 직접적인 행위 관련 어휘를 사용하지 않고 '想看'을 이용한 평서문이나 '有沒有'를 이용한 의문문을 사용하더라도 傑夫의 발화가 어떻게 지시화행으로 해석되는지 그리고 '好', '等等' 등의 대응발화가 굳이 없어도 지시화행에 대한 점원의 반응은 왜 모두 잠재적인 '수용'행위로 해석되는지는, 특정한 공간과 그 속에 존재하는 불평등한 인적 관계 등의 맥락과 함께 고찰함으로써 설명가능하다.

(5) 『한어구어』(제1권, 제13과)(교내 우체국에서)
麗　莎: <u>我買两個信封。</u>
營業員: 一個三毛, 两個六毛。
……

麗　莎: 給你十块。
營業員: 這是三張两块的、两張八毛的郵票, 還有两個信封, 一共八块二。找你一块八。

예(5)는 우체국에서 이루어지는 대화이다. 이에 대한 해석도, 예(4)에서처럼, 맥락이 발화의 해석을 유도한다고 볼 수 있는데, 예(5)에서 '我買两個信封'이 단순 진술문임에도 불구하고 지시화행으로 해석 가능한 이유는 그 행위가 처한 공간에서 중심적인 행위 중 하나에 해당하며 또 손님이라는 역할이, 麗莎가 한 발화를 모두 발송이라는 목적에 준해 해석하도록 유도하기 때문이다. 그 뒤를 잇는 점원의 후행발화 '一個三毛, 两個六毛'도, 역시 위와 같은 이유로, 편지봉투를 건내는 행위를 동반한다는 점에서 잠재적인 '수용'행위가 된다.

흥미로운 점은, '一個三毛, 两個六毛'가 지불 행위를 직접 유발한다는 점에서 麗莎에 대한 지시화행으로도 해석가능하다는 점이다. 이 같은 배경하에서 '我買两個信封'이란 진술은 '給我信封'이란 요구로, '一個三毛, 两個六毛'란 진술도 '是一個三毛, 两個六毛, 所以給錢'이란 요구로 해석가능하다. 따라서 후행행위는 곧바로 '給你十块'로 이어지며 이에 점원은 '一共八块二。找你一块八'로 대응하고 있다. 이를 문장형식과 행위로 분류하여 보면 다음과 같이 표현될 수 있다.

문장	행위
G: 買信封。	요구1(給信封!)
H: 是六毛。	수용1(=요구2: 給六毛!)
……	
G: 給十块。	(=수용2)
H: 是八块二。	진술1(給信封)

3. '지시 — 대응' 인접쌍

화행에 대한 관심은 해당 발화가 어떠한 행위를 수행하는가에 맞춰져 있다. 하지만 그에 대한 해석은 앞, 뒤 화행과의 연계 속에서 이루어져야 좀 더 정확할 수 있다. 하나의 화행은 선행발화에 대한 대응행위인 동시에 후행발화에 대한 시발행위이기 때문이다. 따라서 화행의 해석에는 화자 간 순차적으로 진행된 결과로서의 연속체 개념이 유용할 수 있는데, 그 중 하나가 인접쌍(adjacency pairs, Schegloff & Sacks 1973)이다.[4] '요구' 화행은 흔히 '수용'과 '거절'이라는 두 화행과 호응을 이루어 인접쌍을 구성하는데,[5] 예를 들면 다음과 같다.

(6) 『한어구어』(제2권, 제10과)(기숙사에서)
李文静: 下個學期你還在這兒學習嗎?
安　妮: 我打算延長半年。你呢, 放假去哪兒?
李文静: 回老家過春節。
安　妮: 放假以前, 同學們要開個晚會, <u>你也來吧</u>。
李文静: <u>好啊</u>。

예(6)에서 두 화자는 방학계획에 대해 논하고 있다. 여기서 安妮는 방학 전에 송년회가 있다며 李文静을 '你也来吧'로써 초대하고 李文静은 '好啊'로써 수용하며 '지시 — 수용' 인접쌍을 구성하고 있다. 예(6)은 말 그대로 '인접'된 쌍의 예를 보여주는데, 사실 여기서 '인접'의 개념은 쉼 없이 곧바로 이어진다는 의미보다 약간의 시간차를 두더라도 선행화자에 상응하는 반응이 근자에 출현할 것이라는, 좀 더 유연한 개념의 인접을 의미한다(Levinson 1983[이익환 등 1992, p.369]). 따라서 인접쌍은 다음과 같이 또 다른 인접쌍이 삽입되어 확대될 수 있다.

(7) 『한어구어』(제2권, 제2과)(식당에서 애니, 제프가 음식을 주문한다)
小姐: 你們吃點兒甚麼?
安妮: 我看不懂你們的菜單, 不知道又酸又甜的有甚麼菜。
小姐: 有古老肉、糖醋魚、西紅柿炒鷄蛋甚麼的。
麗莎: 古老肉是猪肉做的嗎?
小姐: 是。
安妮: 我不吃猪肉, 來個西紅柿炒鷄蛋怎麼樣?

예(7)에서 '你們吃點兒甚麼'는 小姐가 손님의 기호를 묻기 위해 발화한 것이 아니라는 점에서 요구로 해석된다. 이 때 인접한 행위는 '我看不懂你們的菜單'이 아니라 두 개의 '질문 — 대답'쌍인 '我看不懂你們的菜單… — 有古老肉、糖醋魚、…', '古老肉是猪肉做的嗎? — 是'이 삽입된 후에 출현하는 '來個西紅柿炒鷄蛋'이 된다. 삽입된 두 '질문 — 대답'쌍은 각각 그 자체가 갖는 의미를 넘어, '你們吃點兒甚麼 — 來個西紅柿炒鷄蛋'이라는 좀 더 큰 연속체 속에서 요구의 대응 — 來個西紅柿炒鷄蛋 — 을 위한 자료수집의 기능을 수행한다. 이렇듯, 일개 발화문에 대한 해석은 발화문 자체가 갖는 독립된 화행으로서의 개념보다 앞, 뒤로 인접하여 대응하고 있는 행위쌍과의 연계 속에서 올바로 부여될 수 있다.

이 같이 '질문 — 대답' 인접쌍이 다른 화행을 위해 기능하듯이 '지시 — 대응' 인접쌍도 기타 행위 구성에 기여할 수 있다. 다음 예를 보도록 하자.

(8) 『한어구어』(제2권, 제6과)(과외 시간에)
安妮: 課本上有很多漢字我不認識, 更不會寫, 怎麼辦?
王平: 我有一個好辦法。
安妮: 甚麼辦法, 快說 !
王平: 你別著急。聽我說, 你跟我一起練習書法吧。
安妮: 書法? 太難了, 我怕學不會。

王平: 慢慢學, 只要多看多寫, 就一定能學好。
安妮: 好, 聽你的。
王平: 還有, 你讀課文的時候, 別只看拼音。

예(8)은 중국어 공부에 대한 安妮의 애로점과 관련한 대화이다. '怎麼辦'부터 시작하여 순차적으로 대화를 연결해 보면 다음과 같다.

安妮:	1)怎麼辦?		說辦法!		3)怕學不會		5)好
	↓	↗	↓	↗	↓	↗	↓
王平:	有辦法		2)練書法!		4)慢慢學, 多看多寫!		6)還別看拼音!

安妮의 '怎麼辦'은 자신을 향한 자문으로서 '어떻게 할까'가 아니다. 문제 — 不識字, 不會寫字 — 를 스스로 풀 수 없으므로 상대방에게 조언을 부탁한다는 요청의 화행 — 提出辦法 — 으로 이해해야 옳다. 이에 대해 王平은 두 가지 반응을 보일 수 있는데, 하나는 '수용'으로서 요구된 방법을 말해주는 것이다. 주의할 것은, 방법을 말해준다는 것은 '방법이 있다'는 것을 전제했을 때 비로소 가능하다는 점이다. 만약, 나머지 하나로서, '거절'하고자 한다면 '방법이 없다'는 것으로써 존재를 부정할 수도 있고 '자신은 모른다'든지 설사 알고 있더라도 말하지 않겠다는 의미의 '무대응'을 보일 수도 있다. 그러므로 安妮의 '怎麼辦'에 대해 王平이 '수용'의 반응을 보였더라도, 辦法가 '있다'는 존재만을 말할 뿐 정작 辦法에 '대한 것'이 아니었다면 '수용'에 합당한 발화가 아님을 의미한다. 예(8)에서 王平의 반응 — 我有一個好辦法 — 에 安妮가 '甚麼辦法, 快說'로써 재요구를 하는 이유는 여기에 있다.

安妮의 재요구에 부응하여, 王平은 제안이라는 지시화행으로써 辦法를 제시하고 있는데 安妮는 심리적인 부분에 기인하여 이를 '거절'하고, 이에 다시, 王平이 심리적 요인에 대한 솔루션 — 慢慢學, 多看多寫 — 을 제안하자 安妮는 결국 '수용'하고 있다. 나아가 王平은 安妮의 '수용'이라는 분위기에 힘입어, 선행요구와는 다르게, 安妮의 체면을 위협할 수 있는 요구를 덧붙임으로써 끝을 맺는다.

상기 제시했던 행위의 순차성은 다음과 같은 인접쌍의 구성을 보인다.

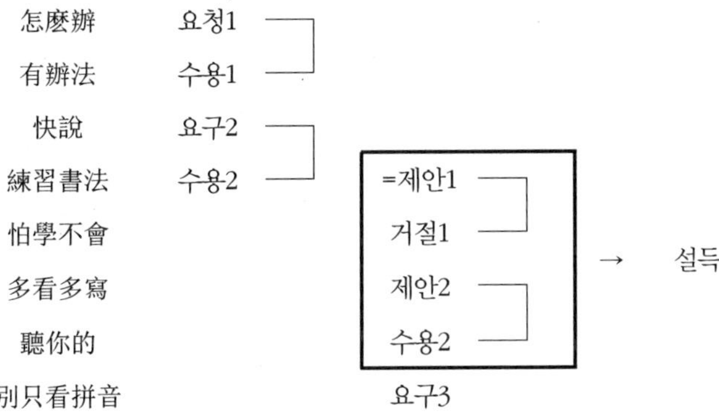

이와 같이 인접쌍을 바탕으로 각각의 화행을 묶을 경우, 요구를 기반으로 한 인접쌍이 상위화행인 '설득'을 위해 기여하고 있음을 볼 수 있다. '제안1'은 '거절1'에 의해 잠시 부정되지만 '거절1'에 대한 청자의 격려가 이어지자 '수용2'로써 제안2가 결국 받아들여지는데, 이와 같은 과정은 '지시 — 수용/거절'쌍이 설득이라는 행위적 결과를 낳는데 기여하고 있음을 보여준다.

4. '지시 — 대응'과 공손성

4.1 지시와 공손성

Brown & Levinson(1987, p.61)은 Goffman이 제시한 '체면'의 개념을 토대로, 사람은 누구나 사회 속에서 타인으로부터 인정받고 싶은 욕구와 타인에게서 방해받고 싶지 않은 욕구가 있다고 보았다. 그리고 이를 각각 '적극적인 체면(positive face)'과 '소극적 체면(negative face)'으로 정의하고, 공손성(politeness)이라는 개념으로써 체면을 위협하는 행위에 대해 설명하였다.

지시화행은 자신이 희망하는 바를 타인이 해주길(또는 타인이 같이 해주길) 바란다는 의도에서부터 출발하므로 본질적으로 상대방에게 체면을 위협하는 행위일 수밖에 없다(Huang 2006[이해윤 2009, pp.145~146]). 또한 지시화행은 항상 상대방의 '수용'행위로 귀결되는 것이 아니므로 '거절'에 대비한 화자 자신의 체면도 고려되어야 한다. 이에 화자의 의도가 청자의 행위로 최대한 이어질 수 있게끔 그리고 그것이 거절의 결과로 귀결되지 않게끔 여러 장치들의 고안이 요구되는데 예비요청, 부가의문문 등이 그 예에 속한다.

예비요청은 본격적인 요청에 앞서 상대방에 대한 근황이나 시간적 여건 등을 물음으로써 요청 자체가 성공적으로 수행될 수 있을지 점검하는 의문문 형식의 '질문'을 가리킨다(Levinson 1983[이익환 등 1992, p.449]).

(9) 『한어구어』(제2권, 제3과)(왕핑의 기숙사에서)
安妮: 你最近忙嗎?
王平: 還可以。<u>有甚麽事嗎</u>?
安妮: 我想<u>請你做我的輔導</u>, 好嗎?
王平: <u>好啊</u>! 你想讓我輔導甚麽?

예(9)에서 본격적인 요청은 '請你做我的輔導'이다. 이에 앞서 安妮는 '你最近忙嗎 — 還可以'라는 인접쌍 구성을 유도함으로써 거절의 가능성이 크지 않음을 확인하고 '請你做我的輔導'를 수행하고 있는데, 만일 거절의 가능성이 클 경우라면 그 자체를 수행하지 않음으로써 수행 시 거절로 인해 맞게 될 화자 자신의 위험부담을 최소화할 수도 있다. 반대로 예비요청은, 본격적인 요구화행이 상대방에게 방해가 되지는 않을지 미리 문의함으로써, 결과적으로, 청자의 소극적인 체면(negative face)을 고려하는 동시에 뒤이어 나올 화행에 청자로 하여금 대비토록 함으로써 대화 시 생길 수 있는 부담 요소를 최소화하기도 한다.

흥미로운 점은, 예비요청을 구성하는 '질문 — 대답'쌍에서의 '대답'이 '有甚麽事嗎'로 끝났다는 것인데, 이와 관련해서는 다음과 같은 논의가 가능하다. 첫째, '有甚麽事嗎'는 예비요청과 요청 간의 경계 기능을 한다. 예비요청을 구성하는 '你最近忙嗎 — 還可以'쌍과 요청을 시작하는 '我想請你做我的輔導' 사이에 위치함으로써, 安妮의 의도를 듣고자 한다는 王平의 의지를 표시하는 동시에 상대방으로 하여금 좀 더 부드럽게 본행위로 진입할 수 있도록 돕는 역할을 한다. 둘째, '有甚麽事嗎'는 '질문'이 아닌 '有事就說'의 '지시'이다. 질문이라면, '有甚麽事嗎'는 '有…嗎'의 형식에 준해 '있다' 또는 '없다'가 그에 상응하는 대답이어야 한다. 하지만 예(9)의 상황에서 '있'다면 대답은 '有'가 아닌 '甚麽事'에 해당되는 내용이 와야한다. 그에 반해 '없'을 경우라면 '沒有'로 대답할 수 있지만 이 때는 '있을 경우'의 반응과 반응 간 대칭을 구성하지 못한다. 아울러 여기서의 '沒有'는 '沒有甚麽事'가 아니라 요청에 대한 표현의사의 철회를 의미한다. 따라서 '有甚麽事嗎'는 '질문'이라는 정보의 요구에 기여하기보다는 '요구'라는 상대의 행위 촉구에 기여한다고 볼 수 있다.[6)]

상대방의 여건을 확인하고 수행한 화행이기는 하나, 安妮와 王平이 친구

관계인 점을 고려할 때 과외 선생님으로의 일방적인 '고용'의사 표현은 자칫 상대방의 적극적인 체면을 크게 위협할 가능성이 있으므로 그 가능성을 최소화하기 위한 장치가 요구되는데, '請你做我的輔導' 앞, 뒤로 제시된 '我想'과 부가의문문 '好嗎'가 그것이다. 安妮는 우선 '我想'을 이용하여 상기 요구가 나만의 생각임을 표시함으로써 상대방의 존재가치를 존중해 주고 있다. 그리고 요구 뒤로, '好嗎'를 이용하여 요구화행의 강요 정도를 낮추는 동시에 형식적으로라도 王平의 의사를 재차 물음으로써 결과적으로 '好啊'라는 '수용'의 반응을 얻고 있다.

(10) 『한어구어』(제1권, 제13과)(숙소 문 앞에서)
安妮: 傑夫, 你去哪兒?
傑夫: 我去圖書館。
安妮: 你想借甚麼書?
傑夫: 我不借書, 我是去上網。
安妮: 圖書館可以上網嗎? 我想發一個電子郵件。
傑夫: 要是你現在有時間, 就和我一起去吧。
安妮: 好啊! 圖書館幾點關門?
傑夫: 晚上十點才關門呢。

예(10)에서 '就和我一起去吧'는 '你和我去'라는 명제내용을 갖는 제안이다. 여기서 傑夫는 도서관을 가는 자신의 목적만을 고려하여 '억지로' 데리고 간다는 인상을 주지않고자 '要是你現在有時間, 就…吧'라는 조건의 형식을 이용하고 '吧'등의 어기조사로써 '和我一起去'의 형식이 갖는 강요의 정도를 낮추어, 상대방의 체면을 고려한 공손 전략을 사용하고 있다.

4.2 거절과 공손성

지시화행의 성공여부는 그 뒤를 잇는 화행에 의해 결정된다는 점에서 수용과 거절 양상에 대한 관찰 역시 요구된다. 지시화행에 대한 '수용'은 화자의 바람에 부응한다는 점에서 대화의 부드러운 진행을 유도한다. 그러나 '거절'은 화자의 바람에 부응하지 않는다는 점에서, 화자에게는 의도 전달의 실패를 또 청자에게는 화자에 대한 체면위협을 의미하므로 화자에게는 또 다른 지시전략을, 청자에게는 체면보상의 전략을 요구한다. 이처럼 '거절'은 그 자체로서도 그리고 결과로서도 쌍방에 부담을 주고 보상행위를 파생시킨다는 점에서 '수용'보다 더 많은 관찰이 요구된다. 아래의 예는 Brown & Levinson(1987, p.69)을 참고하여 직접성에서 간접성으로, 보상이 없는 전략에서 보상이 부여되는 전략 순으로 제시될 것이다.[7)]

(11) 『한어구어』(제2권, 제12과)(과일 가게에서)
傑　夫: ……, 小姐, 來两公斤。
售貨員: 好。還要別的嗎? 再買點兒橘子吧?
傑　夫: 不要了。

예(11)에서 售貨員은 '再買點兒橘子吧'로 추가구매를 제안하지만 청자는 '不要了'로써 직접적인 거절을 수행하고 있다. 자체가 직접적인 거절임에도 뒤따르는 부가적 요소가 없다는 점에서 보상없이 행한, 체면위협정도가 가장 높은 거절이라고 볼 수 있다.

(12) 『한어구어』(제2권, 제15과)(기숙사에서)
王平: 怎麽丟的?你是不是忘了鎖車了?
傑夫: 沒有啊。我鎖得好好兒的, 你看, 鑰匙還在我手裏呢。肯定是被人偷了。
王平: 別著急, 咱們下樓再好好兒找找。
傑夫: 不用了, 我都找過幾遍了, 連個影子也沒有, 看來肯定是丟了。
王平: "舊的不去, 新的不來", 再買一輛吧。

예(12)에서 자전거를 잃어버린 傑夫에게 王平은 두 개의 지시화행 '別著急', '咱們下樓再好好兒找找'로 도움을 주려 하였다. 그러나 傑夫는 '不用了'로 직접적인 거절을 하고 있는데 그 강도에 있어 예(11)의 '不要了'보다 덜 한 이유는 뒤따르는 이유 '我都找過幾遍了, 連個影子也沒有'가 있기 때문이다.

여기서의 '이유'는 두 가지 기능을 하는데, 첫째, 거절의 근거를 제공한다. 王平의 제안에 대한 거절이 감정적 대응으로서의 거절이 아니라 '사실'에 기댄 거절임을 보임으로써 직접성의 정도를 낮춘다. 둘째, '咱們下樓再好好兒找找'는 자전거를 잃어버렸다고 생각한 친구를 위해 보여준 위로의 일환이다. 이에 대해 보상이 없는 직접적인 거절은 자칫 王平의 체면을 크게 위협할 수 있는데, 후행하는 '이유'는 거절이 호의에 대한 무시가 아니라 무의미한 자전거 찾기에 근거하고 있음을 보임으로써 王平의 적극적인 체면위협을 최소화한다.

(13) 『한어구어』(제3권, 제11과)(애니와 리사의 대화)
安妮: 我的頭發越來越少了, 得去燙一下。
麗莎: 燙甚麽, 還是直發自然。剪成短發吧, 短發精神。
安妮: 不, 我不想剪短, 只想燙一下。燙了以後, 頭發會顯得多些。

예(13)에서 麗莎는 '短發精神'이라는 '이유'를 들어 '剪成短發'라는 요구를 한다. 이에 安妮는 '不', '我不想'이라는 두 번의 직접적인 거절을 하고 뒤이어 '只想燙'이라는 자신의 계획을 덧붙임으로써 거절의 근거를 제시하고 있다. 두 화자의 발화에 뒤이은 이유 '短發精神', '只想燙一下'는 각각, 요구에 의해 그리고 거절에 의해 어쩔 수 없이 범하게 되는 체면위협행위 정도를 낮춤으로써 麗莎와 安妮의 적극적인 체면을 상호 보상하고 있다.

(14) 『한어구어』(제2권, 제12과)(음료 전문점에서)
麗　莎: 那種深咖啡色的是甚麼飮料?
售貨員: 那是酸梅湯。
麗　莎: 我以前沒見過。
售貨員: 這是中國的傳統飮料, 可好喝了！要不要嘗一嘗?
麗　莎: 下次吧。

예(14)에서 타국 음료에 대해 호기심을 보이는 麗莎에게 售貨員은 '要不要嘗一嘗'으로써 요청을 행하고 있다. '要不要'와 같은 정반의문문 형식을 순수한 '질문'으로 이해할 수도 있으나 그것을 수행한 화자가 매상을 올려야 하는 점원이라는 점, 그러므로 화행의 동기가 본질적으로 청자의 기호 이해에 있지 않다는 점, 그에 대한 반응으로서 麗莎는, '要'일 경우 '拿一杯'와 같이 구체적 실제 행위에 대한 후속발화의 부담을 갖는다는 점에서 요구로 해석되어야 한다. 이에 대해 청자는 '下次'로써 '거절'하고 있는데 '要不要' 중의 선택으로서 '不要'로 거절할 수 있음에도 의례적인 — 정말 '다음번'을 보장하지 않는 — 거절 형식으로 간접적인 거절을 행함으로써 중국음료를 소개한 점원의 적극적인 체면위협을 최소화하고 있다.

(15) 『한어구어』(제2권, 제12과)(과일가게에서)
傑　夫: 小姐, 蘋果多少錢一公斤?
售貨員: 七块。
麗　莎: 我覺得有點兒貴。
傑　夫: 便宜點兒吧。六块怎麼樣?
售貨員: 我們這兒不講價, 這蘋果又大又甜, 眞的不貴。
傑　夫: 好吧, 我買一公斤。

예(15)에서 傑夫는 '便宜點兒'로 가격의 인하를 요구하지만 售貨員은 '我們這兒不講價'로써 '不行'이나 '不可以'처럼 직접적인 대응을 회피하는 동시에 매장의 표준을 제시하며 간접적인 거절을 수행하고 있다. '便宜'라는 행위에 傑夫와 자신을 관여시키기 보다는 따라야할 기준 — 我們不講價 — 을 제시함으로써 售貨員은 '便宜'해줄 수 없는 이유가 자신의 관할영역 밖에 있음을 의미하여 傑夫의 체면위협을 최소화하고 감정적인 대응도 회피하고 있다. 뒤를 잇는 售貨員의 '這蘋果又大又甜, 眞的不貴' 역시, '便宜'를 중심으로 한 부정적 반응이 아닌, '蘋果'가 갖는 장점을 부각시킴으로써 傑夫가 갖는 전제 — 有點兒貴 — 를 우회적으로 부정하고 간접적인 거절에 기여한다.

(16) 『한어구어』(제3권, 제8과)(팡쉐칭과 리사가 산책을 한다)
方雪青: 還沒想好。你說呢?
麗　莎: 買束花, 或者買個生日蛋糕, 都挺好的。
方雪青: 我姐姐已經說了, 她買花; 還有, 我媽媽不喜歡吃甜的。
麗　莎: 那就買她最需要的東西。

예(16)에서 보이는 거절은 '不', '不用' 등 명시적인 거절 항목을 제시하지 않고, 곧바로, 요구된 행위를 하지 못하는 이유를 대두시킴으로써 명시적 항목에 의한 麗莎의 체면위협을 최소화하고 있다. 方雪青의 의견 제시 요구에 대해 麗莎는 '買花'와 '買蛋糕'를 제안하는데 '不行'으로 부정적 항목을 대두시키기보다는 '姐姐已說買花', '媽媽不喜歡蛋糕'로 각각 제안을 수용할 수 없는 객관적 사실을 대두시킴으로써, 方雪青는 자신의 '거절' 행위가 불가피한 체면위협 행위임을 보이고 있다.

(17) 『한어구어』(제3권, 제7과)(상점 안에서)
(애니가 탈의실로 간다.)
售貨員: (對麗莎說)小姐, 您不來一條嗎?
麗　莎: 價錢怎麼降這麼多呢?

售貨員: 小姐, 放心, 現在是換季降價, 質量一點兒問題也沒有。
安　妮: (從試衣間出來)小姐, 請給我拿三條, 一條黑的, 一條藍的, 一條咖啡的。
麗　莎: 你呀! 沒一條還不够? 我還是相信"一分錢一分貨"。

상대의 요구에 대해 청자가 거절 시 사용하는 형식은 일반적으로 평서문이다. 그러나 경우에 따라서는 의문문 형식을 이용하여 되묻는 방식으로 거절을 행하기도 한다. 예(17)에서 售貨員은 '不…嗎'의 반어법 형식으로 安妮에게 구매 요구를 하고 있다. 이에 대해 安妮는 '不買'로써 직접적인 거절을 선택하거나 예(14)처럼 우회적인 방법을 택하지 않고, 의문문의 형식을 빌어 자신이 거절하는 이유를 암시하고 동시에 售貨員에게는 구체적인 정보를 요구하는 방법을 택하고 있다.

5. '지시 — 대응'과 사회행위

요구가 거절로 이어질 때 화자는 요구를 철회할 수도 있고 바람의 수용을 위해 재요구 또는 수정된 요구를 할 수도 있다. 마찬가지로 거절이, 재요구나 수정된 요구로 이어질 때 청자는 수용으로 돌아설 수도 있지만 거절을 재차 고수할 수도 있다. 이와 같은 과정을 거치면서 그 결과로서, 화자와 청자는 '지시 — 대응' 인접쌍을 통해 '주장하기'나 '설득하기', '대안찾기' 등을 성취한다.

5.1 조율하기

(18) 『한어구어』(제2권, 제7과)(기숙사에서)
麗莎: 安妮, 旅行回來了?好玩兒嗎?
安妮: 好玩兒極了。

麗莎: 累不累?
安妮: 有點兒累。
麗莎: 你還沒吃晚飯吧?走, 咱們吃飯去。
安妮: 我想先洗個澡, 再去吃飯。
麗莎: 好吧, 我等你。 你得快一點, 食堂快關門了。

예(18)에서 쌍방은 '吃飯去'라는 행위에 대해 상호 의견조율의 모습을 보여준다. 麗莎가 먼저 '走, 咱們吃飯去'라는 제안을 하지만 安妮는 이에 조건적 수용방식으로 거절을 한다. 그러자 麗莎는 安妮의 조건을 수용한 뒤 약속 '我等你'와 충고 '你得快一點'로써 제안을 수정하며 쌍방의 바람을 모두 충족시키고 있다. 여기서 눈여겨볼 점은 거절의 방식과 그에 이어지는 충고의 방식이다. 먼저 거절의 방식을 보면, 安妮는 麗莎가 요구한 동작행위를 거부하지 않는다. '我現在不去'로써 단도직입적으로 거절하기보다는 내가 지금 해야 할 일 — 洗澡 — 을 전면에 내세움으로써 '가기는 하나 바로 가지는 않겠다'는 점을 암시한다.

이와 같은 거절은 두 가지 효과를 거둘 수 있는데, 첫째, 거절을 해도 상대방의 체면위협을 최소화 할 수 있다. 麗莎는 앞서, 여행에서 돌아온 安妮를 환영하며 '你還沒吃晚飯吧'로써 호의에 바탕한 제안을 행하였다. 제안에서 麗莎는 '咱們'이라는 직시어로 安妮와 자신을 모두 포괄하고 있는데, 安妮가 이 때 요구된 동작행위 자체를 거부한다면 화자의 적극적인 체면을 위협할 우려가 커진다. 하지만 安妮는 '我想' 으로써 의견이 일방적인 공표나 강요로 흐르게 될 것을 미연에 방지한 뒤 麗莎의 요구를 바로 수용하지 못하는 이유 — 洗澡 — 를 드는데, 이는 화자의 요구 — 去吃飯 — 를 부정하지 않음으로써 화자의 적극적인 체면을 최대한 보호하는 효과를 거둘 수 있다.

둘째, 麗莎에게 후행행위의 선택권을 부여할 수 있다. '吃飯去'는 安妮

와 麗莎가 모두 동의하는 부분이다. 문제는 安妮의 선행조건인 '洗澡'를 麗莎가 어떻게 수용하는가에 있는데, 여기서 安妮는 '等等'이나 '你先走'와 같은 麗莎의 다음 행위를 제시하지 않음으로써 麗莎에게 후행 화행에 대한 선택권을 부여한다. 이는 麗莎의 적극적인 체면을 다시 한 번 존중해주는 결과를 얻을 수 있으며 麗莎로 하여금 '吃飯去'라는 목적 달성을 위해 자신의 '요구'를 수정하도록 하는 동기를 제공한다. 제안의 수정에 있어서도 麗莎는 제시된 충고 '你得快一點'의 근거를 '我很饿'나 '你洗得很慢' 등 화자나 청자 어느 한쪽에 두지 않고 '食堂關門'이라는 외부 기준에 둠으로써 강요의 근거는 명확히 제시하면서 安妮의 적극적인 체면은 보호하는 동시에, '得'에 의한 강요의 정도까지 낮추고 있다.

5.2 주장하기

(19) 『한어구어』(제3권, 제7과)(상점 앞에서)
安妮: 你看, 門口寫著"店内服装全部八折", 進去看看吧。
麗莎: "便宜沒好貨, 好貨不便宜"。價錢降這麼多, 質量能好嗎?
安妮: 看看又不要錢!
麗莎: 那就進去看看吧。

예(19)에서 安妮는 할인 광고를 보고 매장으로의 진입을 제안하지만 麗莎는 사회적 관념에 기댄 자신의 믿음 '便宜沒好貨, 好貨不便宜'을 바탕으로 거절한다. 이에 安妮는 재요구를 하는데 그 근거를 '價錢'과 '質量' 등 麗莎의 믿음과 관련된 부분을 부정하는데 두지 않고 '看看'이라는 자신의 요구확인과 그에 따른 사실 ㅡ 不要錢 ㅡ 제공에 둠으로써 결국 麗莎의 수용을 이끌어내고 있다. 화행의 흐름을 종합해보면 '요구1 ㅡ 거절1 ㅡ 요구1' ㅡ 수용1'로 정리할 수 있는데, 이 같은 행위 연속은 결과적으로

‘주장하기’라는 행위 성취에 기여하고 있다.

(20) 『한어구어』(제3권, 제10과)(애니와 제프가 무단 횡단을 했다)
安妮: 現在正好是绿燈, 快過馬路!
傑夫: 來不及了, 已經變黄燈了。
安妮: 沒事兒, 咱們可以過去!
傑夫: 不行!
安妮: 你眞麻煩。

주장의 예는 화자에 의해서뿐만 아니라 청자에 의해서도 성취된다. 예(20)은 安妮가 傑夫의 자전거 뒤에 동승하고 있는 상황이다. 이 때 安妮는 신호가 바뀌려는 순간임에도 그것을 무시하고 건널 것을 요구하는데 傑夫는 이미 늦었기 때문에 안 된다며 거절한다. 이에 安妮는 동일 내용으로 재요구를 하는데 傑夫 역시 그에 대해 거절을 반복하고 있다. 쌍방 간의 대화는 의견을 조율하지 못하고 평행을 달리는 것처럼 보이지만, 安妮는 요구의 정도가 낮아지고 傑夫는 거절의 정도가 높아졌다는 데 주목할 필요가 있다. 安妮와 傑夫는 같은 상황을 각각 다르게 대함으로써 이견을 보이고 있는데, 녹색 신호가 바뀔 것 같은 언저리를 安妮는 ‘正好’의 예처럼 적시로 받아들인 반면 傑夫는 ‘來不及’, ‘已經’으로써 적시가 지났다고 보았다. 이에 安妮는 ‘快過’로 직접적인 ‘요구’를 한 반면, 傑夫는 직접적인 거절방식의 채택을 회피하는 대신 거절의 이유를 전면에 내세움으로써 체면위협의 보상을 고려하였다. 그러나 노란색으로의 상황변화는 화자의 태도에도 변화를 요구하는데, 安妮의 ‘快過’가 ‘可以過去’로 변한 반면 傑夫의 ‘來不及’는 ‘不行’으로 강도를 상향 조정한 것이다. 이 중 傑夫의 거절방식은 보상행위로만 구성된 간접적 거절에서 보상행위 없는 직접적인 거절로 바뀐 것을 볼 수 있는데 결국 ‘你眞麻煩’이라는 ‘평가’로 끝을 맺고 있다. 이와 같은 분석은, '요구1—거절1—요구1'—거절1''의 결과가 '주장하기'를 성취하는 데 기여하고 있음을 보여준다.

(21) 『한어구어』(제3권, 제5과)(리우 웨이의 집에서 30분 후)
劉偉: 你說床靠著窗户好, 還是不靠著好?
王平: 還是別靠了, 床靠著窗户, 你每次開、關窗户都得上床, 多不方便!
劉偉: 可這樣房間好像小了一點兒。
王平: 要那麼大的地方有甚麼用? 你想在家裏開舞會嗎?

예(21)에서 劉偉가 '질문'으로 침대를 어디에 놓으면 좋을지 묻자 王平은 '別靠窗户'로써 이에 대해 대답을 하고 있다. 여기서 劉偉는 선택의문문 형식으로 두 가지 선택항 — '靠窗户好', '不靠窗户好' — 을 제시하고 있는데, 王平은 이 중 하나의 항을 선택하지만 제시된 평서문의 형식을 따르기보다는 명령문의 형식을 취함으로써 지시화행이라는, 좀 더 적극적인 의견표명을 시도하고 있다. 이어서 王平은 요구된 행동에 반할 경우 생길 수 있는 부정적 결과를 제시하며 지시를 합리화하고 있는데, 劉偉는 이에 대해 '好像小'로써 자신의 느낌에 기대어 거절하고 있다. 이에 王平은 다시 '有甚麼用'을 이용한 반어법으로 '不用大的地方'을 피력하며 劉偉의 의견을 반박하고 지시의 합리화를 강화하고 있다. 결과적으로 이와 같은 일련의 행위 연속은 '주장하기'라는 행위의 성취로 귀결된다고 볼 수 있다.

5.3 설득하기

(22) 『한어구어』(제3권, 제9과)(토요일, 제프가 리사와 마주쳤다)
傑夫: 麗莎, 好久不見, 去哪兒啊?
麗莎: 去書店看看, 買點兒書。
傑夫: 買甚麼呀, 想看甚麼書, 到圖書館去借, 多方便。

麗莎: 圖書館新書太少, 而且常常借不著。我最喜歡逛書店了, 逛書店的感覺可好了。
傑夫: 改天再去吧。
麗莎: 怎麼?
傑夫: 你看今天天氣這麼好, 還不如找幾個朋友去劃船呢。
麗莎: 這個……
傑夫: 哎, 我正看著一本新書, 你一定喜歡。
麗莎: 甚麼書? 借我看看吧。
傑夫: 你得先答應我, 和我們一起去劃船。
麗莎: 好吧, 我答應你。快告訴我, 甚麼書?

예(22)에서 傑夫는 서점에 가는 麗莎에게 책을 구매하지 말고 도서관에서 빌려보라고 충고하지만 麗莎는 도서관의 현실 '新書少也借不著'와 자신의 기호 '喜歡逛書店'을 들어 간접적인 거절을 한다. 뒤이어 傑夫는 즉흥적인 요구 '改天再去吧'를 하는데, 麗莎는 요구에 대한 대응보다 대응을 위한 근거, 즉 화자의 의도를 궁금해 하며 '怎麼'로써 질문을 한다. 이에 대해 傑夫는 날씨에 주의를 환기시키며 '不如'로써 '去書店'이 잠재적으로 '去劃船'보다 못한 것임을 암시하고 요구 '改天再去'의 수행 근거를 제공하고 있다.

여기서 傑夫가 '요구'와 지시사 '你' 그리고 부정(不定) 대명사 '幾'를 통해 麗莎를 어떻게 포함시키고 있는지 살펴보면 흥미로운 점을 발견할 수 있는데, 우선 傑夫는 '改天再去'의 행위대상을 麗莎로 설정하고 있다. 그리고 뒤이어 '你看'을 통해서도 麗莎를 끌어들임으로써, 麗莎로 하여금 傑夫와 날씨라는 상황을 공유하고 있음을 환기시킨다. 이로 미루어, 傑夫는 공유된 날씨 환경 속에서 麗莎에게 동일 행동을 암암리에 촉구한다고 볼 수 있는데 이와 같은 촉구는 '找'의 행위자가 누구인가에 대한 관찰을 통해 분명해진다. '還不如找幾個朋友去劃船呢'에 비교 대상인 '去書店買

書'를 부가한 뒤 동사만을 추려보면 '去…買…不如找…去劃…'을 얻을 수 있고, 이를 '이유'로 삼아, 다시 '改天再去'를 부가한다면 '改天去, (因爲)去…買…不如找…去劃…'와 같은 구조를 도출할 수 있다. 그다음 각 동작의 행위자가 누구인가를 관찰해보면, '不如' 앞의 '去'와 '買'는 명백한 麗莎의 행위이지만 '不如' 뒤의 '找'는 傑夫가 제안한 傑夫와 麗莎의 공동 행위라고 볼 수 있다. 그 이유는 화자가 '幾'에 청자를 포함시키지 않는다는 데 있는데, '你改天再去, (因爲)我找幾個朋友去劃船'로 설정할 경우 '나 먼저 놀러 갔다 올 테니 넌 다음에 가'의 의미로 해석되고, 반대로, '你改天再去, (因爲)你找幾個朋友去劃船'로 설정할 경우 '볼 일은 나중에 보고 내 대신 친구들과 함께하라'는 의미로 해석되기 때문이다. 따라서 '你改天再去, (因爲)我們找幾個朋友去劃船'의 설정이 가장 적절할 것이며, 傑夫는 麗莎를 애초부터 '幾'에 포함시키기 보다는 '找'의 공동 행위자로 설정함으로써 '직접적인 요구 — 공동의 상황(날씨)공유 — 공동행위 촉구'라는, 일련의 행위 구조를 구성하여 간접적이지만 강한 암시를 보여주고 있다. 이에 대해 麗莎는 '這個…'를 이용하여 주저함으로써 실질적으로는 '거절'을 하고 있다.

麗莎의 거절 의사에 대해 傑夫는 포기하지 않고 재요구를 하는데, 그에 앞서 傑夫는 麗莎가 좋아하는 '新書'를 설득의 조건으로 내세움으로써 좀 더 정교한 재요구 전략을 시도하고 있다. 그 과정에서 麗莎는 '借我看看'이라고 요구를 하는데 이에 傑夫는 요구가 받아들여지려면 사신의 신행요구를 먼저 수용하라 — 你得先答應我 — 며 '去劃船'을 재요구하고 있다. 이에 麗莎는 傑夫의 요구를 결국 수용한다. 논의를 종합하면, 상기 대화는 '요구1—거절1—요구2—질문1—대답1—거절2—요구3—수용3'의 흐름을 보이는데 이는 결과적으로 '지시—대응'쌍에 의한 조율을 통해 '一起去劃船'이라는 목적을 달성해가는 '설득하기'의 일례라고 할 수 있다.

5.4 대안찾기

(23) 『한어구어』(제3권, 제8과)(다음날 옷 가게에서)
方雪青: 您好。
售貨員: 您好。小姐要買甚麼?
方雪青: 我不是買東西, 我有件事要麻煩您。
售貨員: 甚麼事? 請說吧。
方雪青: 這是我昨天在這兒買的毛衣, 想給我媽媽做生日禮物, 可是回去讓她一試, 有點兒瘦, 我想換一件肥一點兒的, 行嗎?
售貨員: 您有小票嗎? 粉色的。
方雪青: 有, 在這兒呢。
售貨員: 好。這種毛衣賣得特別快, 不知道還有肥點兒沒有, 您等一下, 我去看看。
(점원이 한참을 찾다가)
售貨員: 眞對不起, 小姐, 沒有肥的了。您看看別的吧。
方雪青: 這怎麽辦呢? 我媽媽特別喜歡這件毛衣的顏色和式樣。
售貨員: 您母親甚麼時候過生日?
方雪青: 明天。
售貨員: 您看這樣行不行, 請您把電話號碼給我, 我們去想辦法, 一有消息就和您聯系。
方雪青: 那太好了, 我眞不知道該怎麼謝您了。
售貨員: 沒甚麼。

'요구'에 이은 '수용/거절'이든 '거절'에 이은 재'요구'이든 모두 기계적으로 이루어지는 것이 아니다. 대화 속에서 이루어지는 '요구'와 '수용/거절'은 그 자체에 의미가 있기 보다는 결과로서의 행위목표를 성취하는 과정에서 의미가 부여된다고 보는 것이 옳다.

예(23)에서 方雪青은 어머니께 생신선물로 사드린 옷이 맞지 않아 교환을 요구하러 왔다. 옷 중에서도 특히 스웨터는 입어보고 살 수 없다는 점 그리고 한 번 입어본 뒤에는 교환이 어렵다는 점 때문에, 요구하는 손님에게도 응대하는 점원에게도 옷 교환은 부담일 수밖에 없다. 이러한 이유로 方雪青은 교환에 대한 직접적인 요구에 앞서 예비요청 — 我有件事要麻煩您 — 을 통해 요구의 시행 가능성을 먼저 가늠하고 있다. 예비요청에 대한 긍정적 결과는 方雪青으로 하여금 본격적인 요구행위로의 이행을 추동한다.

方雪青은, 예(4)에서 처럼, '我想'이라는 평서문 형식의 바람을 진술하는 것만으로 청자인 售貨員에게 '요구'의 힘을 보여줄 수 있다. 다만 손님과 점원이라는 힘의 불균형에도 불구하고 '교환'이라는 목적 하에서는, '주문'이나 '구매'와는 다르게, 수용 또는 거절의 주도권을 점원이 쥐고 있다는 점에서 차이를 보인다. 이에 方雪青은 사실에 근거하여 요구하게 된 사정을 제시함으로써 점원으로부터의 수월한 수용을 도모하고 있다. 이에 售貨員은 '您有小票嗎? 粉色的 — 有, 在這兒呢'라는 '요구 — 수용' 쌍의 삽입을 유도함으로써 方雪青이 교환에 적합한 조건 — 영수증 소지 유무 — 을 갖추었는지 확인하고서야 요구를 수용한다.

그러나 잠시 후, 재고가 부족한 상황이 발생하자 售貨員은 다른 상품으로의 교환을 유도 — 您看看別的 — 하고 方雪青은 '怎麼辦'으로써 거절한 뒤 거절의 이유를 부연하고 있다. 거절의 이유가 자신이 아닌 어머니에게 있음을 역설하고 있는데, 거절의 근거를 현재의 발화자 밖에 둠으로써 方雪青은 거절로 야기될 점원의 체면 위협 정도를 최소화하고, 역으로, 교환이라는 맥락에서 자신의 요구 정도를 강화하는 효과를 거둘 수 있다. 그 효과는 이후 이어지는 점원의 제안 '您看這樣行不行'을 끌어냄으로써 결국 동일상품 교환이라는 목적을 달성하는데 기여한다. 지금까지의 논의를 정리하면, 상기 예는 '요구1—요구2—수용2—수용1—요구3—거절3—요구4—수용4'의 행위구조로써 교환이라는 목적 달성 과정을 보여주는 동시에 객관적인 돌발 상황에 맞선 '대안 찾기'를 성취하는데 기여한다고 볼 수 있다.

6. 결론과 함축

지금까지 중국어 교재의 대화문에서 보이는 지시화행과 '지시—대응'쌍을 중심으로, 의미해석은 맥락의 고찰이 선행되어야 하며 선후 화행 간의 연계성이 바탕이 되어야 함을 논하였다. 아울러 '지시'와 '거절'은 본질적으로 체면을 위협하는 행위인만큼 상대를 배려하고자 하는 화자의 전략에 따라 때로는 직접적으로 또 때로는 간접적으로 수행되며 위협의 최소화를 위해 부가적인 성분도 함께 동반된다는 것을 보았다. 나아가 지시화행은 일개 단위로서 인접쌍의 구성요소로 기능하고 이렇게 구성된 '지시—대응' 쌍은 다시 기타 '지시—대응' 쌍과 결합하여 '설득하기', '주장하기' 등 특정 사회행위를 성취하는데 기여한다고 하였다.

마지막으로 상기 분석 결과는 중국어 교육에 있어 어떠한 함축을 갖는지 살펴봄으로써 논의를 마무리하고자 한다. 첫째, 화행의 해석과정은 일상의 상당부분을 차지하는 간접화행에 대해 의미해석의 근거를 제공해 줄 수 있다. 축자적 이해로부터 벗어나 동일한 형태의 다양한 기능, 다양한 형태의 동일한 기능 등, 사용 속에서 다양한 사회적 맥락의 영향을 받는 변이의 모습으로 언어가 존재함을 인식함으로써 어법기반의 말하기 교육이 아닌 행위기반의 말하기 교육으로 그 패러다임의 전환을 촉구한다. 단어에서 문장으로 이어지는 층차적 분석과 결합은 이제 그 외연을 확장하여 어법단위가 화행의 해석과 어떻게 연계되는지 등도 고려할 필요가 있다.

둘째, 대화 구조에 대한 관찰은 화행을 기반으로 하는 대화 연습에 토대를 마련해 줄 수 있다. 흔히 교재 속 대화문을 학습할 때 학습자들은 문장이 배치된 구조에 대해서는 관심 밖의 대상으로 치부해왔다. 그러나 실제 사용에 있어 필요한 것은 얼마나 많이 외우고 있는가 하는 양적 개념이 아니라 얼마나 잘 활용할 수 있는가 하는 질적 개념이 더 우선시될 것이다. 그리고 이와 같은 개념 차의 극복은 인접쌍을 토대로 한 교재의 대화구조 분석이 하나의 방법일 수 있다. 교재 텍스트와 그에 대응되는 행위 구조를 함께 제시하고 그것을 토대로 한 대화 연습이 진행된다면 학습자들이 문장이해에만 몰두하거나 문장만을 먼저 암기하려 들지 않을 수 있고, 나아가 언어 사용의 관점을 갖는데도 도움을 줄 수 있을 것이다.

셋째, 사회 행위 성취에 대한 관찰은 수업의 목표를 좀 더 구체적으로 제시하는데 활용할 수 있다. 예(23)을 예로 들면, '대안 찾기'는 비단 물건 교환에만 국한된 행위는 아닐 것이다. 대안의 모색은 나들이 장소 물색, 행사 준비 방법, 주거지 임대 계약 등 이견이 자주 발생할 수 있는 기타상황에서도 요구된다. 수업 시 '학교 행사의 준비'라는 주제와 '이견이 발생할 때 말로써 어떻게 해결할 수 있을까' 하는 문제를 설정했다고 가정해 보자. 학습자들은 이와 같은 문제를 타 학우와 풀어가면서 '대안 찾기'라는 공동의 목표를 성취하기 위해 '설득', '주장', '거부', '조율' 등 기타 행위들까지 동원할 수 있다. 이렇게 '~하기'라는 성취목표를 설정하려면 교수자는 대화상황과 목표를 정확하게 제시해야 하며 학습자는 부여된 상황에 대한 숙지와 주어진 행위 성취를 위한 의지가 밑바탕 되어야 한다. 그리고 그 바탕 위에서 그동안 간과되었거나 막연하게 설정되곤 했던 주제들이 특정 행위의 틀 속에서 좀 더 구체적인 상황과 세부성취 목표를 요구하게 될 것이다. 더불어, 사회행위 성취를 위해 여러 방법을 모색하면서 목표 성취를 위한 전략 교육에도 일조할 수 있을 것이다.

제3장
중국어교재의 중 · 미 간 비교*

1. 문제의 제기

본 장에서는 요구화행(requestives)과 선호구조(preference)의 개념을 중심으로 중·미 양국에서 출판된 초급 교재 — 『신공략중국어』(기초, 초급)과 *Integrated Chinese*(Level1 Part1, 2) — 를 비교 화용론적 관점에서 분석해 보고자 한다. 먼저 아래의 두 예를 먼저 살펴보자.

(1) ①『신공략중국어』(초급, 제8과)
小葉: 喂, 我找莉莉。
莉莉: 我就是, 你是小葉吧?
小葉: 猜對了。……

② *Integrated Chinese* (Level1 Part1, 제6과)
李友: 喂, 請問王朋在嗎?
王朋: 我就是。你是李友吧?有事嗎?
李友: 我想請你幫忙。……

* 본 장은『中國語文學論集』제96호(2016년 2월), pp.169~199에「비교 화용론적 관점에서의 중·미 중국어교재 분석 — 요구화행과 선호구조를 중심으로」란 제하로 게재된 원고를 수정한 것이다. 연구는 2015학년도 서울여자대학교 교내학술특별연구비의 지원을 받았다.

예(1)의 두 예는 모두 전화대화의 도입부분이다. 수신자가 아닌 발신자가 먼저 대화를 연다는 점과 "我就是, 你是○○吧?"로써 수신자가 발신자를 먼저 알아본다는 점은 ①, ② 모두 동일하다. 그런데 그 다음으로 이어지는 대화의 전개에는 확연한 차이가 존재한다. ①은 발신자에 대한 莉莉의 추측을 小葉가 확인해주는 과정이 이어지지만 ②는 王朋의 추측에 대한 李友의 확인과정이 생략된 채 곧바로 "有事嗎?"로 본론에 진입한다. 겉으로만 보면 그저 가볍게 흘려버려도 될 차이지만 의문은 바로 여기서부터 출발한다.

우선, 예(1)②와 같은 예가 중국인들의 행위 절차에 부합할까 하는 것이다. 필자의 경험이나 그간에 접한 교재의 대화들로 미루어보건대, 寒暄처럼 가벼운 인사를 먼저 나누거나 보통은 발신자가 자연스럽게 용건으로 진입하도록 수신자가 기다려주는 것이 관례이기 때문이다. 그렇다면 상기 "有事嗎?"의 출현이 혹시 출판된 지역의 공용어사용 방식으로부터 영향을 받은 것은 아닐까? 관련하여 아래의 예를 보자.

(1) ②' *Integrated Chinese* (Level1 Part1, 제6과)	(2) *Interchange: Full Contact*(p. 36)[1]
[王朋: (ø = 喂)]	LIZ: Hello.
李友: 喂, 請問王朋在嗎?	JIM: Hi, Liz. I'm Jim.
王朋: 我就是。你是李友吧? 有事嗎?	LIZ: Hi, Jim. What's up?
李友: 我想請你幫忙。……	JIM: Well, I have tickets for a play tonight. ……

예(2)를 보면, 흥미롭게도 영어교재 속 전화대화에서 출현하는 "What's up?"이 대화 구조 상 예(1)②'의 "有事嗎?"와 동일한 위치에서 동일한 기능을 담당하고 있다. 이 같은 현상은 두 번째 의문에 바탕을 제공한다.

즉, 동일한 '중국어 교재'라 하더라도 그것이 어느 지역의 교재인가에 따라 각기 상이한 의사소통 양식을 보일 수 있지 않을까. 다시 말해, 예(1)②'의 음영처럼 중·미의 상이한 상호작용 방식이 중국'어'를 재료로 표현된 것은 아닐까. 의문을 좀 더 구체화시킨다면, 단어와 구조의 차원을 넘어, 단어와 그 단어를 엮는 구조가 비록 동일하더라도, 그것이 대화 속의 맥락과 말 속에서 발휘되는 힘은 중·미 중국어교재 간에 차이를 보이지 않을까 하는 것이다.

그동안 말로써 타인의 행위를 요구하는 화행은 '요청', '부탁', '지시' 등의 명칭으로써 연구가 이어져왔다(김정은 2006, 2007, 2008, 2010, 박찬욱 2012a, 임소정 2015). 김정은(2006)은 한·중 TV드라마의 요청표현을, 그리고 김정은(2007)은 (DCT와 함께)고등학교 교과서 상의 요청표현을 분석 하였다. 또 김정은(2008, 2010)은 DCT를 이용한 한·중 간 거절 및 부탁 표현을 대조하였고 박찬욱(2012)a는 대학의 중국어교재 속 지시화행과 그 인접쌍을 분석하였다. 또한 임소정(2015)은 시나리오 접근법을 이용하여 요청 화행에 대한 이론적 접근을 시도하기도 하였다.

이들 연구는 모두가 언어의 행위적 측면에 관심을 견지하며 기존 연구들과 차별성을 갖는다는 점에서 후행 연구에 계발하는 바가 많다. 다만 이들 분석이 하위 행위범주에 대해서는 관심이 다소 소홀하였고, 박찬욱(2012)a를 제외하고는, 모두가 화자나 청자 중 어느 한 쪽 행위에만 주의를 기울인 결과 선·후 행위 간의 연계성에는 관심이 부족하였다는 점, 그리고 기능보다는 형식적 측면에 초점을 맞추었다는 점에서는 아쉬움이 남는다. 하지만 박찬욱(2012)a 역시, '지시 — 대응'쌍에 대해서는 착안을 하였으나 행위적 측면에 대한 해석에 치우쳐 선호구조로까지 논의를 확대시키지 못했다는 데는 동일한 한계를 지닌다. 이와 같은 점들은, 화자 중심의 행위로부터 벗어나 청자의 반응에 대한 관심 역시 필요하다는 점과 '요청', '부탁',

‘지시’란 이름으로 묶여왔던 (상위)화행의 하위범주에 대한 관찰을 요구하는 동시에, 한·중이란 근접의 시각을 중·미란 좀 더 큰 틀의 시각으로 비교해볼 것을 암시한다.

본 장에서는 화용적 시각을 여전히 견지하면서도, 이 같은 점들에 대해서는, 화행의 범주분류를 달리한 Tsui(1994)의 요구화행(requestives) 개념과 대화분석의 선호구조(preference) 개념을 토대로 양적, 질적 분석을 진행하고 사회언어학의 ‘변종’이란 개념으로 중·미 양국 교재 간 차이를 설명함으로써 나름의 보완 및 극복을 시도하고자 한다.[2)]

2. 개념과 가정

2.1 선호구조

선호구조는 행위연속체(sequence)를 논하면서 인접쌍(adjacency pair)과 함께 자주 논의되는데, 그것은 선호구조가 인접쌍을 토대에 두고 있기 때문이다(Levinson 1983, Hutchby 등 1998). 인접쌍이란 “연속체의 가장 기본적인 단위로서 현재 화자의 발화에 대하여 다음 화자가 응답하는 구조(서경희 2014, p.262)”를 가리키는데 그것의 특징과 규칙은 Schegloff & Sacks(1973)의 논의를 정리한 Levinson(1983, pp.303~304)을 참고할 수 있다.[3)]

· 특징:
① 인접해 있고
② 서로 다른 화자에 의해 생산되며
③ 첫 번째 파트와 두 번째 파트가 순차적이고
④ 정형화되어, 첫 번째 파트가 특별한 두 번째 파트를 요구한다.(예컨대, ‘제공’은 ‘수용’과 ‘거절’을, ‘인사’는 ‘인사’를 요구한다)

· 인접쌍 사용의 지배규칙:
  인접쌍의 첫 번째 파트가 생산되었다면 현 화자는 말을 멈추어야 한다. 그리고 그 지점에서 다음 화자는 인접쌍의 두 번째 파트를 생산해야 한다.

상기 특징과 지배규칙에 따라 정형화가 가능한 인접쌍은 어떤 행위들이 상호 인접해있는가에 따라 다양하게 분류가 가능한데, 劉虹(2004)은 그것을 총 15개로 분류하고 있다. 그 범주를 살펴보면 다음과 같다.(劉虹 2004, pp.110~113)

① 인사 — 인사
② 고별 — 고별
③ 부름 — 대답
④ 질문 — 응답
⑤ 사과 — 수용/거절(질책)
⑥ 축원 — 감사/(재)축원/달램
⑦ 소개 — 인사/(재)소개
⑧ 건의 — 수용(동의)/얼버무림/반대/반문(질의)
⑨ 진술 — 진술/보충/긍정/반문(질의)/확인/질문/부정
⑩ 감사 — 거절(겸양)/(재)감사
⑪ 제공 — 수용/거절/얼버무림/반문(질의)
⑫ 질책 — 사과/부인/변명/인정/변호/분개(자극)
⑬ 칭찬 — 거절(겸양)/감사/동의/(재)칭찬
⑭ 요구 — 수용/미룸/얼버무림/거절/반문(질의)
⑮ 축하 — 감사/거절(겸양)/(재)축하

상기 분류를 보면, 인접쌍의 첫 번째 파트는 하나의 선택항만을 갖지만 그것을 잇는 두 번째 파트는 한 개부터 예닐곱 개의 여러 선택항을 가질 수 있다. 그러나 후행화자가 취할 수 있는 여러 행위들이 모두 동등한 지위를 갖는 것은 아니다(Levinson 1983, p.332). 상대방의 정서나 맥락을 무시한 채 자신의 감정이나 순수 의사에만 기대어 마냥 '거절' 또는 '부정'을 하기란 쉽지 않기 때문이다. 이는 상호작용 속에서 대화가 순조롭게 진행되

기를 바라는 참여자들의 기대와 관련되는데 화자의 행위가 수용이나 동의받기를 바라지 부정이나 거절을 바라면서 하지는 않는다는 것이다(李櫻 2012, p.129). 그 결과 두 번째 화자의 행위는 선행화자의 기대에 부응하는 선호(preferred) 반응과 그렇지 않은 비선호(dispreferred) 반응으로 그 유형이 나뉘며(서경희 2014, p.263) 이 중 비선호 반응은 "유표적 형태로 수행되는 경향과 회피되는 경향(Levinson 1983, p.333)"을 갖는다. 여기서 유표적 형태란, "말 순서 간에 쉬는 간격이 없이 빠르고 간단하게(서경희 2014, p.263)" 수행되는 선호 반응과 달리, 발화의 유의미한 지연(delays)과 '음', '어' 등의 '서언(prefaces)' 및 비선호 반응에 대한 '해명이나 설명(accounts)' 등이 부가된 형태를 가리킨다(Levinson 1983, p.307, pp. 334~335). 이에 따라 구성될 수 있는 선호구조 유형은 대략 다음과 같다.

첫 번째 말차례	두 번째 말차례	
	선호반응	비선호반응
요청(請託), Request	접수	거절
초대(邀請), Invitation	접수	거절
제공(提供機會/服務), Offer	접수	사절
제의(提議), Proposal	동의	비동의
평론(評論), Assessment	동의	비동의

표 1. 선호구조의 유형(李櫻 2012, p.129, Yule 1996, p.79)[4)]

2.2 요구화행

Tsui(1994)[5)]는 화자 중심이었던 기존의 화행 범주를 "의도된 화자 반응(intended speaker response)", 즉 청자의 반응을 기준으로 '유도화행(Elicitations)', '요구화행(Requestives)', '지시화행(Directives)', '정보화행(Informatives)'으로 재범주화였다(O'Keeffe 등 2011, p.96). 이 중 '요

구화행'과 '지시화행'은 행위 이행에 대한 선택의 여지가 요구받은 이에게 있는가의 여부에 따라 나뉜 것으로서(O'Keeffe 등 2011, p.96) Tsui (1994:91)는 '요구(requests)', '초대(invite)', '허가 요구(ask for permission)', '제공(offer)'을 '요구화행'으로, '주문(order)', '명령(command)', '지시(instruct)'를 '지시화행'으로 귀속시켰다(O'Keeffe 등 2011, p.97). 따라서 '요구화행'과 '지시화행'은 그것의 반응이 모두 미래의 행동에 대한 모종의 책임을 수반한다는 점에서(劉虹 2004, p.116) 공통점을 갖지만 여지없이 행위를 이행해야 하는 '지시화행'과 달리 '요구화행'은 청자가 상황맥락과 의지에 따라 선호 또는 비선호 반응을 취사할 수 있다는 점에서 좀 더 많은 선호구조의 구성여력을 갖는다.

Tsui(1994)는 '요구화행'을 다시 이익이란 관점에서, 화자에게 이익이 되는 행위를 하도록 하는 '위임화행(mandatives)'과 청자 자신에게 이익이 되는 행위를 하도록 하는 '권고화행(advisives)', 그리고 화자와 청자 모두에게 이익이 되는 '제의화행(proposals)'으로 하위 범주를 분류하였다(O'Keeffe 등 2011, p.97). 이에 준하면, 아래 표 2와 같이, '위임화행'에는 '(허가 및 행동)요구'가, '권고화행'에는 '제공'과 '초대'가 그리고 '제의화행'에는 '제의'가 귀속될 수 있다(O'Keeffe 등 2011, p.97).

요구화행(Requestives):

	화자 행동	청자 행동	화사 + 청자 행동
화자 이익	(허가)요구	(행동)요구	
청자 이익	제공	초대	
화자+청자 이익			제의

표 2. '요구화행'의 범주분류(Tsui 1994, p.104[O'Keeffe 등 2011, p.97])

아래는 이상의 논의에서 언급된 선호구조와 요구화행 개념을 토대로 양국의 교재 속 대화 행위를 분류하고 그것을 잇는 두 번째 파트가 어떠한 유형의 반응으로써 대화의 구조를 구성하는지 그리고 어떤 차이를 보이는지를 면밀하게 관찰, 분석하고자 한다.

2.3 가정

논의는 두 가지 가정에 바탕한다. 하나는 교재의 선택과 관련되고 다른 하나는 방법론을 선택한 이유와 관련된다.

첫째, 교재에는 해당 공동체의 언어체계와 행위 양식이 반영되어 있다는 가정이다. 본 장의 논의는 중 · 미 양국에서 출판된 초급 교재를 대상으로 한다. '기초, 초급', 'Level 1'으로부터 알 수 있듯 양국의 교재는 모두 초학자를 대상으로 한 교재로서 각각 '입문 ~ 초급'의 단계를 표방한다. 이들 교재를 분석 대상으로 선택한 데는, 먼저 외적 측면에서, 광범위하게 사용되어왔고 또 사용되고 있다는 데 연유한다. 『신공략중국어』는 중국은 물론 한국과 일본에서도 출판되었고[6] 특히 한국에서는 각 대학의 교양중국어 교재로서 광범위하게 사용되어 왔다. 또 *Integrated Chinese*는 1997년 출간이 되기 전부터 미국의 약 20여 개 대학에서 시용(試用)될 정도로 광범위하게 채택되었었다.[7] 이는 중국어 교육에 있어 나름의 적합성을 보유하고 있다는 점과 중국어 보급의 다양한 경로를 확보한 교재로 여길 수 있다는 것을 의미한다.

그리고 내적 측면에서는, 대화 중에서도 특히 일상의 대화가 사회생활을 구성하는 가장 근본적이면서도 기초적인 형식이라는 데 토대를 둔다 (Schegloff 1995, pp.186~187). 자연담화에 대한 이 같은 생각은 외국어 교재의 단계별 구성에도 투영된다고 볼 수 있는데 외국어 학습의 첫 단계가 다른 무엇보다 일상 대화에 대한 학습에서부터 시작하고 있기 때문이다.

일상 대화에 대한 학습을 통해 해당 외국어 사회에서 자신의 필요에 따른 표현들을 들려줄 수 있을 때 '비즈니스', '서비스', '관광' 등의 수식어를 붙이며 점진적으로 특화시켜가는 것이 외국어 학습의 보편적 전개 과정이다. 그러므로 상기 내·외적 가정에 기반한 교재의 관찰과 분석은 해당 공동체의 일상 언어행위와 관습을 저자가 어떻게 접해왔고 또 그것을 어떻게 교재로 투영하고 있는가를 보여줄 수 있을 것이라고 생각한다.

둘째, 변이들은 화용상의 측면에서도 존재한다는 가정이다. '동일한 언어를 사용한다'에는 그동안 의례히 동일한 어휘와 어법은 물론 동일한 사용방식에 대한 가정까지를 모두 포함해왔다. 하지만 여기서는 동일한 언어재료를 사용함에도 지역 간에 상이한 사용 방식이 존재하고 또 그것이 교재에도 투영되어 있을 것이란 가정에 기초한다.[8] 변이라고 하면 흔히 음운, 어휘, 어법 등의 언어 체계적 측면을 떠올리기 쉬우나, 동일어권 내에서도 의사소통 기능 및 언어 행위 등에 다양함이 존재할 것이라는 데에는 그다지 큰 관심을 기울이지 않아왔다(Schneider 등 2008, p.3). 더불어 다양성을 기초로 하는 변이적 관점이라고 해도 이(異)언어 간 비교에서는 두 언어를 각기 다른 균질적 통일체(homogeneous wholes)로 간주하며 동(同)언어 공동체 내부에 존재하는 화용적 차이를 간과하기도 했다(Schneider 등 2008, p.5). 이 같은 지적은, 공동의 언어와 문화를 공유하는 화자들 간에도 '사회-화용적 변이' 현상들이 일어날 수 있다는 생각의, 동문화 내 의사소통(intracultural communication)의 비교 연구를 요구한다(O'Keeffe 등 2011, p.109)[9]. 본 장에서 가정하는 비교 대상으로서의 언어 공동체는 사용 지역을 근거로 한(徐大明 등 2004, p.268)[10] 중국의 중국어 공동체와 미국의 중국어 공동체로 나뉜다. 이는, 비록 중국'어'라는 동일 언어가 사용되더라도 그것이 상이한 지역 및 환경에서 쓰이며 형성된 행위 관습들은 '동일 언어가 곧 동일 관습'이라는 기존의 관념들과 괴리를 보일 수 있다는 가정에 근거한다. 예(1)의 ①과 ② 간 비교, 예(1)②'와 예(2) 간의 비교를 통해서도 엿볼 수 있었던 것처럼, 이 같은 화용상의 변이 현상은 중국어 교재에 표상된 중국적 행위 관습과 중국어 내로 스며든 미국적 행위 관습 간의 차이를 보여줄 것이라고 생각한다.

3. 비교와 분석

3.1. 화행 분류

아래는 상기 Tsui(1994[O'Keeffe 등 2011, pp.96~97])에 따른 양국 교재 상의 행위 분류 및 예시이다.

3.1.1. 지시

먼저 '지시'이다. 전형적인 예는 식당에서의 주문행위를 들 수 있다.

(3) 『신공략중국어』(기초, 제14과)
服務員: 這是菜單, 請點菜。
直　美: 來一個魚香肉絲, 一個麻婆豆腐, 再來兩碗米飯, 一個酸辣湯。

예(3)은 식당의 상황이다. 服務員이 "菜單"을 갖다주면서 주문을 요구하자 直美가 원하는 여러 음식을 주문하고 있다. 이 때 服務員에겐 直美가 행한 "點菜"에 대해 '수용'이나 '거절'을 선택할 여지가 주어지지 않는다. 경우에 따라서는 "好"나 "請稍等"등으로 호응할 수도 있고 호응발화가 없을 수도 있지만 "點菜"로부터 '지시'받은 행위는 필히 이행해야 한다.

3.1.2. 요구

3.1.2.1. (허가)요구

먼저 허가에 대한 '요구'이다.

(4) *Integrated Chinese*(Level1 Part1, 제9과)
李小姐: 對不起, 這雙鞋太小了。能不能換一雙?
售貨員: 沒問題。您看, 這雙怎麼樣?

예(4)는 신발 가게에서의 대화이다. 李小姐는 "能不能換一雙"으로써 신발의 교환을 요구하는데, 신발은 흔히 매장에서 신어보고 구입하기 때문에 다른 외부적 문제가 아닌 이상 사이즈로 인해 교환을 요구하는 경우가 많지 않다는 점에서, 교환의 '(허가)요구'로 해석할 수 있다. 그 뒤를 잇는 두 번째 화자의 반응은 '수용'으로서 "沒問題"라는 반응과 함께 그에 상응하는 행위 — "這雙怎麼樣" — 가 이어지고 있다.

허가의 요구에는 예비 단계의 허가 요구도 포함된다. "예비확장(pre-expansion, 서경희 2014, p.265)"으로 불리는 것으로서 본격적인 요구 수행에 앞서 그 가능성을 묻는 것이다.

(5) 『신공략중국어』(초급, 제12과)
田中: 我想請你幫個忙。
小雨: 甚麼事兒? 你說吧。
→ 田中: 請你幫我把這篇文章翻譯成英文, 好嗎?
小雨: 我的英文水平不高, 怎麼翻譯得了啊?

예(5)는 급우 간의 대화이다. 田中이 진짜 하고자 한 요구는 화살표로 표시된 "把這篇文章翻譯成英文"이다. 하지만 직접적인 요구의 수행으로 인한 쌍방의 대인적 부담을 피하고자 田中은 "我想請你幫個忙"으로써 도움을 요청해도 되는지 일종의 허가를 요구하고 있다.

3.1.2.2. (행동)요구

다음으로 행동에 대한 '요구'이다.

(6) 『신공략중국어』(기초, 제13과)
賣東西的: 一百八。
莉莉: 太貴了, 便宜點兒吧。
賣東西的: 您給一百六吧。
莉莉: 再便宜點兒, 一百五怎麼樣?
賣東西的: 行。

예(6)은 옷가게에서의 대화이다. 賣東西的가 가격 — "一百八" — 을 제시하자 莉莉는 "便宜點兒吧"로써 깎아달라고 요구한다. 賣東西的는 이를 '수용'하며 가격을 낮춰 제시하지만 이에 만족하지 못한 莉莉가 "(再便宜點兒)一百五"로써 자신이 원하는 가격에 팔 것을 재'요구'한다. 賣東西的가 이를 재'수용'하면서 대화는 '요구 — 수용 — 요구 — 수용'의 반복된 패턴을 보여주고 있다.

행동에 대한 요구의 반응은 암시적으로 표현되기도 한다. 예를 들면 다음과 같다.

(7) 『신공략중국어』(초급, 제8과)
小雨: 你知道他去哪兒了嗎?
英男: 不知道。他沒看見我, 我叫他, 他也沒聽見。
小雨: 你記住他的手機號了嗎? 我得給他打個電話。
小雨: 他關機了。

예(7)은 친구를 급하게 찾는 小雨와 英男 간의 대화이다. 小雨가 "他"의 소재를 묻지만 英男이 모른다고 하자 의문문의 형태 — "你記住他的手機號了嗎" — 로써 가르쳐줄 것을 요구한다. 그런데 예문에서도 알 수 있듯, 그 다음의 대화문 역시 小雨의 말로 이어진다. 이는 小雨의 요구에 대해 英男이 행동으로써 '수용'한, 즉 전화번호를 가르쳐준 행위의 결과 — "關機" — 이다.

3.1.2.3. 제공

이어서 '제공'의 예를 보자.

(8) *Integrated Chinese*(Level1 Part1, 제5과)
高小音: ……你們想喝點兒甚麼? 有茶、咖啡, 還有啤酒。
王 朋: 我喝啤酒吧。

예(8)은 친구집에 놀러갔을 때의 상황이다. 친구의 누나/언니인 高小音이 동생 친구들을 맞이하는 데 高小音이 "你們想喝點兒甚麼"로써 '제공'의 행위를 하자 동생 친구 중 하나인 王朋이 "我喝啤酒"로써 '수용'하고 있다.

3.1.2.4. 초대

이어서 '초대'의 예이다.

(9) *Integrated Chinese*(Level1 Part2, 제15과)
李友: 今天小林過生日, 晚上我們在小林家開舞會, 你能來嗎?
王朋: 幾點鐘?
……
王朋: 要帶甚麼東西?你知道我不會做飯。

예(9)는 전화대화의 상황이다. 李友가 王朋에게 생일파티에 올 수 있는지를 물으며 '초대'를 수행하고 있다. 여기서 생일자는 李友가 아닌 小林이다. 하지만 李友의 "我們"으로부터 알 수 있듯 '我們(李友, 小林 등) vs. 王朋'의 무리를 이루고 있어 반드시 생일자가 아닌 "我們" 중 누군가가 "你能來嗎"를 언급해도 王朋에 대한 '초대'의 성립은 가능하다. 이에 王朋은 곧바로 수용 여부를 밝히지 않고 몇 시인지 누가 참석하는지 등을 묻고 난 뒤 "要帶甚麼東西"로써 '수용'의 반응을 표하고 있다.

3.1.2.5. 제의

마지막으로 '제의'의 예를 보자.

(10) *Integrated Chinese*(Level1 Part1, 제4과)
小高: 你喜歡不喜歡看電影?
小白: 喜歡。我週末常常看電影。
小高: <u>那我們今天晚上去看一個外國電影, 怎麼樣</u>?
小白: 好。今天我請客。

예(10)에서 小高는 小白에게 먼저 영화에 대한 선호 여부를 묻는데 小白가 좋아하고 또 자주본다는 대답을 하자 "那我們今天晚上去看一個外國電影"으로써 행동을 같이 하자는 '제의'를 행한다. 그리고 小白는 그에 대해 흔쾌하고도 간단하게 '제의'를 '수용'한다.

이상의 분류를 살펴보면, 어떤 대화문이 반드시 어느 행위로 귀속되어야 한다란 당위성이 필연적이지 않음을 볼 수 있다. 상기 예문에서 볼 수 있듯, 대화문의 행위범주 귀속에 대한 판단은 대화문을 둘러싼 언어적 맥락과 상황적 맥락, 그리고 화자의 행위와, Tsui(1994[O'Keeffe 등 2011, p. 96])의 분류 기준인, 청자의 반응까지도 고려될 필요가 있다. 아래는 상기 분류에 바탕한 요구화행과 반응에 대한 양국 교재의 양적, 질적 비교 결과이다.

3.2. 상호 비교

3.2.1. 양적 비교

3.2.1.1. 첫 번째 화자의 행위

상기 분류에 따른 '지시화행'과 '요구화행'은 『신공략중국어』로부터 총 76개(「기초」 30개, 「초급」 46개), *Integrated Chinese*로부터 108개(「Level1 Part1」 29개, 「Level1 Part2」 79개)를 얻었다. 그리고 그에 대한 범주 귀속의 집계 결과는 아래와 같다.

화행 / 집계	지시화행 (directives)		요구화행 (requestives)									
	지시		(허가)요구		(행동)요구		제공		초대		제의	
	N	%	N	%	N	%	N	%	N	%	N	%
중국1[11)]	12	40	1	3.3	3	10.0	7	23.3	0	0.0	7	23.3
중국2	2	4.3	3	6.5	13	28.3	13	28.3	1	2.2	14	30.4
계	14	18.4	4	5.3	16	21.1	20	26.3	1	1.3	21	27.6
미국1	3	10.3	1	3.4	11	37.9	10	34.5	0	0.0	4	13.8
미국2	17	19.1	3	3.4	27	30.3	21	23.6	1	1.1	10	11.2
계	20	18.5	4	3.7	38	35.2	31	28.7	1	0.9	14	13.0

표 3. 지시화행과 요구화행의 빈도와 출현율

그리고 이 같은 결과를 비율 순으로 재정렬해 보면 다음과 같은 양국의 교재 수준별 분포 추세를 읽을 수 있다.

중국1	지시 40.0	제공 23.3	제의 23.3	(행동)요구 10.0	(허가)요구 3.3	초대 0.0
미국1	(행동)요구 37.9	제공 34.5	제의 13.8	지시 10.3	(허가)요구 3.4	초대 0.0
중국2	제의 30.4	(행동)요구 28.3	제공 28.3	(허가)요구 6.5	지시 4.3	초대 2.2
미국2	(행동)요구 30.3	제공 23.6	지시 19.1	제의 11.2	(허가)요구 3.4	초대 1.1

표 4. 지시화행과 요구화행의 추세 분포: 『중국1』과 『미국1』, 『중국2』와 『미국2』

『중국1』은 '지시 > 제공 = 제의 > (행동)요구 > (허가)요구 > 초대' 순으로, 『미국1』은 '(행동)요구 > 제공 > 제의 > 지시 > (허가)요구 > 초대' 순으로 행위 분포를 보이고 있다. 그리고 『중국2』는 '제의 > (행동)요구 = 제공 > (허가)요구 > 지시 > 초대' 순으로, 『미국2』는 '(행동)요구 > 제공 > 지시 > 제의 > (허가)요구 > 초대' 순의 분포를 보인다. 이와 같은 추세에서 눈의 띠는 부분은 각국의 교재가 제일 우선시하는 화행으로서, 『중국1』과 『미국1』이 각각 40%와 38%의 비슷한 비율로 '지시'와 '(행동)요구'를, 『중국2』와 『미국2』가 각각 30.4%와 30.3%의 동일 비율로 '제의'와 '(행동)요구'을 제시하고 있다는 점이다.

이 같은 특징은 양국의 교재가 출발점을 어디에 두는지와 상위 단계로 올라갈 때 변화의 방향을 어디에 두는지를 보여준다. 『중국1』은 '지시'를 요구화행보다 약 2배 가량 높게 제시하고 있는데 이는, '지시'가 상대방에게 선택의 여지를 주지 않는다는 점에서, 고정적인 또는 제도화된 대화를 보다 많이 제시하고 있다는 것을 의미한다. 다시 말해, 예(3)과 같이 대화문 제시의 중점을 일상의 수평적 관계보다는 식당이나 가게 등 의식(衣食)과 관련한 상황의 비수평적 관계에 둠으로써 출발점을 (중국에서의)'정착'에 두고 있는 것이다. 하지만 레벨이 올라가면서 중점은 '정착'에서 '대인(對人)'으로 이동한다. 『중국2』는 『중국1』에서 주를 이루던 '지시'가 40%에서 4.3%로 약 1/10로 감소되고 '제의'와 '(행동)요구'가 큰 폭의 비율로 상승하며 화자와 청자 간의 상호 반응을 유도하고 있기 때문이다.

반면에, 『미국』에서는 '(행동)요구'가 레벨에 상관없이 일관되게 많이 제시되어 있다. 이는 『미국』이, 『중국』과는 다르게, 비수평적 관계는 지양하고 수평적 관계를 지향하고 있다는 점과 '정착'이 아닌 '대인'을 출발점으로 삼고 있다는 것을 뜻한다. 그리고 레벨이 올라가도 '(행동)요구'는 여전히 주요 비율을 차지하고 있는데 반해 '지시'는 그렇지 못하다는 점에서 레벨의 상승에도 여전히 '대인'이라는 방향에 중점을 두고 있다고 볼 수 있다. 이와 더불어, 소통 방식에 대해 양국 교재가 보여준 양상은 아래 표 5를 통해 이해 가능하다.

중국계	제의 27.6	제공 26.3	(행동)요구 21.1	지시 18.4	(허가)요구 5.3	초대 1.3
미국계	(행동)요구 35.2	제공 28.7	지시 18.5	제의 13.0	(허가)요구 3.7	초대 0.9

표 5. 지시화행과 요구화행의 총추세 분포

표 5를 보면, 『중국』의 총추세는 '제의 > 제공 > (행동)요구 > 지시 > (허가)요구 > 초대' 순이고 『미국』의 총추세는 '(행동)요구 > 제공 > 지시 > 제의' 순이다. 이 같은 대비는 양국 교재의 소통방식 간 차이를 보여준다. 『중국』에서는, 요구된 행동을 화자와 청자가 함께 함으로써 공동의 이익을 얻는 '제의'와 화자의 행동으로 인해 청자가 이익을 얻는 '제공'이 50% 이상(27.6 + 26.3)을 점하고 있다. 이는, 같은 화행범주의 행위라도 청자 이익 지향의 요구행위를 우위에 두고 화자 이익 지향의 요구행위는 상대적으로 뒤로 하는, 타인 중심적 요구 표현의 반영이라고 볼 수 있다.

하지만 『미국』은 청자의 행동을 요구함으로써 화자가 이익을 얻는 '(행동)요구'가 가장 큰 우위를 점하고 있다. 여기에 화자 이익 지향의 '지시'를 더하면, 『중국』이 보여준 청자 이익 지향의 행위('제의'+'제공')값과 동등 수준으로, 50% 이상(35.2 + 18.5)을 점하며 『중국』과는 정반대 경향을 보여준다. 더불어, 『미국』에서 보인 화자 이익 지향의 행위값(53.7%: '(행동)요구'+'지시')과 청자 이익 지향의 행위값(41.7%: '제공'+'제의') 간 차이(12%)는 『중국』의 그것(53.9% vs. 49.5%)보다 약 3배가량 차이를 보인다. 이는 『미국』이 같은 요구화행이라도 청자 이익보다는 화자 자신의 이익을 우위에 둔다는 것으로서, 상대적으로, 자기 중심적 요구 표현의 반영으로 해석이 가능하다.

3.2.1.2. 두 번째 화자의 행위: 수용

그렇다면 이 같이 상이한 경향의 요구화행에 대해 양국 교재는 두 번째 화자의 반응을 어떻게 보여주고 있을까. 첫 번째 화자의 요구화행에 대한 두 번째 화자의 반응결과는 아래와 같다. 먼저 '수용' 반응의 총체적 경향을 살펴보자.

중국계	지시	수용	(허가)요구	수용	초대	수용	(행동)요구	수용	제공	수용	제의	수용
	18.4	100.0	5.3	100.0	1.3	100.0	21.1	81.3	26.3	75.0	27.6	71.4
미국계	지시	수용	(허가)요구	수용	초대	수용	(행동)요구	수용	제공	수용	제의	수용
	18.5	100.0	3.7	100.0	0.9	100.0	35.2	84.2	28.7	67.7	13.0	57.1

표 6. '수용' 반응의 총추세 분포

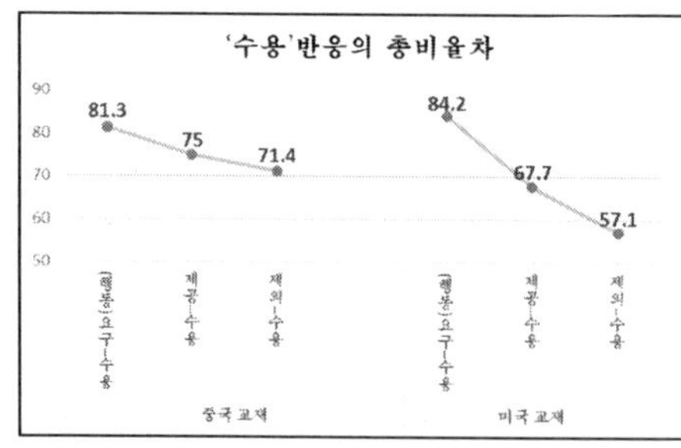

그림 1. '수용' 반응의 총비율차

표 6을 보면 모두 '지시 = (허가)요구 = 초대 > (행동)요구 > 제공 > 제의'의 순을 보임으로써 반응에 있어서는 흥미롭게도, 표 5와는 상반되게, 양국의 교재가 동일한 추세를 보이고 있다. 특히 모든

요구화행에 대해 50%이상의 '수용'을 보여준다는 점은 양국의 교재가 모두 표 1상의 선호 반응과 호응하는 구조를 지향하고 있다는 것을 의미한다. 하지만 추세의 내용에 있어서는 여전히 차이를 보인다. '(행동)요구'에 대해서는 『미국』이 『중국』보다 2.9% 높게 '수용'하지만 나머지 '제공'과 '제의'에 있어서는 『중국』이 『미국』보다 각각 7.3%와 14.3% 높게 '수용'하는 것으로 나타난다. 이는 양국 교재 간 2.9와 7.3, 7.3과 14.3이라는 약 2배의 간격이 계속 유지된다는 것을 뜻하는데, 이 2배의 차이는 『중국』보다 『미국』에 그 원인이 있는 것으로 보인다. 왜냐하면 그림 1에서 보듯, '(행동)요구', '제공', '제의' 간에 『중국』은 평균적으로 약 10%(81.3~ 71.4)의 편차를 보인 반면 『미국』은 약 27%(84.2~57.1)의 편차를 보이며 두 번째 화자의 '수용' 비율이 급격히 떨어지고 있기 때문이다.

그렇다면 이 같은 '수용'이 양국 교재에서 각 레벨별로 어떤 양상을 나타낼까. 비교 결과는 다음과 같다.

중국1	지시	수용	제공	수용	(행동)요구	수용	(허가)요구	수용	제의	수용	초대	수용
	40.0	100.0	23.3	100.0	10.0	100.0	3.3	100.0	23.3	71.4	0.0	0.0
미국1	지시	수용	(허가)요구	수용	제공	수용	(행동)요구	수용	제의	수용	초대	수용
	10.3	100.0	3.4	100.0	34.5	90.0	37.9	72.7	13.8	50.0	0.0	0.0
중국2	(허가)요구	수용	지시	수용	초대	수용	(행동)요구	수용	제의	수용	제공	수용
	6.5	100.0	4.3	100.0	2.2	100.0	28.3	76.9	30.4	71.4	28.3	61.5
미국2	지시	수용	(허가)요구	수용	초대	수용	(행동)요구	수용	제의	수용	제공	수용
	19.1	100.0	3.4	100.0	1.1	100.0	30.3	88.9	11.2	60.0	23.6	57.1

표 7. '수용' 반응의 추세 분포: 『중국1』과 『미국1』, 『중국2』와 『미국2』

『중국1』은 '제의'와 '초대'를 제외한 '지시', '제공', '(행동)요구', '(허가)요구'에 대해 모두 예외 없는 '수용' 반응을 보인다. 이와 달리 『미국1』은 '지시'와 '(허가)요구'를 제외한 기타 요구화행에 대해 90%~50% 사이에서 차등적인 '수용' 반응을 보이고 있다. 『중국2』와 『미국2』는 모두 '(허가)요구', '지시', '초대'에 대해 예외 없는 '수용'을 보여준데 반해 기타 행위에 대해서는 '(행동)요구 > 제의 > 제공' 순의 추세를 보이고 있다. 이 같은 결과에는 다음과 같은 내용적 차이가 존재한다.

'제공'에 대해 100% '수용'을 보인 『중국1』과 달리 『미국1』은 청자에게 이익이 되는 '제공'에도 모두를 '수용'하지는 않는다. 그리고 화자 이익의 '(행동)요구'로 옮겨 가면서 약 20% 가까운 큰 폭으로 떨어지고 '제의'로 가면 다시 20%의 낙차로 떨어져 상대 화자에게 50%의 '수용' 반응만을 보인다. 그리고 『중국1』은 '제의'에서야 '모두 수용'으로부터 벗어나지만 그 역시도 71.4%로써 『미국1』의 '제의'와 비교하면 여전히 20%이상 높은 비율의 '수용' 반응을 보인다.

『중국1』에서는 '(행동)요구'가 100% '수용'을 보인 반면에 『중국2』에서는 오히려 『미국2』보다도 낮은 76.9%의 '수용' 빈도를 보이는 것이 눈에 띈다. 하지만 그 뒤로 출현하는 『중국2』의 '제의'와 '제공'은 『미국2』의 그것과 비교해 여전히 높은 비율로 '수용' 반응을 나타내고 있다.

특히 여기서도 눈여겨볼 부분은 추세의 변화폭인데, 『중국2』는 '(행동)요구'와 '제공' 간의 '수용'율이 76.9%~61.5%로 약 15%의 편차를 보이지만 『미국2』는 88.9%~57.1%로 약 32%의 편차를 보이고 있기 때문이다. 이 같은 '수용' 추세와 비율의 변화폭이 의미하는 바는 '거절'에 대한 아래의 관찰과 함께 이해가 가능하다.

3.2.1.3. 두 번째 화자의 행위: 거절

'수용' 반응에 대한 이상의 관찰은, '수용'과 '거절'이란 양항대립 속에서, 상기 결과들에 대한 역관찰이 곧 '거절'에 대한 이해가 될 수 있음을 의미한다. 따라서 상기 표 6~7의 결과를 역으로 종합하면 표 8의 결과를 얻을 수 있다.

『중국1』과 『미국1』에서는 모두 '제의'에 대한 '거절'이 높지만 그 중에서도 『미국1』이 약 20여% 높다. 『중국2』와 『미국2』는, '제공'과 '제의'에 대해서는 『미국2』가 '거절'이 높고 '(행동)요구'에 대해서는 『중국2』가 '거절'이 높게 나타난다. 그리고 전체적으로, 청자 이익 지향의 행위('제의', '제공')에 대해서는 양국의 교재가 모두 50% 이상 높게 '거절'하지만 그 중에서도 『미국』이 75%로써(42.9 + 32.3) 약 54%의 『중국』(28.6 + 25)보다 20%이상 높게 '거절'하고 화자 이익 지향 행위('(행동)요구')에서는 『중국』이 『미국』을 3% 높게 '거절'하는 것으로 나타난다.

중국1	제의	거절	(허가)요구	거절	(행동)요구	거절	제공	거절	지시	거절	초대	거절
	23.3	28.6	3.3	0.0	10.0	0.0	23.3	0.0	40.0	0.0	0.0	0.0
미국1	제의	거절	(행동)요구	거절	제공	거절	(허가)요구	거절	지시	거절	초대	거절
	13.8	50.0	37.9	27.3	34.5	10.0	3.4	0.0	10.3	0.0	0.0	0.0
중국2	제공	거절	제의	거절	(행동)요구	거절	초대	거절	지시	거절	(허가)요구	거절
	28.3	38.5	30.4	28.6	28.3	23.1	2.2	0.0	4.3	0.0	6.5	0.0
미국2	제공	거절	제의	거절	(행동)요구	거절	초대	거절	(허가)요구	거절	지시	거절
	23.6	42.9	11.2	40.0	30.3	11.1	1.1	0.0	3.4	0.0	19.1	0.0
중국계	제의	거절	제공	거절	(행동)요구	거절	초대	거절	(허가)요구	거절	지시	거절
	27.6	28.6	26.3	25.0	21.1	18.8	1.3	0.0	5.3	0.0	18.4	0.0
미국계	제의	거절	제공	거절	(행동)요구	거절	초대	거절	(허가)요구	거절	지시	거절
	13.0	42.9	28.7	32.3	35.2	15.8	0.9	0.0	3.7	0.0	18.5	0.0

표 8. '거절' 반응의 추세 분포

같은 데이터의 양면적 측면을 봄으로써 양국 교재의 '수용'/'거절' 경향을 더욱 뚜렷이 확인할 수 있는데 『중국』이 보인 높은 '수용'비율과 상호행위 간의 낮은 편차는 곧 낮은 '거절'비율과 낮은 편차로 이어진다. 이는 화자 이익 지향과 청자 이익 지향의 요구화행에 대해 뚜렷한 경계를 긋지 않고 가급적 '수용'하는 방향으로 반응한다는 것을 의미한다. 그러나 『미국』은 행위 간에 편차가 크다. 이는 화행별로 청자가 각기 다른 정도의 반응을 보여준다는 것을 의미한다. 즉 상대적으로, 『미국』은 '(행동)요구'에 대해서는 높은 '수용'과 낮은 '거절'을, '제공'에 대해서는 중간 정도의 '수용'과 중간 정도의 '거절'을, '제의'에 대해서는 낮은 '수용'과 높은 '거절'을 보여준다.

이 같은 점은, 첫 번째 화자의 화행 특징 — '타인 중심적 표현 vs. 자기 중심적 표현' — 과 맥을 같이 한다. 상대의 요구화행에 대해 낮은 편차로써 가급적 '수용'하는 경향을 띤다는 점은 타인의 기대에 부응한 반응이 많다는 것을 의미한다. 이는 『중국』에서 두 번째 화자 역시도 타인 중심적인 행위를 많이 수행한 결과라고 해석이 가능하다. 반면에 상대 화행에 대해 차등적으로 '수용'하고 '거절'한다는 것은 타인의 기대에 부응하면서도 상황에 따라 자신의 의사 역시 적극적으로 드러낸다는 것을 의미한다. 이에 『미국』에서는 두 번째 화자도 자기 중심적인 행위를 중국 교재에 비해 상대적으로 많이 수행한다고 해석이 가능하다.

3.2.2. 질적 비교

관점과 분석을 좀 더 심화시켜보자. 양국 교재의 '거절'이 모두 똑같은 형식과 정도의 '거절'일까. '수용'은 무표적이란 점에서(Levinson 1983, p.333) 미뤄두더라도 요구화행에 대한 '거절'은 상대의 믿음과 기대를 만족시키지 못한다는 점에서[12] 후행 화자는 '거절'에 대해 신중할 수밖에 없고 그것을 수행하더라도 기본적으로는 유표적 장치들이 앞뒤로 부가되는 경향을 띤다(Levinson 1983, pp.334~335).[13)]

이 같은 '거절'의 특징은 양국 교재의 '거절'에도 질적 분석을 요구하는데, 아래에서는 특히 표.8에서 각기 다른 '거절' 비율을 보인 요구화행의 세 행위 — '제의', '제공', '(행동)요구' — 를 중심으로 양국의 '거절' 양상을 비교해 보고자 한다.

3.2.2.1. '제의'에 대한 양국 교재의 '거절'

우선『신공략중국어』의 예를 살펴보자.『신공략중국어』에서 '제의'를 거절할 때는 거절한 제의를 대체할 역'제의'나 이유의 부가 또는 암시적인 '거절' 양상을 띤다. 아래의 예를 살펴보자.

(11)『신공략중국어』(기초, 제14과)
直美: 今天晚上怎麼樣?
莉莉: <u>今天晚上我有事，明天中午好嗎</u>?
直美: 好！

(12)『신공략중국어』(초급, 제10과)
小雨: 咱們坐這兒吧。
英男: <u>太遠了，恐怕看不清楚字幕</u>。

예(11)은 대안으로서의 역'제의'를, 예(12)는 명시적인 부정이 생략된 이유만을 언급하고 있다. 이는 동참에 대한 상대의 기대를 저버리는 대신 그것을 보완할 장치들을 부가함으로써 완곡한 '거절'을 수행하는 것으로 이해할 수 있다. 그러나 *Integrated Chinese*에서는 그것이 부재하면서『신공략중국어』와 상반된 양상을 보여준다.

(13) *Integrated Chinese*(Level1 Part1, 제4과)
王朋: 小張, 好久不見, 你好嗎?
小張: 我很好。你怎麼樣?
王朋: 我也不錯。這個週末你想做甚麼?想不想去打球?
小張: 打球? 我不喜歡打球。
王朋: 那我們去看電影, 好嗎?
小張: 看電影? 我覺得看電影也沒有意思。
王朋: 那你喜歡做甚麼?
小張: 我只喜歡吃飯、睡覺。
王朋: 那算了。我去找別人。

예(13)의 王朋과 小張은 "好久不見"으로 미루어 볼 때 구면의 관계이다. 대화의 시작은 안부 인사로써 반가운 분위기가 연출되지만 王朋의 '제의'에 小張이 연이어 '거절'하고, 그에 대해 王朋이 "那你喜歡做甚麼"로써 개방형의 질문을 해도 小張이 "只喜歡吃飯、睡覺"로 대답하자 단 몇 줄만에 급속한 냉각 분위기로 대화가 마무리된다. 특히 小張의 역질문식 반응 — "打球?", "看電影?" — 은 상대방의 말을 재확인함으로써 절충적 장치의 부재와 더불어 '제의'를 그냥 거절하는 것보다 상대방에게 더욱 많은 무안함을 안겨줄 수 있다. 또한 '제의'의 합의점을 찾지 못하는 것은 물론 "那算了。我去找別人"처럼 오히려 '제의'한 사람이 포기하며 대화를 끝내는 구조를 띤다는 점에서 예(11)~(12)와 대비된다.

3.2.2.2. '제공'에 대한 양국 교재의 '거절'

다음으로 '제공'에 대한 '거절'의 양상을 살펴보자.

(14) 『신공략중국어』(초급, 제9과)
小葉: 她到哪兒去了?
直美: 到書店去了。你進來等她吧。

小葉: 你正在學習吧?不妨碍你嗎?
直美: 沒關係, 快進屋來吧。
小葉: 那麼打扰你了。

예(14)는 小葉가 친구 莉莉를 찾아온 상황이다. 때마침 莉莉는 자리를 비우고 없는데, 小葉가 친구의 소재를 묻자 直美가 서점에 갔다고 하면서 들어오라 — "你進來等她吧" — 는 '제공'을 행한다. 하지만 방해를 할까 하는 생각에 小葉는 우선 '거절' — "你正在學習吧", "不妨碍你嗎" — 을 한다. 이에 直美는 다시 한 번 들어오라는 재'제공'을 행하고 그때서야 小葉는 直美의 '제공'을 '수용'한다. 상기 예(14)의 '제공 — 거절 — (재)제공 — 수용' 구조는 어쩌면 중국의 교재에 익숙한 교수자 및 학습자들에게 일종의 전형으로 자리매김 된 대화구조일 것이다. 한국어든 중국어든, 종국에는 '수용'할지라도 상대방의 '제공'에는 곧바로 '수용'하지 말라는 사회적 묵계 속에서 생활해왔기 때문이다. 반면에 *Integrated Chinese*는 앞서 본 '제의'의 '거절' 형태와 맥을 같이 한다.

(15) *Integrated Chinese*(Level1 Part2, 제20과)
老李: 我兩年沒運動了, 做甚麼運動呢?
小林: 最簡單的運動是跑步。
老李: 冬天那麼冷, 夏天那麼熱, 跑步多難受啊。
小林: 你打網球吧。
老李: 那我得買網球拍、網球鞋, 太貴了!
小林: 找幾個人打籃球吧。買個籃球很便宜。
老李: 那每次都打電話找人, 麻煩死了。
小林: 你去遊泳吧。不用找人, 也不用花很多錢, 甚麼時候都可以去。
老李: 遊泳?多危險哪, 淹死了怎麼辦?
小林: 我也沒辦法了。你不願意運動, 那就胖下去吧。

예(15)는 점점 살이 찐다는 老李에게 小林이 여러 운동에 대한 의견을 '제공'하는데, 자신이 걱정하는 것에 비해 老李는 '제공'받은 의견을 모두 연이어 '거절'하고 있다. 그러자 小林이, 예(13)과 마찬가지로, "我也沒辦法了"로 스스로 포기하며 대화가 끝난다. '거절'에 있어 老李의 표현이 직접적인 것은 물론, "難受", "貴", "麻煩", "危險"이라는 어휘로써 상대의 '제공'을 부정적인 것으로 만드는데, 이는 자칫 제공자의 감정을 쉽게 상하게 할 수 있다는 점에서, 적어도 중국과 한국에서는, 일상에서 쉽게 적용할 수 있는 대화 방식은 아닐 것이다. 이 같은 직접적인 의사표현 방식은 '의사 — 환자'와 같이 대화의 방식이 어느 정도 고정된 관계에서도 나타난다.

(16) *Integrated Chinese*(Level1 Part2, 제16과)
醫生: 不用打針, 吃這種藥就可以。一天三次, 一次兩片。
病人: 好！是飯前吃還是飯後吃?
醫生: 飯前吃。不過, 你最好二十四小時不吃飯。
病人: 那我不是要餓死了嗎? 這個辦法不好！

일상의 경험으로 미루어 보면, 의사는 주로 '권고'나 '대답'의 형식으로써 정보를 주고 환자는 '수용'과 '질문'으로써 정보를 얻는다. 예(16)에서 醫生은 "你最好二十四小時不吃飯"으로써 권고, 즉 충고를 '제공'하는데 환자는 급기야 "這個辦法不好"라는 표현을 이용하며 권고를 받아들이지 않고 있다. 이는 고정된 대화 방식을 전제로 청자의 반응을 당연한 것으로 생각하여 문구를 생략한 『신공략중국어』와 대비를 이룬다.

(17) 『신공략중국어』(초급, 제13과)
大夫: 三十八度八。請把嘴張開, 我看看。
小雨: 大夫, 我不想打針。

大夫: 那我給你開點兒藥, 要按時吃。平時要多喝點兒水。
[小雨: ø(= 好, 知道了。)]

3.2.2.3. '(행동)요구'에 대한 양국 교재의 '거절'

끝으로 '(행동)요구'에 대한 양국 교재의 '거절' 양상을 보자. 『신공략중국어』에 대해서는 앞서 들었던 예(5)을 다시 보도록 하자.

(5)' 『신공략중국어』(초급, 제12과)
田中: 我想請你幫個忙。
小雨: 甚麼事兒?你說吧。
田中: 請你幫我把這篇文章翻譯成英文, 好嗎?
小雨: 我的英文水平不高, 怎麼翻譯得了啊?
田中: 你不是學英語的嗎?
小雨: 哪兒啊, 我是學法語的。
田中: 眞的嗎?我把你當成學英語的了。

도움이 필요했던 田中이 "我想請你幫個忙"과 "請……好嗎?"로써 小雨에게 영어번역을 조심스럽게 '(행동)요구'하는데 小雨는 명시적인 부정어 사용은 자제하고 "學法語"라는 사실을 언급하며 암시적인 '거절'을 행하고 있다. 반면에 *Integrated Chinese*는 '거절'에 대한 특별한 장치 등의 부가 없이 대화가 이어진다.

(18) *Integrated Chinese*(Level1 Part1, 제6과)
李友: 老師, 今天下午您有時間嗎?我想問您幾個問題。
王老師: 對不起, 今天下午我要開會。
李友: 明天呢?
王老師: 明天上午我有兩節課, 下午三點鐘要給二年級考試。
李友: 您甚麼時候有空?
王老師: 明天四點以後才有空。

李友: 要是您方便, 四點半我到您的辦公室去, 行嗎?
王老師: 四點半, 沒問題。我在辦公室等你。

예(18)은 도움이 필요한 李友가 王老師에게 전화를 걸어 약속시간을 잡는 상황이다. 李友가 "我想問您幾個問題"로써 王老師에게 면담을 '(행동)요구'하는데 王老師는 자신의 스케쥴만을 언급하며 '거절'한다. 그러자 李友가 "明天呢"로써 재'(행동)요구'를 하는데 王老師는 또 다시 "有課"와 "考試"에 대해서만 언급할 뿐, 여전히 '거절'로서 별다른 대안을 제시하지 않고 있다. 이에 李友가 "甚麼時候有空"이란 개방형 질문으로써 방법을 모색하는데 이 역시도 의문사에 초점을 맞춰 대답할 뿐 李友에게 '언제 면담을 할 수 있다'를 들려주지 않는다. 하지만 李友는 王老師의 대답으로부터 얻은 정보를 바탕으로 다시 한 번 '(행동)요구'를 하고 王老師는 결국 '수용' 의사를 밝힌다. 일상에 비추어 보면, 미팅 시간의 조정은 누군가 만남을 '요구'하였을 때 그리고 그것이 자신의 사정과 맞지 않았을 때 흔히 예(11)과 같이 대안을 제시하며 조정해나가는 것이 관례이다. 그러나 예(18)은, 청자인 王老師가 '(행동)요구'에 대해 협조적인 태도를 취하지 않음으로써 요구자는 간절하고 반응자는 폐쇄적인 태도의 대화구조를 구성하고 있다.

4. 결과의 토론

지금까지의 분석결과를 정리해보자. 양적 분석 결과는 『신공략중국어』가 화자의 행위이든 청자의 행위이든 모두 상대방의 이익을 염두에 둔 타인 중심적인데 반해 *Integrated Chinese*는, 『신공략중국어』와 추세는 유사할지라도, 상대적으로 그와 반대의 자기 중심적 경향을 띠고 있음을 말해준다. 더불어 질적 분석 결과는, 양적 분석 결과의 연장에서, 『신공략

중국어』가 여러 장치들을 이용하는 의사표현 방법을 취한데 반해 *Integrated Chinese*는, 상대적으로, 다소 직설적인 의사표현 방법을 취하고 있음을 보여준다.

이같은 결과는 '동일한 언어 사용'이란 말 속에 동일한 소통방식까지 포함했던 기존의 관념에 유의미한 메시지를 던져준다. 즉 '동일한 언어 사용'이 '동일한 언어재료의 사용'이란 말과 같을 수는 있어도 '동일한 소통방식의 사용'까지는 포괄하지 못할 수 있다는 것이다. 물론, 앞서 보았듯이, 추세는 유사한 방향을 가질 수 있다. 그러나 그 '유사함'이 내용적 유사함까지 포함하는가 하면 상기 분석 결과는 그렇지 않을 수 있음을 보여준다. 그렇다면 이러한 현상을 불러온 이유는 무엇일까.

이에 대한 해석을 위해 여기서는 사회언어학의 '(언어)변종'이란 술어를 도입하고자 한다.[14] 이러한 술어를 차용한 데는 비교에 있어 어느 것이 기준이어야 한다거나 어느 것이 우월하다는 관념을 전제하지 않고, 즉 '중국어'라고 하면 중국에서 사용되는 언어가 우선시 되어야한다는 일종의 선입견을 배제하고 중국에서 사용되는 중국어와 미국에서 사용되는 중국어를 등가로 놓음으로써 중립적인 시각을 견지하는데 도움을 주기 때문이다(徐大明 등 2004, p.78). 이에 따라 아래에서는 교재 속 중국어를, 기본적으로, 양국에서 통용되는 중국어변종의 반영 결과라고 여기고 상기 현상들에 대한 해석을 진행하고자 한다.

먼저 중국의 중국어변종을 보자. 흔히 한어로 불리는 중국의 중국어변종은 자국인에겐 모국어이자 공용어, 외국인에겐 외국어, 중국 이민자에겐 제2언어이다.[15] 상대적으로, 중국에서는 모국어와 공용어가 동일하게 취급되므로 언어사용 상의 혼종적 관계가 명확히 눈에 띠지 않는다. 또 다민족 국가이지만 동일 영토 출신의 다민족이지 외국으로부터 이주한 다민족을 가리키지 않는다. 그래서 중국에서 출판된 중국어 교재는 기본적으로 중국에 체류하는 외국인을 주요 학습대상으로 설정한다. 그리고 그들이 학습을 통해 중국의 중국어변종 공동체로 편입될 수 있도록 설계된다. '중국의 중국어변종 공동체로 편입'이란 목적은 설령 그 교재가 국외로 수출이 되더라도 여전히 유효하다.

미국의 중국어변종을 살펴보자. 흔히 화어(華語)로 불리는 미국의 중국어변종은 화교(중국과 대만 출신을 모두 포괄한다)에겐 모국어, 그 외 민족에겐 외국어이다. 공용어는 영어다. 영어는 화교들에게 제2언어이다. 미국이란 생활 터전에서 모국어를 사용하지 않으면 불편할 수는 있어도 제도적 불이익을 당하진 않지만 공용어를 사용하지 않으면 공공의 의사소통에 참여하지 못함으로써 유무형의 불이익이 주어진다(김하수 2008, p. 239). 그러므로 화교들에게 모국어는 주로 유대 강화와 결속을 위해 사용된다고 짐작할 수 있다. 미국의 다민족은 중국의 경우와 다르게 모두 타국가로부터 이주해온 민족들이다. 이 같은 환경에서 미국의 중국어변종은, 중국의 그것과 소통은 되지만, 이미 화교들 간의 관습과 여러 경로를 통한 공용어의 침투가 혼합된 혼종적 성격을 갖는다. 이에 대해서는 아래 몇 가지 예를 통해 확인할 수 있다. 먼저 두 중어권 문화의 혼재이다. 간체와 번체의 혼용이 그 중 하나이다.

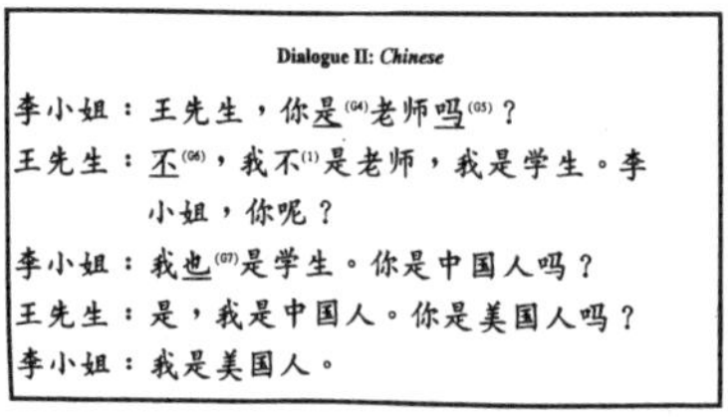

Dialogue II: ***Chinese***

李小姐：王先生，你是(04)老师吗(05)？
王先生：不(06)，我不(1)是老师，我是学生。李小姐，你呢？
李小姐：我也(07)是学生。你是中国人吗？
王先生：是，我是中国人。你是美国人吗？
李小姐：我是美国人。

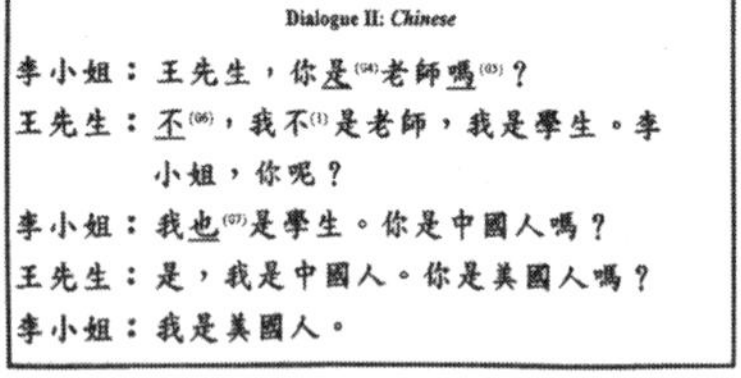

Dialogue II: ***Chinese***

李小姐：王先生，你是(04)老師嗎(05)？
王先生：不(06)，我不(1)是老師，我是學生。李小姐，你呢？
李小姐：我也(07)是學生。你是中國人嗎？
王先生：是，我是中國人。你是美國人嗎？
李小姐：我是美國人。

그림 2. 미국 교재의 한자체계 혼용의 예:
Integrated Chinese(Level1 Part1, p.25, p.213)[16]

두 한자체계의 혼용은 모국어 학습을 위한 화교를 염두에 둔 것으로서 그들의 출신배경이 주로 중국과 대만으로 구성되어 있기 때문이다. 이 같은 정체성은 회화문의 배경과 배분에도 반영된다.

(19) *Integrated Chinese*(Level1 Part2, 제19과)

① (在台灣的郵局)
留學生: 先生, 從台北寄一封信到台南要幾天? ……

② (在北京的郵局)
白: 張意文下個月過生日, …… 你說我應該送甚麼好?

다음으로 영어권 문화와 중어권 문화가 혼재된 예이다.

(20) *Integrated Chinese*(Level1 Part1, 제5과)
小高: 請進, 請進！李友, 快進來！來, 我介紹一下, 這是我姐姐, 高小音。
李友: 小音, 你好。認識你很高興。

예(20)은 과 제목이 '看朋友'이다. 小高의 친구들인 王朋과 李友가 小高 집에 놀러 간 상황이다. 小高가 친구들을 맞이하며 자신의 누나/언니 — 高小音 — 를 소개하는데 李友는 반가움을 표하며 첫대면에서 친구 누나/언니의 이름을 바로 부른다. 이는, 가족은 물론 선생님이나 직장 상사 등 지위 고하를 막론하고 모두 이름을 직접 부르는 영어권의 호칭법이 투영된 것으로 볼 수 있는데, '姐姐'나 '高姐' 등 가급적 직접적인 거명을 지양하는 중어권 호칭법과 대별된다(游汝傑 2005, pp.366~367). 교재의 내용상 예(20)에 이어지는 (8)'을 보자.

(8)' *Integrated Chinese*(Level1 Part1, 제5과)
高小音: ……你們想喝點兒甚麼? 有茶、咖啡, 還有啤酒。
王 朋: 我喝啤酒吧。
李 友: 我不喝酒。我要一杯可樂, 可以嗎?

동생 친구들을 맞이하며 '제공'하려는 음료가 "茶、咖啡, 啤酒"이다. 집에서 손님을 맞이하며 낮에 맥주를 권하는 것도 그렇지만 王朋은 이를 지체없이 '수용'한다. 나아가 李友는 자신이 원하는 것 — "可樂" — 을 적극적으로 묻기까지 한다. '熱茶', '開水'의 권유나 '你想喝點兒甚麼? — 不要, 謝謝'에 익숙한 중국의 중국어변종 학습자에겐 상당히 낯선 상황과 행위들이다.

(21) *Integrated Chinese*(Level1 Part2, 제15과)

海倫: 你好, 王朋。李友常常說到你。說你又聰明又用功。

王朋: 哪裏, 哪裏。你的中文說得眞好, 是在哪兒學的?

……

小林: 你們看, 他的眼睛大大的, 鼻子高高的, 嘴不大也不小, 很像海倫。媽媽這麼漂亮, 兒子將來一定也很帥。

海倫: 大家都說湯姆的臉長得像我, 但是笑的時候很像他爸爸。

예(21)은 小林의 생일모임을 배경으로 한다. 첫째 단락에서 海倫(Helen)은 王朋과 첫 번째 조우를 하는데 李友로부터 얘기 많이 들었다며 칭찬 — "聰明", "用功" — 을 하자 王朋이 "哪裏, 哪裏"로써 '거절'하고 "你的中文說得眞好"로써 칭찬을 되돌려주고 있다. 둘째 단락은 海倫의 아들인 湯姆(Tom)를 보며 小林이 칭찬하는데 아기의 잘생긴 이목구비가 엄마로부터 비롯되었다며 칭찬의 대상을 엄마 — "媽媽這麼漂亮" — 로 향한다. 이에 海倫은, 첫째 단락의 王朋이 보여준 반응과 반대로, "大家都說湯姆的臉長得像我"로써 '수용'의 반응을 보여준다. 생각해보자. 위의 대화 속 언어는 王朋과 小林에겐 모국어이고 海倫에겐 외국어이다. 화교는 중어권의 관습을 따르고 이(異)민족은 영어권의 관습을 따른다.[17] 그럼에도 *Integrated Chinese*(Level1 Part2)는 동일한 어휘와 구조를 이용하여 소통하는 모습을 보여준다.

이처럼, 같은 '영어'라고 하더라도 미국의 영어변종과 필리핀의 영어변종 등으로 존재하듯 이민족이나 타국민에겐 동일한 '중국어'로 간주되어도, 언어의 사용적 측면에서는, 그것이 중국의 중국어변종과 미국의 중국어변종으로 존재하고 있는 것이다.[18] 따라서 미국에서 출판된 중국어 교재는 주로 모국어 학습을 위한 화교와 외국어 학습을 위한 기타 민족이 학습대상으로 설정된다. 그리고 학습을 통해 그들 각자가 염두에 두고 있는 필요에 따라 중국어변종을 활용할 수 있도록 설계된다.

상기 해석과 예들은, 중국 교재가 왜 '정착'에서부터 출발하는지, 또 미국 교재가 왜 '대인'을 줄곧 지향하는지를 설명해준다. 즉 각기 다른 지역에서 상이한 지위를 점하고 각기 다른 변종의 형태로 존재하면서 그것이 처한 상황과 기능에 맞게 학습대상과 목표가 설정된 데서 비롯된다. 『신공략중국어』(기초, 초급)에서 보인 '지시'에서 '제의'로의 변화나 *Integrated Chinese*(Level1 Part1, 2)에서 보인 '(행동)요구'의 유지는, 그것이 행위의 형태로써 교재 속에 구체적으로 투영된 결과이다.

나아가 '타인 중심 vs. 자기 중심'적 사용 경향과 '완곡 vs. 직설'적 의사표현 방식의 취사 경향 역시 상기 해석과 예들로부터 설명될 수 있다. 모국어와 공용어가 동일하게 간주되는 환경에서 중국의 중국어변종은 중어권 행위 관습을 그대로 유지한 채 교재로 반영이 된다. 과거와 지금의 한국 학습자들이 '중국의 중국어변종 공동체로 편입'되기 위해 알아왔고 또 알고 있는 지식과 행위 양태는 바로 이 같은 환경의 교재로부터 얻은 것들이다. 하지만 모국어와 공용어가 동일하지 않은 미국에서의 중국어변종은 중어권 행위 관습을 본위에 두면서도 암암리에 스며든 영어권 행위 관습의 영향을 받아 혼종적 상태로 교재에 반영되었다고 볼 수 있다.[19]

5. 결론과 함축

지금까지 비교 화용적 관점에서 요구화행과 선호구조 개념을 토대로 중·미 양국의 교재를 비교 분석하였다. 그리고 그 결과는 '중국어 교재'라고 할 때의 중국어가 모두 같은 중국'어' 교재가 아닐 수 있음을 보여주었다. 즉, 어휘와 구조 등의 언어체계는 동일할 수 있어도 그것을 사용하는 방식과 그로 인해 얻을 수 있는 대인적 효과는 각기 상이할 수 있다는 것을 양국 교재의 비교 결과가 보여주고 있다. 언어의 사용적 측면에서 교재는 그저 독립된 '한 권의 책'이 아니다. 외국어 교재는 해당 언어공동체가 사용하는 언어체계와 사용방식의 반영물로 바라볼 필요가 있다. 그러므로 그것이 어느 언어공동체에서 생산되었고 무엇을 드러내고 있는가를 보는 작업은 매우 중요한 일이다. 교육에 대한 중요성은 당연히 말할 것도 없다. 중국어 교재의 기준을 어휘나 어법의 난이도, 대화문의 폭 등으로 국한했던 시각으로부터 벗어나 그 속에 분포된 언어사용적 측면에 대해 세심한 주의가 요구되는 이유다.

하지만 변종이란 용어를 차용하며 설명하였듯, 양국의 교재를 비교우위적 관점으로 보는 것에는 경계할 필요가 있다. 중국의 중국어변종이 중국이라는 특수한 환경 속에서 여러 요인의 영향을 받으며 형성된 산물이듯 미국의 중국어변종 또한 그와 같은 과정의 산물이고 그것이 교육 매체로서 투영된 결과가 교재이기 때문이다. 다르거나 구별될 뿐 두 교재는 모두 소통 가능한 중국어공동체를 지향하고 있다. 이러한 관점의 연장에서, 교육에서 우리가 견지해야할 태도는 '무조건 깨끗한 표준어'가 아니라 보다 넓은 범위에서 '섞일 수 있게 돕는 외국어'일 것이다. 물론 이 둘은 배제적 관계에 있지 않다. 선·후의 순차적 관계에 있다고 보는 것이 옳을 텐데 궁극적으로는 한국의 중국어 교육도, 중국이란 지역만을 최종 목적지로 볼 것이 아니라, 전 세계적으로 분포된 중국어 사용자들과 소통 가능한 중국어공동체를 지향해야 할 것이다.

제2부
중국어수업의 소재 탐색

제4장
중국어 수업에서의 영화: 不能說的 · 秘密*

1. 문제의 제기

본 장에서는 영화를 이용하여 맥락 속에서 규정되는 말의 의미와 그 다양성을 화용적 시각에서 고찰하고 나아가 그것이 번역, 홍보, 교육 등 방면에서 갖는 실용적 함의도 함께 논해 보고자 한다.

문제의 제기는 다음의 영화대사에서부터 시작된다.

(1) <u>你</u>看<u>這邊</u>, <u>這</u>兩層樓, 全是琴房跟演奏室。<u>你</u>是音樂部的學生, 會常常來喔。

---

* 본 장은 2014년 4월 19일 덕성여자대학교에서 개최된 "2014년 중국언어학회 춘계학술발표대회"에서 발표한 내용을 수정, 보완하여 『中國言語硏究』 제53집(2014년 8월), pp.251~275에 「맥락 속의 언어, 영화 속의 해석: "不能說的 · 秘密"에서의 직시와 화행에 관한 문제를 중심으로」란 제하로 게재된 원고를 수정한 것이다. 연구는 2013학년도 서울여자대학교 인문과학연구소 교내학술연구비의 지원을 받았다.

예(1)의 문장을 축자적으로 해석하는 데는 아마 큰 문제가 없을 것이다. 그리고 '이것은 영화 한 장면의 대사입니다. 번역해 보세요.'라고 해도 아마 무리 없이 할 수 있을 것이다. 그런데 문제는, '你'가 누구이고 '這邊'이 어느 쪽이며 '這两層樓'가 어떤 건물인지에 대한 질문에는 대답할 길이 없다. 단어도 알고 문장의 구조도 알며 그것을 대사라는 형식에 맞게 축약할 수 있음에도 불구하고 그것이 '언어'의 문제로만 한정되어 있기 때문이다. 언어를 실제와 연계시키지 않는 이상 언어는 그저 언어지식의 문제로 머물 수밖에 없다.

언어지식의 문제로만 국한시키지 않기 위해 먼저 몇 가지를 고려할 필요가 있다. 첫째, 구조주의를 바라보는 시각의 확대이다. 한 장면이 갖는 의미는 전체 영상 속에서만 가치를 갖는다. 한 인물이 갖는 의미는 전체 인물 간의 관계 속에서만 가치를 갖는다. 한 마디 대사는 그것이 발화되는 그 때의 맥락 속에서만 가치를 갖는다. 그렇다면 다시, 한 분절음은 전체 음운 체계 속에서 가치를 갖는다. 한 어휘는 전체 어휘와의 관계 속에서 가치를 갖는다. 한 문장은 전체 맥락 속에서 가치를 갖는다. 유사하지 않은가. 구조주의적 시각에서 영화는 언어와 동일한 층차에 놓일 수 있음을 보여준다.

둘째, 영화라는 제재(題材)의 응용문제이다. 연구와 교육의 자료로서 영화를 어떻게 대할 것인가 하는 문제와 닿아있다. 영화 속 언어는 영상을 보고, 그것도 단지 한 장면이 아닌 전체 영상 속의 그 한 장면을 규정할 수 있을 때 비로소 그만의 기능을 도출하고 해석할 수 있다. 그런데 이는 자신이 처한 맥락의 이해가, 언어로써 무엇인가를 이해하고 누군가와 이야기를 나누는데 선행되어야 한다는 점에서 일상의 언어생활과 흡사하지 않은가. 이는 영화를 통한 세계의 이해가 비단 문학의 문제만이 아님을, 더불어 그것이 어느 한 언어에 국한된 문제만도 아님을 보여준다.

하지만 이러한 관점과 직접적으로 연관된 화용(론)은 중국언어(학) 수업에서 흔히 배제된다. 그 이유는 말의 해석과 관련하여 소급해야 할 맥락 요인이 너무 많기 때문이다. 교재 속에서 맥락 요인이 배제되는 이유도 그와 동일하다. 하지만 맥락과 연계시키다보면 언어를 도외시할 수 있기 때문에 라든지 '정확한' 언어학습을 위해서라면 맥락은 잠시 뒤로 놓아도 된다든지 하는 등의 이유로 언어를 현실로부터 격리시키는 것은 다양한 해석의 가능성을 재단할 수 있다는 점에서 오히려 정확한 언어학습을 저해할 가능성을 배태한다. 교재의 예를 보자.

(2) 『한어구어』(제3권, 제3과)
王平: ……随便坐吧, 先來點兒熱茶, 暖和暖和吧!
傑夫: 好極了!

예(2)의 "好極了!"는 "先來點兒熱茶, 暖和暖和吧!"에 후행하는 문장이다. 그런데 "好極了!"가 "暖和暖和吧!"에 대한 반응어인지 아니면 내어온 차를 마신 후의 표현어인지 중간에 아무런 단서가 제시되어 있지 않다. 언어 그 자체에 대한 해석만으로는 어느 시점에서 어떤 행동과 함께 그 말을 해야 할지 알 수가 없다.

본 장에서는 이 같은 문제점의 대안을 영화를 소재로 하여 모색해 보고자 한다. 우선 영화는 한정된 시간 내의 제한된 맥락을 제공한다. 그리하여 이럴 때는 이럴 수도 저럴 때는 저럴 수도 있다는 언생을 위한 언쟁을 잠재울 수 있다. 그리고 영화는, 주어진 맥락의 분석을 통해 맥락 자체에 대한 이해는 물론 그 속에서 이뤄지는 해석의 다양성을 경험하는데도 도움을 줄 수 있다. 영화 속에서는 미장센이 있고 음악이 있고 인물의 행위가 있다. 그리고 인물의 일상과 (제한된)인간 관계 속에서 오고 가는 언어행위가 말을 통해 구현된다. 따라서 영화 속 언어에 대한 해석을 통해 우리는 언어행위의 수행에 어떤 신체적 행위가 동반되는지 또 그 행위가 어떤 시간, 공간, 인적 구성 속에서 다양하게 해석될 수 있는지를 상대적으로 명확하게 파악할 수 있다.

분석은 영화『不能說的 · 秘密』를 대상으로 한다. 이 영화를 분석자료로 선택한 이유는 우선 학습자들에게 친숙하다는 점에 기인한다. 중국어를 접했든 접하지 않았든 상당히 많은 학습자들이 이미 한 번쯤은 봤음직한 영화이다. 그리고 누구에게나 흡입력있는 주제(즉 사랑)와 음악, 미술 도구 등의 부각 등 꽤 풍부한 해석의 맥락이 부여된다는 점도『不能說的 · 秘密』를 선택한 이유이다.

아래 논의에서는 먼저 직시와 관련한 내용을 논한다. OST 한 곡이 여러 곳에 분할 출현함으로써 발생된 대화성과 그 속에 출현하는 직시어 "你"가 원곡과 비교해 의미하는 바가 어떻게 달라지는지 논한다. 더불어 음악이 음악성을 갖게 하는 데 기여하는 언어의 기능도 함께 논한다. 그리고 영화 속에 출현하는 "回去"를 발화장소, 목표지점(귀소지), 화자, 청자와 관련지어 논하고 특히 목표지점에 따른 해석의 상이함을 논한다.

그 다음으로, 언어행위와 관련한 내용을 논한다. 질문화행의 성립조건을 논하고 '질문 — 대답'의 인접쌍에서 "秘密"가 가진 중의성을 영화의 핵심 소품인 악보와 연관지어 해석한다. 그 결과는 웹상의 한글자막 중 가장 타당한 번역을 판단하는데 논리적 근거로서 기능할 수 있다. 끝으로 결론부분에서는 논의의 정리하고 함의를 제시한다.

2. 맥락 속의 언어해석

먼저 영화의 스토리부터 살펴보자.『不能說的 · 秘密』는 장르면에서 사랑을 주제로 한 판타지 영화이다. 영화의 주요인물은 남자주인공 湘倫,

여자주인공 小雨, 湘倫의 아버지이자 小雨의 선생님인 葉老師이다. 그리고 湘倫을 짝사랑하는 晴依, 小雨의 어머니인 小雨母, 小雨의 과거와 현재를 모두 아는 청소부 大勇이 주인공과 관계를 맺고 있다.

영화는 여주인공 小雨가 우연히 *Secret*이라는 악보를 발견하고 그것의 연주로써 1979년과 1999년을 오가는 과정에서 湘倫과 사랑을 나누는 이야기이다. 영화의 전반부는 湘倫과 小雨 간의 순탄한 사랑을 보여준다. 하지만 湘倫의 실수로 晴依와 키스하는 사건이 벌어지고 이를 우연찮게 목격한 小雨는 1979년으로 돌아가 고민하던 도중 葉老師와 면담을 하면서 1999년에 있었던 湘倫과의 만남을 털어놓는다. 葉老師는 小雨의 일을 연애상담으로 마무리짓지만 小雨母와 학급 반장에게는 小雨가 정신질환이 있다고 알리면서 小雨는 주위의 오해와 놀림 속에서 학교까지 그만두며 파탄을 맞는다. 湘倫은 우연한 계기로 小雨의 정체에 대해 의문을 품기 시작하고 그것을 풀어가던 도중 小雨의 파탄이 자신의 아버지로부터 비롯되었음을 깨닫고 *Secret*을 연주하여 1979년 小雨가 湘倫을 알기 전의 시점으로 초월하여 小雨와 새로운 사랑을 예고하며 끝을 맺는다. 종합하면 영화의 이야기는 1979년과 1999년이라는 두 시간축을 토대로 "[만남] → [사랑] → [이별] → [재회]"라는 플롯으로 구성되어 있음을 볼 수 있다. 향후 논의는 이 사건 플롯을 맥락의 기본 토대로 삼고 인물 간의 관계를 부가적 토대로 삼아 진행될 것이다.

2.1 직시어의 해석

직시란 "발화의 맥락을 이루는 요소들을 직접적인 언어표현으로 가리키는 현상(이성범 2002, p.142)"이다. 그리고 "직시체계는 언어가 화맥의 자질을 기호화하거나 문법화하는 방법과 관계되어 있고 또 그것의 해석이 그 발화맥락의 분석에 달려있다는 점에서 중요하다(Levinson 1983[이익환 등 역 1992, p.55])". 직시의 해석은 흔히 발화자를 중심으로 '나 ― 지금 ― 여기'의 기준에 따라 정해진다는 점에서 자기중심적이다(이성범 2002, p.176). 예를 들어 "我以前就聽說過你了。"[1]라는 말을 했다고 하자. 여기서 "我", "以前", "你"의 해석은 '지금' 시점에서 '누가' '누구'에게 한 말인지에 따라 그것이 지시하는 바가 발화할 때마다 달라진다. "以前"은 화자가 언제 발화하는지에 따라 지금도 '이전'이 될 수 있다. 또 누가 말하는가에 따라 지금의 "我"도 "你"가 될 수 있고 다시 "你"도 "我"가 될 수 있다. 이렇듯 발화를 둘러싼 맥락을 어떻게 해석하는지에 따라 직시어가 지시체와 맺는 관계도 상이하기 때문에 직시어 분석은 맥락의 파악에 달려있다고 봐야 한다.

이야기의 진행과 영상 속 인물의 관계에 따라 대화에서 제시되는 "我", "你", "他"의 지시체를 구분하는 것은 그리 어렵지 않다. 직시와 관련하여 여기서는 크게 두 가지를 논할 것이다. 첫째, 가요 한 곡이 영화에 분할 삽입되면서 원래는 가사 텍스트 내에서 동일 지시체를 지시하던 직시어가 대화라는 틀로 변용된 결과 각각 상이한 지시체를 지시하게 되는 현상이다. 둘째, 이동 동사 '(回)去'가 사용되는 맥락에 대해 두 인물 간의 상이한 해석이 발화의 해석에 미치는 영향이다.[2] 전자에 대한 논의부터 시작해보자.

2.1.1 인칭 직시어: "你"

OST 중에는 姚蘇蓉의 1968년 곡 「情人的眼淚」가 있다. 이 곡은 잔잔한 음률과 서정성 짙은 가사로 떠난 연인을 하염없이 기다리는 여인의 마음이 표현되어 있다. 더불어 姚蘇蓉 특유의 높고 여린 목소리가 그것의 분위기를 한층 짙게 한다. 이 곡은 총 1절로 구성되어 있으며 1절 중 절반을 다시 부르는 형식으로 해서 약 6분이 소요된다. 곡의 가사는 아래와 같다.

(3) ① 為甚麼要對你掉眼淚, 你難道不明白 為了愛, 只有那有情人眼淚最珍貴, 一顆顆眼淚都是愛 都是愛
(내가 왜 당신에게 눈물을 보이는지, 사랑 때문이라는 것을 설마 모르는 건 아니겠죠. 그대만 있다면 흘리는 눈물 방울 모두가 소중한 사랑이랍니다)

② 為甚麼要對你掉眼淚, 你難道不明白 為了愛, 要不是有情郎跟我要分開, 我眼淚不會掉下來 掉下來
(내가 왜 당신에게 눈물을 보이는지, 사랑 때문이라는 것을 설마 모르는 건 아니겠죠. 그대가 떠나려 하지 않았다면 눈물은 흐르지 않았을 거예요)

③ 好春才來 春花正開, 你怎捨得說 再會, 我在深閨 望穿秋水, 你不要忘了我情深 深如海
(이제야 봄이 와 꽃을 피우는데 당신은 어찌 그리 미련 없이 잘 가라 하나요. 하염없이 당신만을 기다려요, 당신에 대한 내 깊은 사랑을 잊지 말아 주세요)

원곡은 "① → ② → ③ → ② → 간주 → ③ → ②"의 순으로 진행된다. 하지만 영화 속에서는 이 같은 연속성을 띠지 않고 세 번에 걸쳐 분할되어 출현한다. 플롯에 기댄다면 [사랑]의 단계에서 한 번, [이별]의 단계에서 2번 출현한다.

「情人的眼淚」는 [사랑]의 단계에서 湘倫이 小雨에게 들려주며 처음 출현한다. 湘倫은 小雨에게 자신이 제일 좋아하는 곡이라며 자신의 헤드폰을 小雨에게 씌워준다. 헤드폰을 쓰자마자 들리는 부분은 ①"為甚麼要對你掉眼淚, 你難道不明白 為了愛, 只有那有情人眼淚最珍貴, 一顆顆眼淚都是愛 都是愛"이다. '내 눈물의 의미는 당신이 있어야만 가치가 있다'는 가사에 기대어 '당신(=小雨)이 지금 내게 가장 소중하다'는 은연중의 고백을 한다. 그 마음을 읽은 듯 小雨는 "為甚麼要對你掉眼淚, 你難道不明白 為了愛, 只有那有情人眼淚最珍貴, 一顆顆眼淚都是愛 都是愛"까지 듣던 도중 CD를 구경하는 湘倫에게 다가가 볼에 입을 맞춘다.

사랑을 키워가던 두 사람은 뜻하지 않은 계기로 [이별]의 단계를 맞는다. 小雨가 1979년으로부터 현재로 시간여행을 했다는 것도, 小雨는 자신의 눈에만 보인다는 것도 모르는 湘倫은 피아노실에서 둘만의 시간을 갖고자 수업 중 "晩上7:00琴房见♡(저녁7시, 피아노실로)"라는 쪽지를 보낸다. 하지만 小雨를 볼 수 없는 친구들은 그 쪽지를 小雨 바로 앞에 앉은 晴依에게 전달한다. 결국 湘倫은 피아노실에서 당연히 小雨인줄 알고 확인도 않은 채 눈을 감고 晴依와 키스를 나누고 이것을 우연찮게 본 小雨는 오해와 실망을 안고 1979년으로 회귀한다. 그 후 둘은 각자의 시간대(1979년과 1999년)에서 5개월여의 공백을 갖지만 줄곧 서로를 그리워한다.

영화는 연인에 대한 그리움을, 특히 湘倫을 통해 표현하는데 이 과정에서 「情人的眼淚」가 다시 출현한다. 小雨를 못내 그리워하던 어느 날 湘倫은 小雨와 같이 갔던 레코드 가게를 찾는다. 가게 한켠에서 「情人的眼淚」를 들으며 과거 小雨와 함께 했던 시간을 그리워하는데 湘倫이 헤드폰을 쓴 동안은 원곡의 간주 부분만 흐른다. 그리고 간주가 끝나갈 무렵 레코드 가게 점원이 다가와 "이 CD는 이미 갖고 있지 않아요(這張專輯你不是早就有了嗎)?"라고 훼방을 놓자 湘倫은 가게 밖으로 황급히 나가버린다. 놓고 간 헤드폰을 가게 점원이 받아 쓰자 음악은 간주 뒤의 ③부분인 "好春才來 春花正開, 你怎捨得說 再會, 我在深閨 望穿秋水, 你不要忘了我情深 深如海"이 흐르기 시작한다. 그리고 이 음악을 배경으로 장면은 湘倫이 자전거를 타고 미친 듯이 달리는 모습을 보여주고 지평선 저 너머에 다다를 때쯤 음악도 마지막 부분인 "深如海"에 이른다.

가게를 나왔어도 小雨와 함께 했던 음악이 여전히 흐른다는 것은 어디에 있든지 小雨와의 추억이 늘 함께 한다는 것을 보여준다. '사랑이 막 시작하려할 때 떠나버리다니', 하지만 '그래도 너만 기다릴게 돌아 와'라는 가사에 감정을 주체하지 못하고 달려 나가는 湘倫의 모습이 겹쳐지면서 연인에 대한 그리움이 선명하게 드러난다.

湘倫이 그토록 그리워하는 동안 小雨는 1979년에서 湘倫에 대한 실망으로 1999년으로의 시간여행을 포기한다. 하지만 시간여행의 내용을 비밀에 부치겠다던 葉老師의 발설로 小雨는 小雨母와 급우들로부터 병자 취급을 받으며 파국을 맞는다. 그러던 중 1999년의 졸업식 날 湘倫은 (늘 누군가 있는 듯 말을 걸고 춤을 추었다는)친구들의 놀림을 계기로 과거 小雨와 관계된 일련의 일들에 갑작스런 의문을 품고 小雨의 집을 찾는데, 湘倫이 小雨의 집으로 들어서자마자 듣게 되는 곡이 바로 「情人的眼淚」이다. 湘倫이 가장 좋아한다는 곡을 小雨는 1979년부터 1999년까지 줄곧 들어왔던 것이다.

집에 들어서면서부터 들리는 「情人的眼淚」는 간주 다음의 ③부분 "好春才來 春花正開, 你怎捨得說 再會, 我在深閨 望穿秋水, 你不要忘了我情深 深如海"부터다. 湘倫이 小雨의 방으로 가까워질수록 음악은 점점 또렷해진다. 그리고 湘倫이 방문을 열기 전 촉각을 곤두세우며 문 앞에서 잠시 뜸을 들이는데 이때부터 들리는 부분이 ②"為甚麼要對你掉眼淚, 你難道不明白 為了愛, 要不是有情郎跟我要分開, 我眼淚不會掉下來 掉下來"이다. '당신이 헤어지려하지 않았다면 눈물은 흘리지 않았을 텐데'라는 가사에 기대어 小雨는 '왜 이제야 왔느냐'며 '너무 보고 싶었다'는 그리움의 마음을 湘倫에게 전달하고 있다.

「情人的眼淚」는 가수 姚蘇蓉의 1인 서사이다. 떠난 연인에 대한 그리움과 원망을 오직 한 사람, 즉 그 곡을 부르는 이에 의해서만 표현된다. 그러나 『不能說的·秘密』에서의 「情人的眼淚」는 2인 서사, 즉 대화이다. 누가 누구에게 들려주는가에 따라 곡은 정확하게 절반으로 나뉘며 대화성을 띤다.

(4) <湘倫의 그리움: 湘倫이 小雨에게 들려주다>

① 為甚麼要對你掉眼淚, 你難道不明白 為了愛, 只有那有情人眼淚最珍貴, 一顆顆眼淚都是愛 都是愛

③ 好春才來 春花正開, 你怎捨得說 再會, 我在深閨 望穿秋水, 你不要忘了我情深 深如海

<小雨의 그리움: 小雨가 湘倫에게 들려주다>

③ 好春才來 春花正開, 你怎捨得說 再會, 我在深閨 望穿秋水, 你不要忘了我情深 深如海

② 為甚麼要對你掉眼淚, 你難道不明白 為了愛, 要不是有情郎跟我要分開, 我眼淚不會掉下來 掉下來

湘倫은 [사랑]의 단계에서 小雨에게 ①을 들려주며 고백한다. 그리고 [이별]의 단계에서 ③을 통해 그리움을 표현한다. 小雨는, 역순으로, 湘倫이 집으로 들어오는 순간부터 ③을 들려주며 보고 싶었었다고 말한다. 그리고 ②를 들려주며 원망한다. 말로써는 장구한 미사여구의 힘을 빌어 단조롭게 표현될 수밖에 없었을 화자의 마음을 영화는, 1인 서사의 곡을 2인 서사의 틀로 변용시킴으로써, 시공을 초월한 대화의 형식으로 표현하고 있다. 가요로서의 「情人的眼淚」가 OST로서의 「情人的眼淚」로 변화된 것이다.

변용된 대화의 틀 속에서 가사 속 "你"는 이제 1인 서사에서의 "你"와 다른 지시체를 갖는다. 가요는 그것이 1인의 서사인 까닭에 "你"가 가리키는 대상이 임의의 누가되든지 처음부터 끝까지 동일인물이다. 그러나 대화성을 얻은 OST에서 "你"는 湘倫 중심의 장면에서는 小雨를 그리고 小雨 중심의 장면에서는 湘倫을 가리킨다. 종합하면 맥락의 분석에 따른 직시대상의 변화는 다음과 같이 시각화 될 수 있다.

(5) 가요「情人的眼淚」

① 為甚麼要對你掉眼淚, 你難道不明白 為了愛, …… "你" ↘
② 為甚麼要對你掉眼淚, 你難道不明白 為了愛, …… "你" → 동일 인물 = 1인 서술
③ 好春才來 春花正開, 你怎捨得說 再會, …… "你" ↗

OST「情人的眼淚」

① 為甚麼要對你掉眼淚, 你難道不明白 為了愛, …… → "你" → 小雨
③ 好春才來 春花正開, 你怎捨得說 再會, …… "你" → 小雨/湘倫 = 2인 대화
② 為甚麼要對你掉眼淚, 你難道不明白 為了愛, …… "你" → 湘倫

2.1.2 장소 직시어: (回)去

『不能說的 · 秘密』에서 피아노 연습실은 중요한 공간이다. 플롯 상의 만남과 사랑, 이별과 재회가 이 곳을 통해 이루어지기 때문이다. 하지만 연습실은 영화 종반에 철거 예정에 있다. [사랑]의 단계, 그 중에서도 가장 행복한 시기에 湘倫은 小雨에게 이 사실을 알려준다. 가장 설레이는 시기에 언급된 철거 소식은 곧 湘倫과 小雨의 매개가 없어진다는 것을 뜻한다. 크게 보면 둘의 사랑은 이루어질 수 없음을 그리고 작게 보면 곧 있을 이별의 복선을 암시하는 장면이다. 小雨는 이내 湘倫에게 자신으로 하여금 시공을 초월하게 해준 *Secret*이란 곡을 알려 주겠다 한다. 그런데 이 곡은 湘倫이 그동안 첫 만남 때 연주하던 곡이 무엇이었느냐며 줄곧 물어오던 곡이다. 이 장면에서의 湘倫과 小雨의 대화는 다음과 같다.

(6) 湘倫: 你知道這裏快拆了?
(여기 곧 철거될 거라는 알아?)
小雨: 甚麼時候?
(언제?)
湘倫: 畢業那天啊。
(졸업하는 날.)

小雨: 那你要不要學,
(그럼 너 배워볼래,)
湘倫: 嗯?
(응?)
小雨: 你要不要學你第一次看到我的時候, 那首曲子?
(맨 처음 만났을 때, 그 곡 말이야.)
湘倫: 你眞的要教我? 終於要彈給我聽啊? (小雨가 *Secret* 연주 후) 哇,
你一定要彈那麼快嗎?
(진짜 가르쳐 줄 거야? 이제야 들려주려는 구나. (연주 후)와,
꼭 그렇게 빨리 쳐야했어?)
小雨: 我回去都彈那麼快啊。
(돌아갈 땐 항상 이렇게 빨리 쳤어.)
湘倫: 這樣我很難記。
(그러면 외우기 어렵잖아.)

여기서 湘倫과 小雨는 "回去"를 각기 다른 맥락으로써 의미하고 해석한다. 湘倫에게 있어 "回去"의 귀소지는 小雨의 집이다. 하지만 小雨에게는 1979년이 귀소지다. 해석의 단서는 선행발화의 "彈那麼快"에서 찾을 수 있는데, *Secret*이란 곡은 특정한(둘이 처음 마주친) 피아노 연습실에서 특히 종반부분을 빨리 연주해야만 비로소 1979년과 1999년을 넘나들 수 있기 때문이다. 이 같은 속주(速奏)는 *Secret*의 표지 상에 적혀 있는 '되돌아가려면 빨리 치라[Return lies within hasty keys(回路藏在急速音律裏)]'는 주문에 기인한다. 이러한 이유로 小雨는 '1979년으로 "回去"할 때면 항상 빠르게 쳤다'고 의미한 반면 아직 小雨의 시간여행을 모르는 湘倫은 이 말을 '집에 가려할 때면 항상 서둘러 마무리했다'고 이해한 것이다. 결국 湘倫은 그 의미를, 小雨의 정체를 알게 된 뒤 1979년으로 小雨를 찾으러 가기 위해 *Secret*을 연주하려고 피아노 앞에 앉아서야 깨닫는다. 그래서 영화는 마지막 대사를 湘倫이 小雨와 과거에 나누었던 말 "湘倫:

你一定要彈那麽快嗎? — 小雨: 我回去都彈那麽快啊。”로 설정하며 끝을 맺는다.

小雨의 시간여행을 공유하지 못했을 때는 두 인물이 상이한 맥락으로써 서로 다른 관점에서 해석했던 “回去”가 결국에는 동일한 맥락을 기반으로 목표지점에 대한 청자와 화자 간 인식의 일치를 보여주고 있다.

來와 去의 사용은 흔히 화자를 중심으로 구분한다. 동작이 화자를 향한다면 來를 사용하고 화자로부터 멀어진다면 去를 사용한다(Chao 1981, p.459, 相原茂 등 2007, p.247). 이 같은 설명은 “進去”, “進來”, “上去”, “上來” 등과 같은 예들에 의해서 증명된다. 이는 화자가 어디에 있느냐에 따라 대상의 좌표도 이동한다는데 근거한 것이다. 또 이 같은 견해는 직시의 해석을 발화자에 둔다는 상기 자기중심적 기준에도 충실하다. 그런데 화자만을 직시의 중심으로 놓을 경우 去를 설명하는데 있어 한 가지 문제가 생긴다. 다음의 예를 보자.

(7) 葉老師: 我的臉都給你丢光了。你給我回去。
(8) 學　長: 好了, 回去上課了。

위의 예는 모두 명령문으로서 지시행위를 수행한다. 예(7)은 湘倫이 졸업 연주회 도중 5개월 만에 1999년으로 돌아온 小雨를 목격하고 뛰쳐나가지 葉老師가 뒤따라 나와 湘倫에게 훈계하며 하는 말이다. 화자는 葉老師, 청자(이면서 대상)는 湘倫, 발화 장소는 화자가 처한 학교 복도이고 목표지점은 강당이다. 화자 “我”를 중심으로 봤을 때 청자 “你”가 강당으로 이동함으로써 화자로부터 멀어진다. 去에 대해 ‘동작이 화자로부터 멀어진다’는 기존의 설명에 부합한다.

예(8)은 湘倫과 그의 선배인 宇豪가 피아노 배틀을 마치자 사회자인 선배 雪糕가 ‘배틀이 끝났으니 교실로 돌아가라’는 장면의 대사이다. 직시의 중심이 될 수 있는 요건들을 토대로 보면 화자는 雪糕, 청자는 배틀을 본 학생들, 발화 장소는 피아노실이고 목표 지점은 교실이다. '화자로부터 멀어진다'는 기존의 설명에 기댄다면 이 경우에는 청자(=대상)인 학생들이 교실로 이동함으로써 피아노실에 남아있는 화자 雪糕로부터 멀어져야 한다. 그런데 영화 속의 행동은 그와 다르게 화자 雪糕가 지시행위를 수행하는 학생들과 같이 교실로 이동한다. 去에 대한 기존의 설명과 상치하지 않는다.

(9) 大勇: 小雨。小雨。小雨跑了。小雨彈<u>回去</u>了。

예(7), (8)이 동작 수행의 주체를 "你"로 설정하고 있다면 예(9)는 "她(小雨)"로 설정하고 있다. 예(9)는 湘倫이 본의 아니게 晴依와 키스하는 모습을 小雨가 목격한 뒤 뛰쳐나가자 복도에 있던 청소부 大勇이 외친 말이다. 大勇이 "小雨。小雨。"를 외치자 湘倫은 피아노실에서 황급히 뛰쳐나와 小雨를 찾는다. 이 때 화자는 大勇, 청자는 湘倫, 발화 장소는 연주동 복도, 대상은 小雨, 목표 지점은 피아노실이다. 화자 大勇을 직시의 중심으로 놓았을 때 대상인 小雨가 멀어지고 있으므로 去에 대한 발화자 중심의 기존 설명과 상치한다.

(10) 小雨: 我<u>回去</u>都彈那麼快啊。
(11) 小雨: 老師。我決定不<u>回去</u>找他了。

예(10)과 예(11)은 "我"가 동작 수행의 주체인 평서문이다. 예(10)은 앞서 든 예(6)의 일부로서 맥락의 설명은 생략한다. 화자는 小雨, 청자는 湘倫, 발화 장소는 피아노실, 목표 지점은 1979년이다. 그리고 대상은 화자와 겸한다. 그런데 문제는 여기서 또 발생한다. 화자 자신이 곧 대상일 경우 '화자로부터 멀어진다'는 去의 견해 자체가 성립하기 어렵기 때문이다. 이 문제는 예(11)에서도 마찬가지다. 1999년에서 자신과 사귀는 湘倫이 다른 여자(晴依)와 키스하는 것을 목격했다고 小雨가 털어놓자 葉老師는 "그 남자가 사람 보는 눈이 없다(他沒眼光)"며 위로한다. 예(11)은 이 같은 葉老師의 위로 다음에 小雨가 한 말이다. 이 때 화자는 小雨, 청자는 葉老師, 발화 장소는 운동장, 목표 지점은 1999년이다. 그리고 1999년으로 가는 대상은 화자 자신인 小雨이다. 이 역시 '화자로부터 멀어진다'에 부합하기 어려우므로 去에 대한 기존의 견해와 상치하지 못한다.

영화의 스토리와 영상을 토대로 한 상기 내용을 종합하면 '화자로부터 멀어지다'라는 발화자 기준만으로는 去와 관련한 직시의 논의가 부족하다는 것을 알 수 있다. 화자 중심일 수도 있지만 청자 중심일 수도 있기 때문이다.

	발화장소/행위/방향	대상의 이동 방향	위치 이동의 중심
(1) 我回去:	●(=◎) ↓ ○	●(=◎) ⟶ □	청자
(2) 你回去:	● ↓ ○(=◎)	○(=◎) ⟶ □	화자
(3) 他回去:	● ↓ ○	◎ ⟶ □	화자

●: 화자, ○: 청자, ◎: 대상, □: 목표지점, ↓: 발화방향, →: 이동방향

그러므로 去는 '발화자로부터 멀어진다'는 기준보다 '발화 장소로부터 멀어진다'는 기준으로 설명되는 것이 타당한 것으로 보인다. 발화자 중심이 '나 — 지금 — 여기'에서도 특히 '나'를 중심에 놓은 것이라면 발화

장소 중심은 '여기'를 직시의 중심으로 놓은 것이라 볼 수 있다. '발화자로부터 멀어진다'고 하면 흔히 발화자를 고정되고 움직이지 않는 것으로 생각하기 쉽다. 그러나 '발화 장소로부터 멀어진다'고 하면 예(10)과 같이 발화자 스스로도 대상이 될 수 있으며 예(8)의 경우처럼 상대("你")에 대한 지시 행위임에도 같이 행동할 수 있는 여지를 남긴다.

2.2 '비밀'에 대한 해석

이 영화의 제목을 우리는 흔히 "不能說的秘密"로 보고 읽는다. 그리고 '말할 수 없는 비밀'이라고 해석한다. 그런데 그렇게 보고 해석하는 것이 과연 맞을까? 언뜻 듣기에 다소 엉뚱한 질문일 수 있겠다. 이런 의문을 갖게 된 이유는, 의미적으로 봤을 때 '不能說的'가 이미 '秘密'에 내포되어 있기 때문이다. 비밀은 발설하는 그 순간부터 더 이상 비밀이 아니다. 비밀은 말하지 않고 간직해야만 가치를 갖는다. 이 같은 의문을 품고 아래 포스터를 살펴보자.3)

포스터 하단을 보면 제목이 "不能說的秘密"가 아닌 "不能說的 · 秘密"임을 볼 수 있다. 비단 영화포스터만 그럴까? 아래 자료를 더 살펴보도록 하자.

왼쪽은 영화의 브로마이드이고 오른쪽은 예고편 영상의 마지막 부분을 캡처한 것이다.[4)] 모두가 "不能說的秘密"가 아닌 "不能說的 · 秘密"로 표기되어 있다. 그렇다면 이제 본격적인 의문을 품어도 좋겠다. 왜 중간에 '·'이 삽입되어 있을까? 자연스럽게 연결될 수 없는 무엇인가 있는 것은 아닐까? 물론 그것을 읽을 때는 '말할 수 없는, 비밀'이라고 쉼을 두며 읽지는 않을 것이다. 그리고 실제 영화 속에서도 쉼을 두지는 않는다. 하지만 그 의미를 문자로써 시각적으로 이해하는데 있어서도 '말할 수 없는 비밀'이라고 있는 그대로 받아들여야 할까? 그렇지 않다. 왜냐하면 핵심적인 단서 하나가 계속 함께하기 때문이다. "不能說的 · 秘密" 상단을 보면 "秘密"의 동어인 "Secret"이 있다. *Secret*은 小雨가 시간여행을 할 수 있게 해주는 곡명이다. 악보명이 곧 '비밀'인 것이다. 이는 제목의 해석에 중의를 발생시킨다. 일반명사로서의 秘密에 기반한 해석과 고유명사로서의 秘密를 토대로 한 해석이 그것이다. 이 같은 관찰은 湘倫과 小雨가 주고받은 대사, 나아가 영화 전체의 이야기에 대해 재해석을 요구한다.

영화 초반 [만남]의 단계에서, 전학생 湘倫은 晴依의 학교 소개를 받은 뒤 홀로 피아노 연주동에 들어선다. 연주동 현관문을 젖히고 들어가자 빠르게 종반부분으로 치닫는 피아노 소리가 들린다. 그리고 연주는 이내 끝난다. *Secret*을 통해 小雨가 1979년에서 1999년으로 첫 시간여행을 한 순간이다. 한편 피아노 소리의 진원을 찾아 한 걸음 한 걸음 조심스럽게 둘러보던 湘倫은 피아노실에서 小雨와 마주친다. 小雨가 피아노실이라는 동일 공간에서 1999년으로 시간을 이동하였다면 湘倫은 1999년이라는 동일 시간에서 피아노실 안으로 공간을 이동하였다고 할 수 있다. 수직적 시간 이동과 수평적 공간 이동이 교차점을 이루면서 만남이 시작된다. 湘倫은 부끄러운 듯 이내 피아노실을 빠져 나간다. 하지만 전학생인 관계로 학급의 인적 구성을 몰랐던 湘倫은 小雨가 같은 반 학생임을 알게 되고 수업이 끝나자 뒤따라 나가 다음과 같이 말을 건넨다.

(12) 湘倫: 想問你, 你今天彈的那首曲子是甚麼名字啊?還蠻好聽的。
(저 말이야, 오늘 연주했던 곡명이 뭐야? 꽤 좋던데.)
小雨: 這是不能說的秘密。
(말할 수 없는 비밀이야.)
湘倫: ei, 這有甚麼好秘密的?
(에이, 비밀이랄 게 뭐있어?)

피아노실에서 연주하던 곡명이 뭐였냐는 질문에 小雨는 귓속말로 "這是不能說的秘密。"라고 말하고 있다. 이 문장을 앞서 논의한 중의성에 기댄다면 역시 두 가지로 해석이 가능하다. 하나는 '말할 수 없는 비밀'이고 또 하나는 '말할 수 없는「비밀」'이다. 예(12)의 번역은 전자에 기대어 있다.

질문 행위는 "어떤 것을 알고 있지 못하는 사람이 알고 있다고 여기는 사람에게 그 지식을 전달해 줄 것을 요구하는 행위(박용익 2003, p.94)"이다. 질문은 비록 '요구'의 행위임에도 불구하고 요구된 반응이 "지식 또는 정보와 관련된 것"이라는 점에서 "실제적 행동 그 자체"를 요구받는 요구 행위와 차별성을 띤다(박용익 2003, p.104). 이러한 관점에서 질문 행위는 기존의 화행 분류와 더불어 보편적인 화행의 하나로 인정받을 가능성을 갖는데 그 특징은 아래와 같다(박용익 2003, p.108)[5].

1) 의사소통 목적: 자신에게 결여되어 있는 정보를 상대방이 제공하도록 함
2) 지향성: 없음(Ø: 명제내용이 완결되어 있지 않기 때문에)
3) 표현된 심리상태: 지식에 대한 욕구

위의 특징을 토대로 湘倫의 질문과 小雨의 대답을 살펴보자. 우선 전자, 즉 일반명사의 경우이다.

(12)’	湘倫: 你今天彈的那首曲子是甚麼名字啊?	[질문]	정보제공 요구
	小雨: 這是不能說的秘密。	[대답]	정보제공 거절
	湘倫: 這有甚麼好秘密的?	[불평]	제공의 재요구

예(12)’의 “秘密”가 일반명사라면 小雨의 발화는 “這是(不能說的)秘密”로 해석할 수 있다. 이는 湘倫의 정보제공 요구를 거절한 것이다. 왜냐하면 “甚麼名字”에 부합하는 정보를 제공하지 않았기 때문이다. 이에 湘倫은 재차 정보의 제공을 요구하고 있다.[6]

만약 아무런 맥락이 주어지지 않았다면 위의 대화 과정은 일상에서 흔히 있는 일이라 여길 수 있다. 거절 받은 요구를 재요구하는 것도 정보가 없는 사람 입장에서는 당연한 것이다. 그러나 영화는 이 부분을 평범한 일상의 대화로 설정하지 않는다. 아래는 “秘密”를 고유명사로 설정한 후자의 경우이다.

(12)’’	湘倫: 你今天彈的那首曲子是甚麼名字啊?	[질문]	정보제공 요구
	小雨: 這是不能說的秘密。	[대답]	정보제공 수용
	湘倫: 這有甚麼好秘密的?	?[불평]	?제공의 재요구

예(12)”의 “秘密”가 고유명사라면 小雨의 발화는 “這是(不能說的)「秘密」”로 해석 가능하다. 이는, 전자와 상반되게, 湘倫의 정보제공 요구를 수용한 것이다. “甚麼名字”에 부합하는 정보 —「秘密」— 를 제공하였기 때문이다. 다만「秘密」라는 곡의 존재를 몰랐고 귓속말로 워낙 은밀하게 말했던 小雨의 발화 태도 때문에 湘倫은「秘密」를 ‘말하면 안 되는 어떤 것’으로만 해석할 수밖에 없었다.

여기서 “秘密”를 해석하는 두 사람의 입장차가 나타난다. 小雨는 요구받은 정보를 제공하였다. 그래서 비록 은밀한 발화 태도였음에도 불구하고 그 의미를 이해하지 못한 湘倫의 재요구를 무시하고 도망칠 수 있었다. 그러나 湘倫의 입장에서「秘密」는 여전히 ‘말해선 안 되는 어떤 것’이다. 따라서 아무런 정보를 받지 못했다고 생각하고 재요구에 대한 후행 발화를 잇는다. 재요구는 湘倫의 입장에서 당연한 것이지만 小雨의 입장에서는 불필요한 것이다.

상기 湘倫과 小雨의 발화를 종합하면 다음과 같다.

역할	발화	秘密		
		일반명사의 경우	고유명사의 경우	
		湘倫의 해석		小雨의 해석
湘倫:	你今天彈的那首曲子是甚麼名字啊?	요구	요구	요구
小雨:	這是不能說的秘密。	거절	거절	수용
湘倫:	這有甚麼好秘密的?	재요구	재요구	?

이와 같은 행위 분석은 한 가지 유익한 시사점을 제공한다. 어느 번역이 더 적절한가에 대한 기준을 제시해주기 때문이다. “這是不能說的秘密”에서의 “秘密”를 小雨는 고유명사로 제시하였고 湘倫은 일반명사로 이해하였다. 따라서 이 둘에게 있어 “秘密”는 동일한 형식의 상이한 의미를 가진

별개의 어휘다. 이는 小雨가 그것을 말한 후 자리를 떠나는 것으로, 그리고 湘倫이 "這有甚麼好秘密的?"처럼 (형용사로 품사만 바뀌었을 뿐)동일한 의미의 "秘密"를 재사용하는 것으로 표현된 두 개의 후속 반응을 통해서도 증명된다.

그렇다면 湘倫의 입장에서 "這是不能說的秘密"는 "말할 수 없는 비밀이야(또는 비밀이야. 말해주기 곤란해)" 정도로 해석이 가능하다. 그리고 小雨의 입장에서 "這是不能說的秘密"는 "드러내놓고 말하긴 뭐하지만 「비밀」이란 곡이야.(또는 '비밀'이란 곡이야. 그런데 지금은 드러내놓고 말할 수가 없네)" 정도의 해석이 가능하다. 이 같은 해석을 토대 小雨의 "這是不能說的秘密"를 번역해보자. 먼저 기존의 번역물을 살펴보자.[7)]

(13) (14) (15)

우선 예(13)의 번역을 보자. "그건 말할 수 없는 비밀이야!"는 두 가지 측면에서 부적절하다. 첫째, 예(13)은 "這是不能說的秘密"의 축자 번역으로 귀결될 수 있다. "秘密"를 일반명사로 번역한 것은 물론 수식어 또한 가감이 없다. 앞서 제기했던 "不能說的 · 秘密"의 의문점을 상기해보자. "秘密"에는 이미 "不能說"의 의미가 함축되어 있다. 둘째, 예(13)은 "秘密"에 대한 둘의 입장이 뒤바뀌어 있다. "그건 말할 수 없는 비밀이야!"는, 화행의 분석 결과를 토대로 보면, "秘密"의 의미를 미처 깨닫지 못한 湘倫의 이해 영역이지 小雨의 발화 영역이 아니다. 따라서 예(13)은 小雨가 湘倫의 생각을 전해주는 듯한 부조화를 이룬다.

예(14)는 위의 두 가지 문제 중 전자의 일부를 해결하였다. 다만 "그건 (말할 수 없는)비밀이야!" 역시 일반명사로 제시되어 있다는 점과 그로 인해 "不能說的 · 秘密" 상의 미묘한 뉘앙스를 전달하지 못한다는 점에서 예(13)의 "그건 말할 수 없는 비밀이야!"와 본질적으로 큰 차이가 없다.

예(15)는 예(13)의 두 가지 문제를 모두 해결하였다. 우선 '비밀'에 함축된 '말할 수 없다'가 삭제되어 간결하다. 그리고 작은따옴표를 이용한 표기로써 "秘密"가 '어떤 실체'임을 표현하고 있다. 그 결과 "不能說的 · 秘密"라는 수사를 이용해 드러내고자 했던 영화의 의도와 적절하게 호응을 이룬다.

맥락 속의 언어 행위 분석은, 여기서 한 걸음 나아가, 영화의 수입과 배급을 담당하는 현장 일선에도 적절한 조언을 해줄 수 있다. 다음의 예를 보자.

왼쪽은 한국의 영화 포스터, 오른쪽은 일본의 영화 포스터이다.[8] 제목만을 따로 떼어 보자.

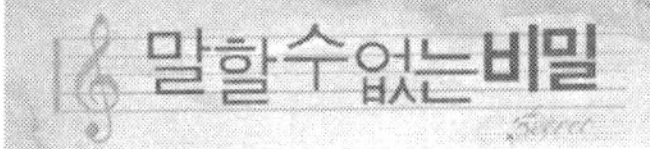

한국의 포스터는 '비밀'의 의미를 그나마 잘 드러내주고 있다. "비밀" 두 글자를 굵게 처리하고 또 그 하단에 *Secret*이라는 곡명을 배치하여 "不能說的·秘密"의 의도를 적절히 반영하고 있다. 하지만 일본의 포스터는 '비밀'의 단서를 제공하는데 있어 다소 부족한 감이 있다. 우선 자국 언어에 수사적 기술이 부가되어 있지 않다. 글씨 크기의 비율을 달리 한다든지 굵게 하거나 기울인다든지 하는 강조가 없다. 비록 "Secret"이라는 영문이 하단 중앙에 배치되어 있으나 작게 처리된 중국어 제목과 겹쳐져 있어 자칫, 그것의 의도와는 다르게, 영어로는 *Secret*, 중국어로는 "不能說的·秘密", 일본어로는 "言えない秘密"라고 한다고 알리는 듯한 인상을 줄 우려가 있다.

종합하면, 결국 대사에 용해되어 있는 함의의 이해는 영화 안팎의 맥락과 단서에 대한 면밀한 관찰을 통해서만 가능하다. 더불어 이 같은 해석의 도출 결과는, 의사소통 과정에서의 언어 사용 분석과 그에 대한 설명의 토대가 언어 내부 요소에 국한된 관찰을 넘어 그것을 둘러싼 언어적, 보조언어적, 비언어적 요소들에 대한 관찰로까지 확장될 필요가 있음을 말해준다.

3. 결론과 함축

지금까지 영화『不能說的·秘密』를 분석의 자료로 맥락 속에서 규정되는 말의 의미와 그 다양성을 화용적 시각에서 고찰해 보았다.

직시현상은 맥락을 어떻게 해석하는가에 있어 가장 민감한 현상 중 하나다. 발화를 하는 현재, 대화참여자와 시공간이 어떻게 구성되어 있는가에 따라 언어와 지시체 간의 관계가 달라지기 때문이다. 이와 관련하여 본 장에서는 가요 「情人的眼淚」가 영화의 OST로 기능할 때 "你"의 지시체가 각각 어떻게 달라지는지 맥락 — 영화의 스토리와 OST의 출현 위치 — 에 대한 해석을 토대로 살펴보았다. 또 동작의 주체가 누구인가에 따라 去의 방향성은 일관되지 않다는 점을 지적하고 해석의 기준을 '발화자 중심'에서 '발화 장소 중심'으로 보고자 했다.

언어 행위와 관련하여, 본 장에서는 제목의 표기에 대한 의문을 시발점으로 삼았다. 그리고 영화 스토리와 소품, 정보 보유 여부에 근거한 화행의 실현 등 맥락 요인에 근거하여 湘倫의 "秘密"와 小雨의 "秘密"가 별개의 어휘임을 지적하였다. 나아가 이 같은 분석 결과를 토대로, 어떠한 번역이 더 타당한지 그리고 수입/배급의 과정에서 한일 양국이 홍보 시 어떠한 점을 주의했고 또 놓쳤는지 등 다소 실용성을 겸한 논의로 확장을 시도하였다.

본문에서의 논의는 결론적으로 다음과 같은 함축을 갖는다. 첫째, 화용적 시각의 적극적인 도입이다. "언어 형식과 맥락과의 관계 속에서 발화사용의 원리와 의미를 연구하는(양은미 2011, p.150)" 화용론에 대해, 중국언어학계는 언어 형식과 그 속에 내재된 의미 연구에 상당부분 치우쳤던 관계로 언어의 사용이나 맥락에 대해서는 상대적으로 소홀했던 게 사실이다. 여기서 지적하고 싶은 것은 형식이냐 사용이냐 하는 상호 배타적 선택에 있지 않다. 개인의 연구가 반드시 그 둘을 모두 지향해야 한다는 것도 아니다. 다만 향후 연구에 있어 분석과 이해 과정에 '핵심적' 주변 요인들을 개입시킬 수 있는 여지는 둘 필요가 있다는 것이다. 맥락의 중요성에 대한 인식과 이해는 바로 그 여지에서부터 시작한다.

둘째, 연구와 교육의 수행/병행을 위한 영화의 도입이다. 사실 연구와 교육으로 영화를 도입하자는 주장은 신선하지 않다. 그러므로 좀 더 정확하게 말한다면 도입의 문제가 아니라 운용의 문제다. 언어의 사용은 누구와 언제 어디서 무엇을 어떻게 상호작용하는지와 불가분의 관계에 있다. 맥락을 이들 요인의 총합으로 볼 때, 언어 사용을 대상으로 한 연구와 교육의 수행/병행 과정에서 영화가 담당할 수 있는 역할은 자못 크다고 본다. 영화는 실제가 아니다. 그런 점에서 일상의 모든 상호작용을 보여주는 데는 한계가 있다. 그러나 언어의 사용이 실제를 벗어나지는 않는다. 비록, 그것이 계획된 대사인 이유로, 자연담화와 같은 즉흥성은 없어도 실제를 크게 벗어나지 않는다는 점에서 해당 원어민 화자의 관습과 전략을 제한된 조건하에 관찰할 수 있는 데 효과적이다. 나아가 그 관찰 결과는 교육과 쉽게 연계시킬 수 있다. 영화 자료의 이용은 학습자들의 흥미를 유발할 수 있다는 데서 더 나아가 맥락과 언어의 이해를 학습자와 공유하는 데도 용이하다. 따라서 언어 이해에 대한 관점의 확대를 쉽게 도모할 수 있다. 다만 한 가지 염두에 둘 점이 있다. 영화를 수업의 교재 또는 그 일부로 택하고서도 여전히 어휘, 문장, 어법 등에만 치중한다면 일반 어학 교재를 영화 대본으로 바꾼 것 그 이상의 의미는 찾기 힘들 것이다. 따라서 수업으로의 영화 도입은 언어의 이해에 있어 맥락이 될 수 있는 스토리나 (비)언어 행위는 물론 음악 등의 비언어적인 것들에도 관심을 둘 것을 요구한다.

제5장
중국어 수업에서의 TV프로그램: GAG生活大爆笑*

1. 문제의 제기

본 장에서는 교육적 관점에서 『GAG生活大爆笑』의 언어 · 비언어적 요소들을 분석함으로써 중국문화교육을 위한 대중매체의 이용을 검토하고 개그 텍스트를 그것의 한 이용 자료로서 제안해 보고자 한다.1)

최근 한국의 TV 프로그램들이 줄줄이 중국으로 수출되는 추세다. 『러닝맨』은 『奔跑吧, 兄弟』로, 『아빠 어디가』는 『爸爸去哪兒』로, 『꽃보다 할배』는 『花樣爺爺』라는 이름으로 한 · 중 합작이나 포맷 차용 등의 방식으로써 중국에서 제작, 방영되고 있다.2) 『GAG生活大爆笑』(이하 『爆笑』로 약칭)

---

* 본 장은 『中國文化硏究』 제31집(2016년 2월), pp.43~73에 「대중매체를 이용한 중국문화교육의 제안 — 『GAG生活大爆笑』의 분석을 바탕으로」란 제하로 게재된 원고를 수정한 것이다. 아울러 원저는 『2015韓國中語中文學優秀論文集』(2016년 11월), pp.277~302에 「關於以大眾媒體節目教學中國文化的建議 — 以對『GAG生活大爆笑』的分析爲主」란 제하의 중역본으로도 실려 있다. 연구는 2015학년도 서울여자대학교 인문과학연구소 교내학술연구비의 지원을 받았다.

도 그 중의 하나로서 上海東方衛視에서 방영되었던 『개그콘서트』(이하 『개그』로 약칭)의 중국 버전이다.3)

기타 프로그램 중에서도 『爆笑』를 분석대상으로 채택한 데는 유머가 심리, 사회, 언어, 문화 등 여러 관점이 상호 교차되는 지점에 있다는 데 기인한다(Sherzer 1985, Raskin 1998, Simpson 2011). 이는 개그가, '재미'만을 추구하는 그래서 편안하게 연기자들의 활동 궤적을 따라가기만 하면 되는 기타 프로그램들과 달리, 언어는 물론 사회, 문화적 함의까지도 이해를 요구하며 그래야만 웃음에 동참할 수 있다는 것을 의미한다. 논의에 앞서 중국어 교재에 실렸던 相聲 한 단락을 먼저 살펴보자.

(1) 『聽和說』(제11과, 「聽力課文」)
① 乙: 這回分房……我想……
……
② 甲: (我看一層好。)……再說一來不用扛自行車, 二來換煤氣省勁兒。
……
③ 甲: (那你住八層吧。)八層不錯, ……而且每天爬八層樓, 正好可以鍛鍊身體, 是不是？生命在於運動嘛！

예(1)은 "分房"이란 제하의 相聲인데 이것을 이해하기 위해서는 먼저 언어적 이해가 필요하다. 그런데 언어적 이해를 마쳤다고 해도 그것의 함의로까지 이어질 수 있을까. 예를 들어 ①의 "分房"을 직역하면 "집을 나누어주다"란 의미이다. 그런데 왜 '집을 나누어줄까'란 질문은 언어적 관점에서 설명할 수 없다. 과거 중국에서 실시했던 계획경제의 국가분배제도를 알아야만 '福利分房'이란 용어와 더불어 온전한 이해가 가능하다.4) 주거 및 생활양식에 따른 ②의 "扛自行車"와 "換煤氣"의 사용 역시 같은 해석의 맥락에 서있다. 그리고 이에 대한 이해는 텍스트 전체의 해석에 영향을 미친다.

그 아래 ③을 보면 甲가 “每天爬八層樓, 正好可以鍛鍊身體”를 이유로 乙에게 “那你住八層吧”라고 한다. 언어적 이해는 했더라도, 한국의 주거 양식에 비추어 해석할 경우, “八層”이면 “每天爬”할 필요도 없는데 왜 “鍛鍊身體” 할 수 있다고 하는지 이해하기 어렵다. “分房”제도로 공급된 아파트에는 엘리베이터의 부재가 오히려 일반적이었음을 알지 못한 데 기인한 것이다. 그러므로 ①의 “這回分房……”이란 첫마디에서 “分房”과 관련한 맥락의 공유가 없다면 예(1)에 내포된 유머의 함의는 상실된다.

이로부터 짐작이 가능하듯 언어적 수준만으로는 웃음에 동참하기 힘들다. 개그는 기본적으로 언어로 구성된다. 그럼에도 불구하고 언어란, ‘개그’란 큰 틀에서 봤을 때, 그저 외부적 의미만을 전달하는 또는 그로부터 내부적 의미를 연결하는 매개일 뿐 전체가 되지 못한다.

이 같은 점은 교육적 측면에서 시사하는 바가 큰데, 언어로 구성되었음에도 언어만으로 제대로 된 의미를 전달/이해하기 힘들다는 것은 ‘언어가 채우지 못하는 나머지 공백을 무엇이 메우는가’란 질문으로 이어지며 결국엔 ‘맥락’으로 귀결될 수 있기 때문이다. 이는 그동안 언어를 이해하기 위한 맥락으로서 ‘문화의 교육을 어떻게 할까’ 했던 고민에 한 방안으로서 재고의 여지를 줄 수 있을 것이라고 생각한다.

이에 아래에서는 유머를 해석하는 여러 이론들을 간략하게 검토해 보고 『爆笑』를 『爆笑』속의 한국과 중국으로 분류한 뒤 언어적, 비언어적 측면에서 비교, 분석해 보고자 한다.

2. 이론의 검토

유머를 해석하는 시각은 다양하다.[5] 우선 세 가지 고전적 정의를 살펴보

자. 첫째, 부조화 기반 이론(the incongruity-based theory)은 "두 개의 모순된 상황이 익살 속에 제공된 뜻밖의 연결 고리를 통해 예기치 않게 병립"하며 유머가 발생한다고 본다(Raskin 1998, p.355). 눈에 띠는 예로서 『개그』의 「생활의 발견」(또는 『爆笑』의 「我們分手吧」)을 들 수 있다. 「생활의 발견」은 연인의 헤어짐이란 상황과 그것이 수행되는 장소(빨래방, 분식집, 중국집, 캠핑장 등)의 특정 관례들이 "예기치 않게 병립"하며 웃음을 유발한다. 그래서 극의 도입은 항상 "(우리 헤어져—)그런 말을 뭐 이런 데서 하니"라는 고정 멘트가 삽입된다.

둘째, 적대감 이론(the hostility theory)에서는 타인에 대한 "공격의 문명화된 형태(a civilized form of aggression)"로 유머를 정의한다(Raskin 1998, p.355). Attardo(1994, p.49)는 웃음의 부정적 측면에 대해 특별한 관심을 가진 토마스 홉스(Thomas Hobbes)를 들며 "웃음거리에 대해 갖는 일종의 우월감(a sense of superiority)"으로 적대감을 설명하고 있다.[6] 그렇다면 상기 '공격의 문명화된 형태'란 타인에 대한 물리적 공격이 심적으로 내면화된 결과로서 극 속의 인물에 대해 갖는 관객/시청자의 우월감으로 이해할 수 있을 것이다. 『개그』의 「봉숭아학당」에 출현했던 '맹구'나 「어르신」에 출현했던 '명훈이'는 모두 극 중에서 바보 역인데 이들의 부족한 듯 모자라는 듯한 말과 행동을 보며 웃게 되는 것이 그 예가 될 수 있다. 나아가, 극 중의 본래 역할 뿐 아니라, 비판 대상(남녀, 사회, 정치 등)을 희화화함으로써 세태를 풍자하는 「두분 토론」이나 「사마귀 유치원」, 「민상 토론」도 이에 해당될 수 있을 것이다.[7]

셋째, 해방이론(the release theory)은, 유머를 성욕(libido)의 방출구로 해석한 프로이드의 영향으로, "긴장이나 흥분에 따른 심리적, 정신적 에너지의 방출" 또는 "윤리, 민족, 논리 등 일상의 각종 억압에 대한 일종의 모반"이 유머라는 시각이다(Raskin 1998, pp.355~356). 일례로, 『개그』의

「애정남」(또는 『爆笑』의 「定義專家」)이란 코너가 이 범주에 속할 것이다. 「애(매한 것을) 정(해주는) 남(자)」의 약칭으로 알 수 있듯 이 코너는 상기 '부조화'나 '적대감'과는 거리가 있다. 오히려 「애정남」은, 관습이기 때문에 따라야 함에도 처신에 있어서는 이러다할 기준이 없는 경우만을 골라 나름의 해결책을 제시하며 대중의 공감을 얻는데 초점을 둔다. 이는 군중 속에서 항시 주변을 의식해야 하는 긴장 국면들을 미봉책으로나마 가볍게 처리함으로써 웃음을 끌어낸다.

이들 세 이론은, "어느 한 관점만으로 모든 현상을 설명할 수 없다는 점에서 부분적으로 설득력을 갖는다"는 점과 "적대감 이론이 유머의 목적과 의도에, 해방이론이 유머의 유발 원인에, 그리고 부조화 이론이 유머의 작동 방식에 초점이 맞춰져 있다는 점에서 상호 경쟁적 관계가 아닌" 보완의 관계에 있다고 할 수 있다(Raskin 1998, p.356).

그렇다면 언어학적 관점에서는 유머를 어떻게 해석할까. 의미적 관점과 담화적 관점을 살펴보자. 먼저 의미적 관점에서는 대본 기반 의미 이론(the script-based semantic theory of humor)이 있다(Raskin 1998, p.356). 여기서 대본(the script)이란 각 "어휘 속에 내포된 정보들의 구조화된 묶음"으로서 틀(frame) 또는 스키마(schema)와 상응하며(Raskin 1998, p.356) "친숙한 상황을 정의하는 데 전형적으로 사용되는 지식의 일면"을 일컫는다(Simpson 2011, p.898)[8]. 예컨대, 『개그』의 「감수성」은 역할 속의 지위와 인간 본연의 감(수)성이 혼재하며 웃음을 유발하는데,[9] 미주 8)의 범례에 따라 '왕'을 분(扮)한 '김준호'의 대본을 간략하게 표현한다면 아래와 같다.

(2)	왕	김준호
	주체: [+인간][+어른]	주체: [+인간][+어른]

행위: 국가대사를 집전한다	행위: 방송을 한다
국가중대사를 결정한다	개그를 한다
신하에게 명령하다	연기를 지도한다
장소: 궁	장소: 방송국
시간: 재위기간 / 매일	시간: 오랜기간 / 매일
조건: 권위를 인정받는다	조건: 방송에 출현한다

그리고 상기 대본을 '장군'에게도 대입시킨 뒤 「감수성」을 살펴보자.[10)]

(3) 왕(김준호): ……걱정이야. 전쟁을 한 지 10년이 지났오. ……
장군(권재관): 전하. 아뢰옵기 황공하오나 오랭캐가 쏘는 불화살을 막아낼 방법이 없습니다.
왕(김준호): ……막을 방법이 없다. 한 나라의 장수가 할 소리요. 다시 한 번 그따위 말을 내뱉을 시에는, 불화살을 맞기 네 놈부터 화형에 처할 것이야.
(음악)
장군(권재관): 에?
왕(김준호): 미안하다. 내가 너무 생각 없이 말했지?
장군(권재관): 화형이요? 아 어떻게 사람한테 그런 말을 할 수가 있어요? 아 자기는 햇볕에 얼굴타는 것도 싫어하면서……

예(3)을 보면, 화살표가 표시된 부분부터 '왕'의 대본이 인간 '김준호'의 대본으로 전환된 것을 볼 수 있다. 즉, '왕 vs. 신하'라는 대본이 '김준호 vs. 권재관'이란 대본으로 전환되고 그것이 극의 배경인 전장(戰場)과 충돌하며 웃음이 유발되고 있다. 대본 기반 의미 이론에서는 이렇듯 두 개의 다른 대본 — '왕/신하'와 '김준호/권재관' — 이 유인자(trigger) — "에?"[11)] — 에 의해 대립되면서 웃음이 유발된다고 본다(Raskin 1998, p.357). 두 대본의 '대립'이 유인자에 의해 촉발된다는 관점은, 구조적 측면에서 봤을 때, 익살(jokes)을 "구조만들기(set up)와 급소찌르기(punch line)로 구성

된 담화체"라고 정의한 Sherzer(1985, p.216)의 담화적 관점과도 맥을 같이한다.12)

Sherzer(1985, p.216)는 이들 두 구성 요소를 놀라움의 관계(surprise relationship)로 설정하고 있다. "익살은 구조만들기에서 언급되지 않은 가정으로 급소찌르기를 연계시킴으로써 이해" 할 수 있고 이 과정에서 "언급되지 않은 가정을 이해하는데 관여하는 요인이 놀라움"이라는 것이다(Sherzer 1985, p.216). 이에 따라 예(3)을 다시 보면, 화살표가 있기 전(정확히는 음악이 나오기 전)까지가 '구조만들기'에 속한다. 그리고 음악과 함께 실제 '신하'라면 '왕'에게 할 수 없는 "에?"에 의해 '급소찌르기'가 수행된다. 이 때 관객/시청자는 실현 불가능한 관계(즉, 언급되지 않은 가정)로 "에?"를 대입하고 그 결과로서 자각 못한 놀라움을 느끼고서야 이해와 웃음을 동반한다.

지금까지 『개그』를 예시로 유머에 대한 여러 이론들을 간략하게 살펴보았다. 이렇듯 『개그』는 여러 관점들로 접근할 수 있는 다양한 형식과 내용을 아우른다. 다만 아래 논의는 이 중에서 부조화 기반 이론과 Sherzer(1985)에 주로 기댈 것이다. 나아가, 예(3)이 보인 음악의 역할처럼, 말과 행동을 모두 수반하는 개그의 특성이 시 · 청각의 방송 매체 특성과 결합하면서 언어뿐만이 아닌 비언어에 대한 관찰도 요구한다는 점에 주목할 필요가 있다. 이는 '유인자'나 '급소찌르기'가 반드시 언어적으로 실현되지 않을 수도 있음을 의미한다.

3. 비교와 분석

『爆笑』는 2015년 1월 24일부터 4월 18일까지 총 13회의 방영으로 끝을 맺었다. 그로 인해 『爆笑』는 『개그』의 코너 중 인기가 있었거나 자국에서 수용 가능한 코너들을 선취하여 방영하였다.[13)] 본 장은 이 중 2015년 1월 24일부터 2월 28일까지 방영된 총 6회 분량을 분석 대상으로 삼는다.

3.1절에서는 중국의 『爆笑』를 한국의 『개그』와 비교한다. 3.2절에서는 『爆笑』 속에 표현된 한국의 언어 · 비언어적 요소를, 3.3절에서는 『爆笑』 속에 표현된 중국의 언어 · 비언어적 요소들을 살펴본다. 이들에 대한 분석에서, 3.1절에서는 '차이'가, 3.2절은 '침투'가, 3.3절은 '토착'이란 현상이 논의의 중심이 될 것이다.

3.1. 『개그콘서트』와 『GAG生活大爆笑』

먼저 가장 눈에 띄는 것으로 주제면의 차이를 들 수 있다. 『개그』가 가족, 직장 등의 일상은 물론 사회, 정치, 역사 등에 걸쳐 다양하게 주제를 선취한 데 반해 『爆笑』는 가족과 직장, 교우 등 주로 일상의 주제를 취하는 경향을 갖는다. 그 결과 「감수성」이나 「진지록」과 같은 사극 개그나 「두분 토론」, 「민상 토론」, 「남성인권보장위원회」 등의 풍자 개그는 선택받지 못하였다. 「괜찮은 명훈이」 나 「바보 삼대」 같은 허무 개그 역시 마찬가지다.

국가의 경계를 넘으며 발생한 자연스러운 결과로 볼 수 있는데, 이에 대해서는 두 가지 면에서 해석이 가능하다. 하나는 제작자의 입장이다. 저녁 7시면 어김없이 전국에서 일제히 『新聞聯播』가 방송되는 것에서 알 수 있듯, 대중매체에 대한 공권력의 영향력이 여전히 강한 사회 분위기 속에서 사회나 국가에 대한 풍자가 '웃자고 하는' 대중매체에 설 수 없었을 것이라는 것이다.

또 하나는 관객/시청자의 입장이다. 『爆笑』가 가진 형식에 대한 생소함을 들 수 있다. 중국에서도 과거부터 相聲이나 『新年晩會』의 趙本山 喜劇처럼 스탠딩 개그가 없었던 것은 아니다. 그러나 그것이 『爆笑』와 갖는 차이는, 전자가 관람식 개그라면 후자는 참여식 개그라는 데 있다. 相聲이나 喜劇는 배우가 준비한 공연을 보는 것으로 끝나지만 『爆笑』는 배우가 무대 위아래를 오르내리거나 관객을 지목하기도 하고 공연 후엔 모바일로 排行榜이란 이름의 평가를 받기도 한다. 관람식 개그에 익숙한 관객/시청자에겐 참여식 개그가 여전히 생소한데, 거기에 설령 풍자나 허무 개그를 무대에 올린다 하더라도, 그것을 받아들일 준비가 되어있지 않았을 것이다. 이러한 점은 2015년 1월 24일 첫 방송에서 MC가 방송에 앞서 "這裏啊, 是全國首個沒有主持人, 沒有選手, 也沒有導師的, 大型喜劇綜藝類節目。告訴大家一個參與方式, ……搖動手機就可以跟我們一起互動了"라고 프로그램의 성격과 참여방식을 설명하며 생소함을 줄이려는 노력으로도 뒷받침된다. 이 같이 생소함을 완화시키기 위해 '설명'이란 형식을 이용하는 예는 프로그램의 기타 코너 곳곳에서 발견된다.(예(21) 참조)

둘째, 제목의 형식적 차이를 들 수 있다. 6회까지 방영된 『爆笑』의 코너 제목을 『개그』의 코너 제목과 비교하면 다음과 같다.

(4)	中國好舌頭	슈퍼스타KBS	男人的謊言	막말자
	瘋狂電視臺	4인 4색	我們分手吧	생활의 발견
	一家之主	가장자리	大鵬耍大牌	리얼토크쇼
	慢鏡頭下的眞相	초고속카메라	我是達人	달인
	心聲	?[14]	定義專家	애정남
	大家來找茬	리얼리T	白領神曲	렛잇비
	不是故意的	미필적 고의	芭蕾男人	발레리NO
	好尷尬	"……"	曖昧嘟嘟嘟	두근두근
	收視率帝王	시청률의 제왕		

예(4)를 보면, 『개그』의 제목은 대부분이 명사형이고 예외로 의태어나 문장부호가 있다. 그러나 『爆笑』는 17개 중 10개가 명사형이고 밑줄 쳐진

7개가 문장형이다. 또한,『개그』의 제목은 은유적이면서 중의적이다.「막말자」의 원제는「막으려는 자 말하는 자」이다. 극 중에서 남자 주인공이 뭇 남성들의 공공연한 비밀을 드러내며 “이게 바로 남자다”를 외치면 주변의 남자 연기자들이 무대 위로 나와 말을 막고 시위하는 형식이다. 개인적 행위 면에서 남자 주인공은 ‘막말’을 하는 ‘자’이지만 극 전체의 형식은 말 그대로 ‘막으려는 자’와 ‘말하는 자’의 대립이다.「가장자리」 역시 그렇다. 아파트 베란다에서 만난 세 남자의 이야기로서 존중받지 못하는 ‘가장(家長)의 자리’를 변두리에 비유하며 ‘가장자리’라고 기명하였다.

하지만 이에 반해『爆笑』는 직접적이다. 상기 두 예와 비교하면,「男人的謊言」과「一家之主」에는「막말자」와「가장자리」가 가진 함의가 없다. 기타 제목들도 이와 마찬가지인데, 그 결과 시청자는 제목을 통해 ‘뭘까?’를 상기하기보다 ‘그거 아닐까?’란 가정을 먼저 하게끔 유도된다. 그러므로『爆笑』의 코너명은 제목을 통해 내용을 바로 짐작케 하는 기능을 한다고 볼 수 있다. 이 같은 양자 간의 차이는, 앞서 첫 번째 차이에서와 같이 제목에서부터 코너의 내용을 드러냄으로써 즉 ‘설명’해줌으로써 생소함의 완화와 이해의 보조라는 두 가지 이점을 염두에 둔 것이라고 해석할 수 있다.

셋째, 광고의 차이를 들 수 있다. 중국의 광고 방식은 한국의 광고 방식과 다르다. 드라마의 경우 가장 절정에 달할 때 광고방송으로 넘어간다. 즉 중간 광고가 허용된다. 반면에 한국은 중간 광고가 없다. 협찬을 했을 경우라도 시청을 흐름을 방해하지 않는 선에서 간접적으로 광고 효과를 유도한다. 분석 자료는 YouTube를 통해 입수한 것이므로 실제 방영 시 중간 광고가 있었는지에 대해서는 확인이 불가하다. 다만 직접광고가 극 중에서 확연하게 눈에 띄는 점은 한국과 큰 대조를 보인다.

(5) 2015년 1월 24일 분 「我們分手吧」
女主角: 誒, 你甚麼時候換的手機, 甚麼牌子啊?
男主角: OO啊。
嘉　賓: 甚麼?
服務員: 你們是耳背, 是不是? 就是OO。

예(5)를 보면, 극 속의 연기자 모두가 『爆笑』의 스폰서인 OO핸드폰을 광고하고 있음을 볼 수 있다. 뿐만 아니다. 2015년 2월 14일 분 「心聲」에서는 기내 신(scene)에서 OO항공사 로고의 담요가 전면에 보이도록 연기자가 신경쓰는 모습을 볼 수 있다. 또한 『개그』의 「막말자」는 주인공이 여성 경호원들의 엄호를 받고 들어오며 극이 시작되지만 『爆笑』의 「男人的謊言」은 매 회마다 고정게스트의 짧은 (PR)공연으로 극이 시작된다.

이와 같은 차이점들은 웃음이란 극 본연의 내용을 떠나 '동일한 프로그램'이라도 어디에서 생산되는가에 따라 여러 요인들이 여과, 부가, 변용된다는 것을 보여준다. 아래는 『爆笑』의 여러 코너들을 살펴봄으로써 그 속에 내재된 한국적 요소들과 중국적 요소들을 각각 나누어 살펴본다. 먼저, 『爆笑』란 포맷에 반영된 한국적 요소들이다.

3.2. 『GAG生活大爆笑』속의 한국

3.2.1. 언어적 요소

『爆笑』의 코너에서는 의외로 한국어가 직접 발화되곤 한다. 예는 다음과 같다.

(6) 2015년 2월 28일 분 「大家來找茬」
大許: <u>오빠</u>, 這裏好黑, 我好害怕, 咱們走吧。
小蔡: 別怕, 有<u>오빠</u>保護你。

예(6)은 '귀신의 집' 같은 공포체험 공간을 가정하고 두 남자 배우가 남녀 역할을 맡아 연기하는 장면이다. 이 과정에서 연기자들은 "오빠"를 직접 발화하며 호칭과 지칭으로 사용하는데 자막은 "哥哥"이다. 하지만 2015년 2월 28일 분 「我們分手吧」에서는 여배우가 "오빠"라고 하고 자막도 "歐巴"로 표시된다.

(7) 2015년 2월 28일 분 「心聲」
嚴豐: 哎呦, 我當然知道你剛離婚了。我今天就衝你來的。You are my destiny- 사랑해요. 歐, 洗髮水的味道, 還是那麼香香的。

예(7)은 동창회 모임에서 막 이혼한 여자 동창에게 흑심을 품고 속내를 드러내는 남자 연기자의 대사이다. 중간에 노래도 부르는데 "You are my destiny"는『별에서 온 그대』의 OST 중 한 소절이며 그에 이어 "사랑해요"란 말을 한다. 하지만 자막에는 이 두 부분이 처리되지 않는다.

(8) 2015년 2월 28일 분 「白領神曲」
胡與之: 周媛媛你到前面來, 再做一遍。
周媛媛: 一加一是귀요미, 二加二是귀요미……

예(8)은 비틀즈의 「let it be」란 노래운율에 맞춰 직장인의 삶을 노래하는 코너의 일부이다. 귀여움이 여자의 무기란 말을 들었다며 직장에서 귀여운 척을 하다 상사(胡與之)로부터 혼나고 다시 해보란 말에 「귀요미 송」을 노래한다. 여기서 "귀요미"는 한국어이지만 자막은 "小可愛"로 표시된다.

영어로는 통하지 않는 말이지만 이미 한국어 속에서 '힘내'라는 뜻으로 고착화된 '화이팅'도 눈에 띈다.

(9) 2015년 2월 21일 분「收視率帝王」
陳雪棟: 哦, 沒關係的。我們一起加油。화이팅。
朱赤丹: 화이팅。

예(9)는 동창 모임에서 임신 얘기를 주고 받으며 나누는 대화인데 같이 노력하자며 함께 "화이팅(fighting)"을 외친다. 자막은 "FIGHTING(加油)"로 표시된다.

나아가 말은 중국어이지만 한국인들의 술자리 문화를 내보이는 예도 있다.

(10) 2015년 2월 21일 분「白領神曲」
胡與之: 好久沒唱卡拉OK, 今天眞的很痛快, 換個地方再喝一杯, 不醉不歸。

예(10)은 예(8)과 같은 코너에서의 대사이다. 직장 상사 胡與之가 노래방("卡拉OK")에서 나와 2차로 한 잔 더 하자는 "換個地方再喝一杯"를 언급하고 있다. 한국에서는 장소를 바꾸어 가며 술을 마시는 것이 흔하다. 그래서 1차, 2차 등의 이름을 붙이는데, 특히 예(10)의 배경인, 직장의 회식자리라면 더욱 그런 경향을 띤다. 이는 식사와 술을 모두 한 자리에서 시작하고 마무리하는 중국의 음주문화와는 차이를 보이는데, 그런 점에서 상기 "換個地方再喝一杯"는 중국보다는 한국의 경향을 표현했다고 볼 수 있다.

상기와 같은 언어 사용은 비록 한 두 마디의 어휘나 간단한 문장에 그치지만, 그 사용 자체가 가진 함의는 자못 크다고 할 수 있다. 왜냐하면 수용되지 않을 것이란(또는 이해불가 할 것이란) 전제하에서는 비록 그것이 한 단어일지라도 사용될 가능성이 낮기 때문이다. 특히 방송이란 점을 고려할 때 설령 애드립이더라도 시청자가 수용가능한 범위 내에서의 애드립이라고 가정할 수 있고 또 그런 점에서 한국어의 사용이 연기자 개인의 선호에 기댔다기 보다 관객/시청자 다수의 이해를 전제한 행동이라고 볼 수 있다. 그러므로 이 같은 예의 출현은 이미 과거에 여러 한국 매체를 접한 (적어도)상해인들의 한국어 수용여력을 의미한다고도 해석 가능하다.

3.2.2. 비언어적 요소

두 가지 부분에서 관찰이 가능한데 하나는 음식 배달이란 행위이고 또 하나는 패러디란 극의 형식이다. 예를 살펴보자.

(11) 2015년 1월 31일 분 「不是故意的」
嚴棟瀚: 你們家有甚麼吃的嗎?
閆佩倫: 餓了? 我訂外賣了。

(12) 2015년 2월 14일 분 「好尷尬」
邊嘯: 我突然也餓了。生煎吃嗎?……太好了。誒, 給我送二兩生煎。油鹽醬醋都要。送到樓上502。麻煩你給我快點兒。

예(11)에서는 閆佩倫 집에 놀러간 嚴棟瀚가 먹을 것이 없는지를 묻자, 閆佩倫가 '그럴 줄 알고 이미 시켰지'라는 어기로 "我訂外賣了"를 말하고 있다. 예(12)는 邊嘯가 집으로 인사온 딸의 남자친구와 대면대면하게 있다가 어색함을 일소하기 위해 生煎을 시켜먹자며 전화를 걸어 주문 ㅡ "給我送二兩生煎" ㅡ 하는 장면이다.

불과 몇 년 전까지만 해도 중국에서 음식을 배달시켜 먹는다는 것은 쉽지 않은 일이었다. 대만도 음식을 배달해서 먹는 문화가 있고 한국은 배달 업체끼리 경쟁까지 붙을 정도니 말할 것도 없다. 하지만 중국은 배달보다 직접 가서 먹고 남는 것을 싸갖고 오는 '打包'의 경향이 더 짙었다고 할 수 있는데, 이젠 방송 매체에서도 하나의 상황으로 삽입될 정도로 '배달'이란 행위개념이 보급되었다고 할 수 있다. 이것을 좀 더 확대해서 보면 서비스 마인드의 변화와 그것의 광범위한 확산으로 해석할 수도 있을 것이다.

그 다음은 패러디이다.[15] 「慢鏡頭下的眞相」은 『개그』의 「초고속카메라」에 대응되는 코너다. 평범하게만 보고 넘겼던 일상의 단면에 우리가 의식하지 못하는 것들이 숨어있다는 메시지를 던지는 코너이다.

그런데 여기서 눈여겨 볼 것은, 첫째, 복장이다. 「초고속카메라」는 『스펀지』라는 프로그램의 실험장면을 패러디한 것이다. 『스펀지』에는 실험을 도와주는 '실험맨'이 등장하는데 때에 따라 눈을 제외한 모든 부분을 가린 실험복을 입거나(그림 1), 반대로, 흔히 쫄쫄이라고 하는 몸에 딱 붙는 옷에 민망함을 줄이기 위한 반바지를 입고 나온다(그림 2)[16]. 「慢鏡頭下的眞相/초고속카메라」에는 연기자가 후자의 복장을 하고 나오는데, 흰 쫄쫄이에 빨간 반바지는 착용은 여기서 비롯된다(그림 3).

그림 1.

그림 2.

그림 3.

둘째, 배경음악이다. 초고속카메라로 느리게 본다는 설정에 배경으로 흐르는 음악은 『스펀지』에서 '진짜' 초고속카메라로 우리가 인식하지 못한 현상을 보여줄 때 긴장감을 더하기 위해 사용된 것이다. 연원을 좀 더 찾아보자면, 그 음악은 한국 영화 『살인의 추억』의 OST 중 「faces」란 곡이다.[17] 그렇다면 『스펀지』의 배경음악도 「faces」가 가진 의미, 즉 '긴장감'을 자신의 프로그램으로 맥락화시킨 결과라고 할 수 있다.

이들을 보는 재미는 「초고속카메라」의 자체 내용에서 비롯되기도 하지만 『스펀지』를 차용해 온데서 비롯되기도 한다. 이재원(2006)은 이 같은 패러디에 대한 이해의 조건을 다음과 같이 언급하고 있다.

> "……패러디에 기댄 유머 텍스트를 이해하기 위해서 텍스트 수용자는 원텍스트에 대한 여러 가지 지식을 가지고 있어야만 한다. 즉, 패러디 텍스트의 텍스트 생산자는 원텍스트의 텍스트 수용자로서 과거에 존재했다. 따라서 그는 현재의 텍스트 생산자와 과거의 텍스트 수용자의 역할을 동시에 하고 있는 셈이다. 그런데 현실의 텍스트 수용자는 이러한 두 가지 소통에 대해서 다 알고 있어야 한다."(p.127)

이런 점에서 「초고속카메라」에 대한 한국인의 웃음은 「慢鏡頭下的眞相」에 대한 중국인의 웃음과 질적인 면에서 차이가 발생할 수 있다. 「초고속카메라」에 대한 웃음은 1차적으로 『스펀지』의 「실험」과 부조화를 이룬데서, 그리고 2차적으로는 「초고속카메라」 내의 설정 간 부조화로 인해 발생된 것이지만 「慢鏡頭下的眞相」에 대한 웃음은 상기 1차적인 부조화가 소거된 채 2차적인 부조화에 의해서만 유발된 것이기 때문이다. 이 점은, 역으로, 한국인이 중국인들의 프로그램을 접할 때도 동일하게 적용될 수 있음을 시사한다.

3.3. 『GAG生活大爆笑』속의 중국

3.3.1. 언어적 요소

비록 프로그램이 오랜 기간 방영되지는 않았지만 방영기간 안에 중국의 최대 명절인 春節가 있었다는 것은 교육의 자료로서는 상당히 큰 가치를 지닌다. 특히 언어적으로는, 명절 인사와 명절 행사의 다양함을 확인할 수 있는 기회이다. 아래 예를 살펴보자.

(13) 2015년 2월 28일 분 「一家之主」

①秦　綱: 大家都在啊。<u>祝大家新年快樂</u>。

……

秦　綱: 有沒有一百塊。

韓　樂: 啊有有有。

②秦　綱: 來, 拿過來。過年了, 大哥給你包個紅包。新年快樂。

……

③岳　超: 喲, 都在的。過年好。

……

④范湉湉: 甚麼? 他給你一個紅包?

秦　綱: 大紅包。

范湉湉: 媽, 應該的。這也是我, 跟你女婿的一點小小心意嘛。

……

⑤秦　綱: 叔叔給過壓歲錢了。在你爸那兒。

……

王　翔: 這個, 哈哈哈, 過年嘛, 對吧。在哪裡不是過呢。

⑥秦　綱: 哎, 對呀。大哥。到我們家來吃年夜飯。

……

韓　樂: 就是嘛。

⑦范湉湉: 過年嘞。吃餃子嘞。

⑧岳　超: 放鞭炮咯。

秦　綱: 祝大家,

⑨大　家: 新年快樂。洋洋得意。羊年喜洋洋。

예(13)은 이웃 간 남자들끼리 아파트 베란다에서 만나 이야기를 나눈다는 설정이다. 『개그』의 「가장자리」란 코너와 대응되는데, 상당히 생경하게 다가왔던 점은 코너의 처음과 끝을 모두 관객/시청자를 향한 새해인사로 시작하고 끝낸다는 것이다. 예(13)에서 秦綱이 한 ① "大家都在啊。祝大家新年快樂"와 출연자들이 모두 모여 한 ⑨ "新年快樂。洋洋得意。羊年喜洋洋"은 모두 관객/시청자를 향해 있다(그림 4). 새해 특집이라면 특별 게스트가 나와 즐거움을 배가시키는 한국의 『개그』와는

그림 4.

사뭇 다르다.

예(13)에는 신년마다 할 수 있는 인사 — "新年快樂"(①, ②, ⑨), "過年好"(③) — 와 양의 해라서 할 수 있는 인사 — "洋洋得意。羊年喜洋洋"(⑨) — 가 있다. 또한 신년마다 주고 받는 "紅包"(②)나 (좀 더 구체적인)"壓歲錢"(⑤)도 출현한다. 멀리 떨어져 있어 은행이나 우체국을 통해 부치는 돈도 새해라면 "紅包"(④)라고 할 수도 있다. 뿐만 아니다. 신년이면 행하는 행위들이 언어로 표현된다. 가족친지 모두 모여 "吃年夜飯"(⑥)과 "吃餃子"(⑦)를 하고 "放鞭炮"(⑧)를 한다. 물론 앞서 나온 "給紅包" 역시 그 중 하나에 속한다. 『개그』의 「가장자리」와 동일한 포맷을 갖지만, 그래서 중국의 『개그』쯤으로 치부할 수도 있으나, 교육적 관점에서는 「一家之主」를 통해 중국의 '신년'을 공유할 수 있다.[18]

신년 인사는 이에 그치지 않는다. 「리얼리T」에 대응되는 「大家來找茬」에서도 상기 「一家之主」처럼 새해인사로 코너를 시작한다.

(14) 2015년 2월 28일 분 「大家來找茬」
蔡佩池: 在這裏, 我們給您,
大　家: 拜年了。
許棕哲: 在新的一年裡, 我們倆祝大家, 一帆風順,
蔡佩池: 二龍戲珠,
許棕哲: 三陽開泰,
蔡佩池: 五福臨門,
許棕哲: 六六大順,
蔡佩池: 七星高照,
許棕哲: 八仙過海,
蔡佩池: 九九同心,
許棕哲: 十全十美,
蔡佩池: 百事順心,
大　家: 萬事如意。

예(14)에서는, 다양한 축원의 표현 외에도, 언어적인 면에서 두 가지를 더 논할 수 있다. 첫째, 인사의 방식이다. 예(13)처럼 직접 "新年快樂"라고 할 수도 있지만 예를 갖춰 "給您拜年了"라고 할 수도 있다는 것이다. 둘째, 수와 금기이다. 축원이 수와 관련하여 '一'에서부터 '萬'까지 이어지는 것을 볼 수 있다. 그리고 그에 맞게 뜻이 연결되어 있는 것을 볼 수 있다. 더불어 해음(諧音)현상도 볼 수 있는데, '六'와 '流', '九'와 '久'가 그것이다. 이 같이 길함을 향한 해음은 돈과 관련될 때 더욱 두드러진다.

(15) 2015년 2월 28일 분「定義專家」

余博文: 來來來來來。這是今年的壓歲錢。拿著拿著。給孩子。

金 岩: 憑我的經驗, 都不用看啊。一摸就知道。不多不少, 正好八張。他給我八張, 嘿嘿, 我就還八張。來, 拿著。

예(15)는 새해 "壓歲錢"으로 얼마를 주어야 할까에 대해 '定義專家'인 金岩이 '받은 만큼 주라'는 "後給"란 대안을 내며 余博文과 펼친 상황극의 일부이다. 金岩은 余博文으로부터 받은 "壓歲錢"이 얼마인지 보지도 않고 안다며 "不多不少"라고 하는데 그 수가 바로 "八(張)"이다. 임의의 숫자(인 채하는) "八"는 그 뒤로 두 번 더 언급되는데, 이로부터 '八'과 관련한 중국인의 재물관을 엿볼 수 있다. 이와 반대로, 예(14)에서 보인 "四"의 부재는 '四'와 '死' 간의 해음(諧音) 관계와 그에 따른 중국인의 언어적 금기까지 함께 살펴볼 수 있는 예이다. 금기는 다음의 예에서도 볼 수 있다.

(16) 2015년 1월 28일 분「好尷尬」

邊 嘯: 明明把鐘搬走了, 怎麼還有鐘聲啊。

齊白雪: 那個-, 親家啊, 聽家明說你們家的鐘太響啊啦。我特意, 給你買了個靜音的-, 當生日禮物。

邊　嘯: 哈哈哈哈, 哎呀, 親家公, 你眞是太用心啦。
齊白雪: 哎呀 - , 你喜歡就好啊。
邊　嘯: 嗯, 沒地方放啊。
齊白雪: 呃, 就卦後面嘛。啊, 正對著, 風水好。
邊　嘯: 哦, 風水好?
齊白雪: 風水好。
邊　嘯: 風水好。
齊白雪: 過生日送鐘還說風水好。

예(16)는 딱히 할 말이 없을 때 시계 소리가 더 크게 들린다는 심리를 이용한 개그이다. 邊嘯는 딸의 아버지, 齊白雪는 딸 남자친구의 아버지로서 서로를 "親家公"이라고 칭한다. 邊嘯는 예(16)에 앞서 거실의 시계를 무대 뒤로 치우는데, 생일을 축하하러 온 齊白雪와 둘이만 있게 되자 여전히 시계 소리가 크게 들린다며 "明明把鐘搬走了, 怎麼還有鐘聲啊"라고 한다. 이 때 齊白雪가 아들("家明")의 말을 듣고 생일 선물로 사왔다며 조용한 초침 소리의 시계를 꺼낸다.

예(16)의 웃음에는 두 가지 원인이 겹쳐있다. 하나는 邊嘯의 기대와 齊白雪의 행위 간 부조화이다. 초침 소리가 듣기 싫다며 거실에서 시계를 치운 것은 邊嘯와 관객/시청자만 아는 사실이다. 그런데 이것을 모르는 齊白雪가 또 다시 새로운 시계를 邊嘯에게 주는 행위에서 웃음이 유발된다. 시계가 없으면 초침소리에 의한 어색함은 사라질 것이란 邊嘯의 기대와 부조화가 발생한 탓이다. 또 하나는 중국인의 금기와 齊白雪의 행위 간 부조화이다. '鐘'과 '終' 간의 해음관계로 인해 특히 집방문이나 개업 시에는 시계를 선물하지 않는다는, 금기에 대한 중국인들의 당연한 가정이 齊白雪의 '순수한 배려'와 부조화를 이루며 웃음이 유발된 것이다.

이와 같은 장면은 교육적인 면에서 특히 가치가 있다고 생각하는데, 그 이유는, 실제로 일어날 가능성이 없는 그래서 지식으로서만 알고 있어야 하는 행위를 직접 목격할 수 있기 때문이다. 즉, 사회에서는 용인되지 않는 행위가 개그라는 장르에서 아무렇지 않게 수행되면서 웃음을 통한 지식의 간접적인 체화가 가능하다.

다만 예(16)에 대한 한국인(학습자)의 웃음은 중국인들의 그것과 질적으로 다를 수 있다. 왜냐하면 '鐘'과 '終' 간의 해음과 그로 인한 행위 금기를 모를 경우, 한국인의 웃음은 상기 두 가지 부조화 중 전자에만 기댈 수 밖에 없기 때문이다. 그럴 경우, 이는 중국인들이 두 가지 부조화에 모두 기대어 또는 후자에 좀 더 기대어 웃는 것과 본질적인 차이가 발생한다. 이 같이 차이가 발생할 수 있는 가능성은『爆笑』로 중국의 광고가 패러디될 때 더욱 두드러진다.

(17) 2015년 1월 24일 분「大家來找茬」,『奶茶』의 '이상'
許棕哲: 哎, 你心跳得還**蠻**快的嘛。
蔡佩池: 噓, 這是一個, **不能說的秘密**。
許棕哲: 我, 是你的甚麼?
蔡佩池: 你是我的優優美。
許棕哲: 啊 - 。原來人家只是奶茶啊。

「大家來找茬」는 드라마나 광고 등에서 일상과 부조화를 이루는 '옥의 티'를 찾아내어("找茬") 웃음을 유발하는 개그이다.『개그』의「리얼리T」에 대응되는데, 예(17)은 예(18)을 패러디 한 이상적인 연인관계이다. 그런 다음 보이는 예(19)는 그에 상반된 현실적인 연인관계이다. 즉 '이상'과 '현실' 간의 불일치를 지적함으로써 웃음을 자아내는데, 관객/시청자는 '이상'(예(17))과 '현실'(예(19)) 간 부조화에서 더 나아가 '패러디된 이상'(예(18))을 공유할 때 의도된 웃음에 좀 더 다가갈 수 있다. 물론 그에 대한 이해 없이도 연기자들의 익살스런 말투와 몸짓에 웃을 수 있으나 그럴 경우 동일한 코너를 보면서도 상이한 요인에 기반한 웃음이 유발된다.

예(17)은 "OOO奶茶"라는 밀크티 광고(예(18))를 패러디 한 것이다. 연인이 그리울 때 밀크티를 마시며 "달콤함(香甜)"과 "따뜻함(溫暖)"을 느낀다는 컨셉으로서 周傑倫이 모델로 출연한다.

예(17)에서는 밑줄로 표시된 부분이 패러디의 핵심이다. 여자의 "我是你的甚麼?"란 질문에 남자가 "你是我的優優美"로 답하는데, '당신의 달콤함과 따뜻함에 늘 함께한다'는 의미를 여자는 '한 병의 밀크티처럼 큰 의미가 없어'란 의미로 받아들인다. 진심을 표현한 남자와 그것을 읽지 못한 여자 간의 긴장이라고 볼 수 있다.

그런데 예(17)의 온전한 이해를 위해서는 한 가지를 더 알고 있어야 한다. 바로 음악이다. 패러디인 만큼 광고 원안의 음악을 그대로 차용하는데, 이 곡은 周傑倫의 『不能說的 · 秘密』 OST 중 「小雨寫立可白I」에 가사를 붙인 「蒲公英的約定」이다. 영화에서는 진심을 드러낸 여자와 그것을 이해 못한 남자 간의 긴장이 이어지는데 이것은, 남녀 간의 긴장을 중심으로 봤을 때, 광고의 컨셉이 영화의 컨셉과 정반대로 전도되었음을 가리킨다. 예(17)의 (대만에서 주로 사용되는) 정도부사 "蠻"과 "不能說的秘密"는 바로 위와 같은 점을 바탕으로 패러디 과정에서 삽입된 것이다. 예(17)의 광고 원안인 예(18)을 살펴보자.

(18) 『OOO奶茶』 광고[19)]

周傑倫: 沒有妳的日子, 我迷上思念的滋味。空氣中瀰漫著OOO奶茶的香甜。

女演員: 原來我是奶茶啊。

周傑倫: 這樣, 我就可以把你捧在手心了。想起和你在一起的日子。手心裡捧著OOO奶茶的溫暖。

女演員: 永遠有多遠?

周傑倫: 感覺你就在我身邊。捧著我們的約定。等待妳的歸來。

女演員: 我是你的甚麼?
周傑倫: 你永遠是我的OOO。

웃음은, 예(17)과 (18)의 '이상'을 예(19)의 '현실'로 끌어내림으로써 발생한다. 현실에서는 '사랑한다'는 표현을 직접 들어야 하는 여자와 우회적으로 드러내는 남자만이 있을 뿐이고 더욱이 그것을 음료로써 표현할 경우 싸움밖에 일어나지 않는다는 것이다. '현실' 버전인 아래 예(19)를 살펴보자.

(19) 2015년 1월 24일 분「大家來找茬」,『奶茶』의 '현실'
許棕哲: 我, 是妳的甚麼?
蔡佩池: 你是我的優優美。
許棕哲: 啊 - 。把人家當成一次性飲料。準備喝完就丟掉嗎? 我問你最後一次, 哼, 你喜歡人家甚麼?
蔡佩池: 喜歡你優雅, 快樂, 又美麗。就像, 優優美奶茶。
許棕哲: 你就把我當成三塊五嗎?

예(17)~(19)는, 현실에서는 일어날 가능성이 없는 이상과 현실 간의 부조화를 제시함으로써 웃음을 유발한다. 하지만 그 부조화가 무엇에 기반한 것인가에 따라 웃음의 의미는 달라진다. 다시 말해, 예(17)에서 (19)로의 전환에 대해,『不能說的 · 秘密』까지 상기하며 웃는 웃음(1차적 웃음)과 예(18)의 광고에 토대하고 웃는 웃음(2차적 웃음), 배우의 익살스런 말과 행동에만 기대어 웃는 웃음(3차적 웃음)은 중국의 대중문화를 얼마만큼 공유하고 있는가에 따라 달라질 수 있다.

3.3.2. 비언어적 요소

무대공간을 통해 제시된 春節 때의 관습과 상황을 살펴보자. 2015년

2월 21일 분 프로그램의 시작은 모든 출연진들의 春節 축하공연으로 막을 연다. 이 때 볼 수 있는 무대 장치들을 보자.[20]

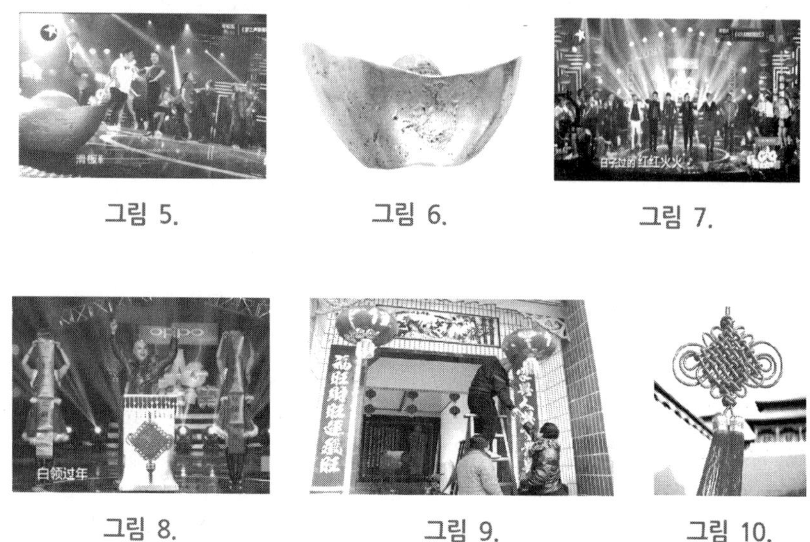

그림 5. 그림 6. 그림 7.

그림 8. 그림 9. 그림 10.

그림 5를 보면 유독 눈에 띄는 대상이 있는데 이른바 銀錠(그림 6)이라고 하는 은괴다. 銀錠은 과거 유물일 경우 상당히 높은 가치의 수장품으로서,[21] 또 민간에서는 재물, 번창, 성취 등 길함의 상징으로서 환영을 받고 있다.[22] 그리고 그림 7을 보면 무대 양 옆 두 줄로 길게 燈籠이 걸린 것을 볼 수 있다. 또 그림 8을 보면 打燈謎의 형식으로써 다음 코너를 소개하는데, 오른쪽 연기자가 "加班多睡眠少眼淚有點咸"를 펴쳐보이고 그 다음 왼쪽 연기자가 "幹一年苦一年年底不給錢"를 펴쳐보인다. 그러면 중간의 사회자가 "猜猜是甚麼謎底啊"라고 묻고 다음 코너 ― 「白領神曲」 ― 를 유도하며 자신도 "白領過年"을 들어보인다. 방식은 打燈謎의 방식이나 그것의 결과는 그림 9와 같이 春節마다 문 앞에 "∩"형으로 붙이는 春聯이

된다. 물론 그 내용은 春聯의 내용이 아니지만 그림 7과 8을 통해 그림 9와 같은 春節의 연례 가족 행사를 연상케 하기에는 충분하다. 더불어 그림 8의 탁자에 걸린 中國結(그림 10)까지 포함하여 이들 모두가 春節마다 행하는 기복(祈福)의 의식으로 이해가 가능하다. 이들 모두가 자신을 위한 기복행위라면 예(13)과 (14)는 타인을 위한 기복행위라고 할 수 있다. 다만 여기서 주목할 것은 한국과 다른 인사의 방식 — 拱手 — 이다.

그림 11.

그림 12.

그림 13.

그림 14.

그림 15.

한국에서는 고개를 숙이는 '鞠躬'과 절을 하는 '磕頭'로써 새해인사를 하지만 중국에서는 상기 그림들처럼 拱手로써 신년인사를 하는 것이 관례이다. 물론 그림 12처럼 鞠躬을 하지 않는 것은 아니나 관객/시청자들에게 인사하는 그림 13과 14의 예처럼 보통은 拱手로 하는 것이 관례라고 볼 수 있다. 다만 그림 15처럼 拱手에는 남녀 차이가 존재하는데 여성은 자신

의 오른손을 왼손 위로 두고 남성은 그와 반대로 둔다.[23]

더불어 그림 11에서 14까지 두드러지는 점 한 가지가 있다. 바로 색이다. 배경 뒤로 걸려 있는 燈籠, 그림 11과 12의 남자 목도리, 그림 13의 남자 상의는 모두 붉은 색이다. 그리고 그림 11의 맨 오른편 남자 상의는 자주색이고 그림 14의 여성 상의는 금색이다. 모두 길함이나 번창, 권력 등을 표하는 색으로서 소품들로부터 중국인들의 색상관을 읽을 수 있다. 색상의 측면에서 보면, 이처럼 민간의 기복의식에서 비롯된 것도 있지만 정치적인 일면에서 비롯된 것도 있다. 예를 들면 다음과 같다.

그림 16.

그림 17.

그림 16은 「大家來找茬」(2015년 2월 21일 분)의 광고패리디 장면이다. 초코파이 광고의 패러디인데, 같은 반 남자 아이의 장난으로 토라진 여자 아이가 초코파이를 매개로 다시 친해진다는 컨셉이다.[24] 그런데 여기서 눈에 띄는 것은 두 연기자의 목에 둘러진 붉은색 스카프(紅領巾)이다.

이 스카프는 中國少年先鋒隊(일명 少先隊)의 대원임을 상징하는데, 少先隊란 6세 이상 초등학생부터 가입할 수 있는 중국공산당의 어린이 조직으로서 임의적 가입이 아닌, 올바른 품행과 뛰어난 학업성적에 선생님의 추천을 받아야 가입이 가능하다.[25] 그렇다면, 그림 16의 紅領巾은 국가의 상(像)에 맞는 엘리트 초등학생을 상징한다. 하지만 패러디의 원안인 그림

17에는 그것이 중국 광고임에도 불구하고 紅領巾은 보이지 않는다. 이는 패러디 과정에서 붉은 색이 가진 정치색이 부여된 것으로 해석할 수 있을 것이다.

중국의 개그를 이해하려면 이처럼 정치적인 배경을 알아야 이해가능한 부분도 있다. 아래 그림 18과 19에서 배우들이 두른 수건에 주목해보자.

그림 18.

그림 19.

그림 20.[26)]

그림 18과 19는 「男人的謊言」의 한 장면으로 '남자가 남자의 비밀을 폭로한다'는 것이 주요내용이다. 상기 예에서는, 시청자가 전화를 걸어와 자신의 할아버지는 지금까지 거짓말을 한 적이 없다고 하자, 그렇다면 과거에는 남자들이 어떤 거짓말을 할 수 있었는지를 보여주는 장면이다. 그림 18과 19는 사연자의 할아버지와 할머니를 재연하는 상황이다. 먼저 상황극을 하기 전의 대사를 잠깐 보자.

(20) 2015년 2월 21일 분 「男人的謊言」
孫建弘: 是男人就一定有謊言。要不要我們來演示一下。
朱　琳: 好啊。
孫建弘: 看一下, 你爺爺當年是耍的甚麼花樣, 怎麼樣把你奶奶騙到手的。
朱　琳: 好。
孫建弘: 來。我化一下妝啊, 同志們。

예(20)에서 주목할 부분은 밑줄로 표시된 부분이다. 할아버지가 할머니와 어떻게 연애를 시작하게 되었을지를 시연해보자고 한 뒤 분장을 좀 하겠다 — "我化一下妝啊" — 며 사용한 호칭이 "同志們"이다. 이것은 극 중에서, 현재의 '사회주의 시장경제'에서 ("同志們"의 사용이 보편적이던)'사회주의 계획경제'로 상황을 전환한다는 일종의 예고표지로 이해할 수 있다. 그림 18과 19의 모습, 즉 머리 수건을 두른 모습은 "同志們"을 말한 직후 뒤돌아서 분장한 결과이다. 연기자들이 머리에 두른 수건은 그림 20에서도 볼 수 있듯, 과거 노동자들의 전형적인 상(像) 중 하나를 선택한 결과라고 볼 수 있다.

상황극에서 朱琳을 만난 孫建弘이 특별한 말을 못찾다가 내뱉은 첫 마디가 그림 18의 "勞動最光榮嘛"이다. 이에 朱琳 역시, 그림 19처럼, "對, 勞動最光榮"이라고 맞받아치며 주먹을 불끈 쥔다. 인사가 곧 구호 — "勞動最光榮" — 였을 계획경제 하의 가치관을 노동자 상과 결합시키며, '모두가 같이 일하고 같이 나누던 시기엔 거짓없이 순수했을 것'이라는 가정을 시 · 청각적으로 구현한 것이다. 그런데 이 같은 상황의 이해는 주요 관객인 '八/九零後' 세대에게도 역시 쉽게 와 닿진 않을 것으로 예상된다. 이에 孫建弘이 택한 전략은 '설명'이다. 앞뒤 대사를 좀 더 살펴보자.

(21) 2015년 2월 21일 분「男人的謊言」

孫建弘: (곡괭이질을 하며 뒤로 한 발짝씩 물러나다 朱琳과 부딪히자 얼굴을 소매로 연거푸 훔친다)(관중을 향해)看見沒有? 這是甚麼動作? 擦汗的動作。還沒有鋤三下就擦汗, 這就是謊言呢。顯得自己很勤勞我告訴你, 因為在當年吶, 有把子力氣的男人, 就是最好男人的標準。所以說就開始撒謊了。我們再往下看。(곡괭이질을 계속 이어간다)

孫建弘: 來咯。

朱　琳: 恩, 來了。

孫建弘: 我也來咯。……勞動最光榮嘛。

朱　琳: 對, 勞動最光榮。
孫建弘: 你種的甚麼啊?
朱　琳: 我種的豆。
孫建弘: 你種的豆啊。這麼巧啊。我也種的瓜唉。(관중을 향해)謊言嘛。

예(21)의 첫째 멘트와 마지막 멘트가 모두 관중을 향한 설명이다. 그리고 이 같은 설명으로써 상황을 인지시킨 뒤에 상기 가정 — '그 시절 사람들은 순수했을 것' — 과의 부조화를 유발한다. 예컨대, 상대는 콩을 심었고 자신은 오이를 심었지만 "這麼巧啊, 我也~"라며 우연의 일치를 강조하려 한 심리 표현이 그것이다. 있으면 있는 대로 느끼면 느끼는 대로 담백하게 표현할 것이라는 관객/시청자의 가정에 배치되는 발언이 부조화를 구성한다.

"勞動最光榮"은 현재도 여전히 유효하다. 다만 그것은, 초보적 관찰에 의하면, 시대의 변화에 따라 모두가 주창하던 '구호'에서 그동안 수고했음에 대한 '격려'로 말의 힘이 이동하였고 그 결과 그림 21처럼 5월 1일 노동절을 전후해서 제한적으로 출현하는 경향을 띤다.[27] 그리고 "勞動最光榮"이란 구호가 가진 말 힘의 변화는, 이제 '열심히 일하자'가 아닌 열심히 일했으니 이 기간엔 '놀자'란 의미로 재생산되어 그림 22와 같이 현세대들을 향한 마케팅에 이용되기도 한다.

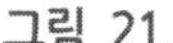
그림 21.

그림 22.

4. 결론과 제안

본 장에서는 교육이란 관점에서 실용의 가능성을 염두에 두고 『爆笑』의 언어, 비언어적 요소들을 고찰해보았다. 먼저 유머에 대한 여러 이론들을 간략하게 검토하였다. 그리고 『개그』와 『爆笑』를 비교한 뒤 『爆笑』에 수용된 한국적 요소와 『爆笑』에 맥락화된 중국적 요소들을 언어, 비언어적 요소로 나누어 분류, 분석하였다. 분석은, 양자 간의 '차이'에서부터 시작하여 『爆笑』 속에 한국적 요소들이 어떻게 반영되어 있는지 '침투'의 관점에서 살펴보았고 그 다음은, 반대로, 『爆笑』란 한국의 프로그램 포맷 속에 중국적 요소들이 어떻게 반영되었는지를 '토착'이란 관점에서 고찰해보았다.

끝으로, 지금까지의 분석결과를 토대로, 중국문화교육의 자료로서 중국으로 수출된 한국 방송매체의 시용(試用)을 제안하고자 한다. 그 중에서도 학습자들의 흥미를 부를 수 있는 『GAG生活大爆笑』의 시용을 제안한다. 이 같은 제안에는 물론 개그를 공부하자는 의미가 전혀 없다. 개그 프로그램은 대중매체를 이용해보자는 제안의 한 예일 뿐이다. 다만, 『GAG生活大爆笑』의 (역)도입 제안은 『개그콘서트』가 장수 프로그램으로서 현 학습자들에게 매우 익숙한 프로그램이고 본론에서 보았듯이 여러 관점의 이론들이 대입될 수 있으며, 무엇보다도, 『개그콘서트』와 동일한 포맷임에도 불구하고 중국으로의 맥락화 과정에서 이(異)문화를 수용하는 양상과 자(自)문화를 드러내는 양상을 함께 보여주고 있다는 데 기인한다.

특히 금기나 패러디의 예들로부터, 그들 문화에 대한 이해가 충분치 않을 경우 비록 표면적으로는 같은 웃음을 짓더라도 그 의미는 전혀 다를 수 있음을 보았다. 그런 의미에서 상대의 개그를 보고 이해했다는 말은 언어와 언어를 둘러싼 큰 의미로서의 맥락 — 문화 — 을 폭넓게 이해하고 있다는 말과 유사한 의미를 갖는다. 이 같은 이점을 잘 포착하여 중국문화교육으로 활용한다면 양국 간의 문화적 동질성과 차이점을 동시에 확인할 수 있고 그것을 확인해가는 과정에서 그들 문화에 대한 지식의 면도 넓어질 것이라고 생각한다. 그리고 점차 그 범위를 확대하여, 중국으로 수출된 다양한 한국 방송물을 분석하고 그것을 다시 교육으로 적용한다면 중국문화교육에 대한 흥미와 이해를 동시에 취할 수 있는 방안 중 하나가 될 것이라 생각한다.

제6장
중국어 수업에서의 음악: 周傑倫의 몇 곡*

1. 문제의 제기

본 장에서는 대만 가수 周傑倫 곡에 대한 분석을 토대로 중국어·문·문화 교육의 보조자료 다양화에 대중문화 소재가 어떻게 기여할 수 있을지를 검토해 보고자 한다. 우선 아래의 가사를 함께 살펴보자.

(1) 「愛在西元前」, 『范特西』(2001)[1)]

① 古巴比倫王頒布了漢摩拉比法典
刻在黑色的玄武岩 距今已經三千七百多年
妳在櫥窗前 凝視碑文的字眼
我卻在旁靜靜欣賞妳那張我深愛的臉

② 祭司 神殿 征戰 弓箭 是誰的從前

* 본 장은 『비교문화연구』 제46집(2017년 3월), pp.253~279에 「중국어교육의 보조자료 다양화를 위한 모색: 周杰倫의 몇 곡을 중심으로」란 제하로 게재된 원고를 수정한 것이다. 연구는 2017학년도 서울여자대학교 교내학술연구비의 지원을 받았다.

喜歡在人潮中妳只屬於我的那畫面
經過蘇美女神身邊 我以女神之名許願
思念像底格里斯河般的蔓延
③ 當古文明只剩下難解的語言
傳說就成了永垂不朽的詩篇
④ 我給妳的愛寫在西元前 深埋在美索不達米亞平原
幾十個世紀後出土發現 泥板上的字跡依然清晰可見
⑤ 我給妳的愛寫在西元前 深埋在美索不達米亞平原
用楔形文字刻下了永遠 那已風化千年的誓言
一切又重演

고대바빌론(古巴比倫), 함무라비법전(漢摩拉比法典), 수메르(蘇美), 티그리스강(底格里斯河), 메소포타미아평원(美索不達米亞平原). 상기 가사는 고대 이라크를 시대 배경으로 하고 있다. 전반부만 보면 역사를 전면에 내세운 곡이니 흡사 「한국을 빛낸 100명의 위인들」과 유사하지 않을까 생각했을지 모른다. 하지만 위의 가사는 사랑을 노래하고 있다. 화자인 "我"가 "妳"를 위한 "愛"를 기원전 1700여 년 전에 이미 쐐기문자(楔形文字)로 점토판(泥板)에 새겨 놓았던 것이라고 고백한다. 세계사 시간에나 언급될만한 어휘들이 전면에 나서지만 정작 그 속에서의 핵심은 사랑이다. 그리고 그럼에도 나름의 역사적 연보를 맞추고 있는 까닭에, 아래의 예처럼, 가수 본인의 의도와는 상관없이 교육적 기능까지 수행한다.

(2) 「國立臺東高中一百學年度第一學期高二體育班歷史科第一次期中考答案卷」[2)]

7. 周傑倫的「愛在西元前」歌詞中有一段是這樣寫的: 「……我給妳的愛寫在西元前, 深埋在美索不達米亞平原, 用楔形文字刻下了永遠, 那已風化千年的誓言, 一切又重演……」, 請問「用楔形文字刻下了永遠」的最有可能是下列哪一個民族?
(A)羅馬人 (B)波斯人 (C)埃及人 (D)蘇美人

물론 곡을 이해하는 데 있어서는 양국의 인적, 사회적, 문화적 맥락에 따라 와닿는 가사도 있고 그렇지 않은 가사도 있을 것이다. 그러나 감성이라는 막을 거두고 살펴보면 학습자들의 흥미를 불러일으키거나 학습한 지식을 응용케 한다는 측면에서 예(1)이 가진 보충자료로서의 가치는 한국인 학습자에게 유용할 수 있다.

예컨대, 예(1) 매 구절의 끝 자인 '典', '年', '眼', '臉', '前', '面', '願', '延', '言', '篇', '原', '見', '演'이 모두 ian으로 압운이 되어 있다. '願'과 '原'은 üan이지만 i와 ü가 평순과 원순의 관계에 있다는 점에서 상기 가사는 일관된 압운의 형식을 보여준다. 또한 ④와 ⑤는 반복되는 후렴구로서 곡의 끝까지 총 3번이 반복되는데, ④의 '前ián'—'原üán'—'現iàn'—'見iàn', ⑤의 '前ián'—'原üán'—'遠üǎn'—('言ián')—'演iǎn'이 각각 "平—平—仄—仄", "平—平—仄—(平)—仄"으로서 동일한 평측의 패턴을 띠는 것도 흥미롭다.

이 같은 초보적 관찰은, 한편으로는 언어적 측면에서 또 한편으로는 문학적 측면에서 관련 지식과 관련하여 학습자들의 흥미를 돋울 수 있는 요소가 숨어있음을 보여준다. 뿐만 아니다. 쐐기문자(楔形文字)나 점토판(泥板)은 서사방식과 서사도구의 초기 형태라는 점에서 언어 일반의 지식 또는 문화를 학습하는데 있어서도 궁금증을 유발할 수 있다. 아래는 교육자료와의 연계성을 염두에 두고 周傑倫의 몇 곡을 어 · 문 · 문화적 관점에서 살펴보고자 한다.

논의에 앞서 두 가지를 언급하고자 한다. 먼저, 본 장의 논의는 교육을 위한 도구로서 周傑倫의 곡에 접근할 뿐 그 자체를 목적으로 하지 않는다. 외국어 · 문 · 문화 교육을 위한 자료의 효용성을 검토하기 위해 음악이 논의될 수는 있어도 음악을 알아야 하고 들어야 한다는 식의, 즉 음악 자체가 목적이라는 생각과는 거리가 멀다는 점을 앞서 밝혀둔다.

아울러, 아래 논의는 周傑倫 곡에서 보이는 여러 소재들이 어떻게 어·문·문화 교육의 보조자료로서 기능할 수 있을지에 대한 시론의 성격을 갖는다. 이에 내용의 기술도 어·문·문화 요소와의 연계성 고찰에 중점을 두고 진행될 것이며 곡이나 고대 문학 작품 본연의 분석이나 해석과는 거리가 있음을 밝혀둔다.

2. 분석의 자료

周傑倫의 곡 중 여기서 논의되는 대상은 총 10곡이다. 그 상세내용은 다음과 같다.3) 나열 순서는 앨범의 발표연도를 따랐다.

(3) 분석대상 상세

	곡명	앨범	연도	작사	작곡	편곡
1	蝸牛	FANTASY PLUS EP	2001	周傑倫	周傑倫	周傑倫
2	愛在西元前	范特西	2001	方文山	周傑倫	林邁可
3	上海一九四三	范特西	2001	方文山	周傑倫	林邁可
4	東風破	葉惠美	2003	方文山	周傑倫	林邁可
5	七里香	七里香	2004	方文山	周傑倫	鍾興民
6	髮如雪	11月的蕭邦	2005	方文山	周傑倫	林邁可
7	聽媽媽的話	依然范特西	2006	周傑倫	周傑倫	林邁可
8	菊花臺	依然范特西	2006	方文山	周傑倫	鍾興民
9	青花瓷	我很忙	2007	方文山	周傑倫	鍾興民
10	琴傷	驚嘆號	2011	方文山	周傑倫	黃雨勳

상기 곡을 분석의 자료로 선택한 이유는 모두가 중국 및 대만, 일본 등지의 어문 또는 외국어 교재에 수록되거나 정규교육 과정의 시험 문제 지문으로 사용된 바가 있기 때문이다. 여기서는 이러한 점을 상기 곡들이

교육적 측면에서 그만큼의 효용 가치가 있다는 것으로 생각하였다. 언론 및 출판사 등의 사이트를 통해 취합된 정보는 대략 다음과 같다.4)

(4) 교재 수록 및 문제 출제이력 상세

	곡명	연도	수록 및 출제이력
1	蝸牛	2014	中國小學三年級語文課教材
2	愛在西元前	2011	臺灣高中歷史科考題
3	上海一九四三	2009	臺灣臺北縣中小學韻文讀本補充教材
4	東風破	2007	日本『歌で覚える中国語』50
5	七里香	2007	日本『歌で覚える中国語』47
6	髮如雪	2007	日本『歌で覚える中国語』44
7	聽媽媽的話	2006	臺灣國立臺北教育大學附屬實驗國民小學一年級教材
8	菊花臺	2007	日本『歌で覚える中国語』
9	青花瓷	2009	北京大學/清華大學招生筆試考題
10	琴傷	2012	中國中學生讀本教材

이 같은 점은 외국어문으로서의 중국어문교육에도 몇 가지 생각할 점들을 던진다. 우선, 시중 출판 교재가 아닌 학교 교재의 경우, 중국어문 기초교육의 으뜸으로 여겨져 왔던 고대시가가 어떻게 그 자리의 일부를 대중가요 가사에 양보하게 되었는가를 생각해 볼 수 있다. 고대시가가 갖고 있는 어문 교육적 가치를 생각할 때 단순히 '흥미를 위해서'라고 하기에는 설명이 부족하다. 상기 곡이 고대시가를 대체할만한 특징, 예컨대 고대시가가 아니어도 운의 개념을 보여줄 수 있다거나 곡의 감흥이 고대 어느 시가와 맞닿아 있다거나 하는 특징을 갖고 있기 때문은 아닐까. 아니면, 국가가 요구하는 인간상을 고취한다거나 시간의 흐름 속에서도 지켜야할 유, 무형의 문화적 가치가 녹아있는 것은 아닐까.

이 같은 생각은 또한 한국의 중국어문교육으로 그것을 끌어온다면 곡의 어떤 점들이 수업에서 어떻게 활용될 수 있을까 라는 질문을 끌어낸다. 좀 더 구체적으로, 말의 축자적 의미만 알면 텍스트를 이해할 수 있는가, 텍스트를 이해하기 위해서는 무엇을 알아야 하는가 등의 문제가 그렇다.

또한 공통성과 다양성의 차원에서도 접근할 수 있다. 원어민들이 당연하게 생각하고 넘기는 것들이 왜 우리에겐 낯선가, 반대로, 중국의 것인데 우리에게 낯설지 않은 것은 무엇 때문인가. 나아가 실용과 실천의 차원에서도, 이 같은 질문들은 어느 수업에서 제기될 수 있는가, 그에 필요한 자료는 어떻게 가공되어 제시되어야 하는가 하는 문제가 제기될 수 있다.

상기 문제들은 우리에게 때론 어 · 문 · 문화 각 분야별 관점의 견지를 또 때론 어 · 문 · 문화 간 통합적 관점의 견지를 요구한다. 아래에서는 이러한 점을 염두에 두고 周傑倫 곡에 존재하는 어 · 문 · 문화별 특징과 그것이 자료로서 교육과 맺는 연계성을 중심으로 고찰해 보고자 한다.

3. 분석과 검토

3.1 운(韻)적 측면: 각운을 중심으로

먼저 「上海一九四三」을 살펴보자. 「上海一九四三」은 상기 곡들 중에서, 내용의 사(史)적 고증과 압운이 교재 집필자들의 눈에 띠어 곤곡 「牡丹亭」과 함께 대만의 운문 교재(韻文讀本) 내로 수록된 곡이다.[5] 어떤 특징을 갖고 있는지 아래의 예를 보자.

(5) 「上海一九四三」, 『范特西』(2001)

① 泛黃的春聯還殘留在牆上^{ang}　　依稀可見幾個字歲歲平安^{an}
在我沒回去過的老家米缸^{ang}　　爺爺用楷書寫一個滿^{an}

② 黃金葛爬滿了雕花的門窗^{uang}　　夕陽斜斜映在斑駁的磚牆^{iang}
鋪著櫸木板的屋內還瀰漫^{an}　　姥姥當年釀的豆瓣醬^{iang}

③ 我對著黑白照片開始想像^{iang} 爸和媽當年的模樣^{iang}
說著一口吳儂軟語的姑娘^{iang} 緩緩走過外灘^{an}

④ 消失的 舊時光^{uang} 一九四三^{an}
在回憶 的路上^{ang} 時間變好慢^{an}
老街坊^{ang} 小弄堂^{ang} 是屬於那年代白牆^{iang}黑瓦的淡淡的憂傷^{ang}

⑤ 消失的 舊時光^{uang} 一九四三^{an}
回頭看^{an} 的片段^{uan} 有一些風霜^{uang}
老唱盤^{an} 舊皮箱^{iang} 裝滿了明信片的鐵盒裡藏^{ang}著一片玫瑰花瓣^{an}

곡의 구조는 [①—②]—③—[④—⑤]의 형식을 띤다. 여기서 각괄호는 기본적으로 동일한 멜로디에 가사만 바뀐 것을 의미한다. 박자는 8분의 6박자로서 예(5)의 각 구절은 기본적으로 8분 음표 6박자 내에서 읊퍼지는 분량이다. 이에 ①의 네 구절은 아래와 같이 6박자로 구성된 8마디 분량과 기본적으로 일치한다.

(6)「上海一九四三」의 박자와 운의 구성: 예(5)의 ①[6]

6/8	♪	♪♪♪♪♪♪	♪♪♪♩ ♪	♪♪♪♪♪♪	♪♪♪♩
	泛	黃的春聯還殘	留在牆上 依	稀可見幾個字	歲歲平安
	♪	♪♪♪♪♪♪	♪♪♪♩ ♪	♪♪♪♪♪♪	♪♪♪♪♪
	在	我沒回去過的	老家米缸 爺	爺用楷書寫一	個滿 - - -

예(5)에서 반복되는 각운은 an, ang, iang, uang으로서 기본적으로 여섯 박자가 끝나는 곳에 위치해 있다. 그 중에서 an과 ang이 주요하며 개음 i와 u가 부가되는 형태를 띤다. 그 결과 운은 모두 주요모음 a로 귀결된다. 그런데 예(5)에서 볼 수 있듯, an, ang, iang, uang의 사용은 6박자가 끝나는 곳에만 존재하지 않는다. ④와 ⑤를 보면 "坊", "看", "盤", "牆", "藏"이 6박자의 중간 중간에도 출현한다. 박자에 맞추어 동일한 운이 사용되는

것은 물론 반드시 그 지점이 아니더라도 동일한 운을 최대한 이끌어내고 있는 것이다. 이를 평측(平仄)의 시각에서도 볼 수 있을 것이다.

(7) 「上海一九四三」과 平仄

① 一上(측), 一安(평), 一缸(평), 一滿(측)
② 一窗(평), 一牆(평), 一漫(측), 一醬(측)
③ 一像(측), 一樣(측), 一娘(평), 一灘(평)
④ 一的(측), 一光(평), 一三(평), 一憶(측),
一上(측), 一慢(측), 一坊(평), 一堂(평), 一傷(평)
⑤ 一的(측), 一光(평), 一三(평), 一看(측),
一段(측), 一霜(평), 一盤(평), 一箱(평), 一瓣(측)

물론 시대 변화에 따른 어음의 변화로 인해 고대 시가를 분석할 때의 규칙으로써 평측 개념을 논하기란 불가능할 것이다. 다만 平과 仄이 각각 음높이 변화의 유무에 따라 평평함과 기복이란 특징으로 규정되고 음길이의 길고 짧음이란 상대적 특징으로도 분류될 수 있다는 점에서(王力 2002, p.3) 정(靜)과 동(動) 또는 이어짐과 끊어짐 등의 이미지로 확대시켜 볼 수도 있겠는데, 이때 곡의 흐름이 그것과 일정 정도 궤를 같이 함을 볼 수 있다. 앞서 제시한 [①—②]—③—[④—⑤] 구조를 곡 전체로 확장시킨 뒤 각 구간 경계에 예(7)의 평 · 측을 대응시켜보면 대략 다음과 같은 결과를 얻을 수 있다.

(8) 「上海一九四三」의 平仄 간의 대응

[①—②]	—③—	[④—⑤]	[②]	—③—	[④—⑤]
[仄—仄]	—平—	[平—仄]	[仄]	—平—	[平—仄]
	1부			2부	

전체적으로 볼 때, 동일한 멜로디가 끝나는 ②의 끝은 仄으로 끝난다.

그리고 후렴구로 이어지는 ③은 平으로 끝이 난다. 그리고 마지막은 다시 仄으로 끝난다. 즉 [①—②]와 [④—⑤]를 이어주는 ③은 平으로 끝을 맺고 [—②]와 [—⑤]처럼 구간 반복이나 전체 반복의 종료, 즉 단락을 짓는 부분은 모두 仄으로 끝을 맺고 있다. 이 같은 패턴은 ①이 삭제된 2부에서 더욱 두드러지는데, '[②仄]—③平—[④平—⑤仄]'의 구성으로서 이어짐을 알리는 부분(③과 ④)은 모두 平으로, 매듭짓는 부분(②와 ⑤)은 모두 仄으로 끝나고 있다.

그렇다면 랩이 들어가는 곡은 어떨까? 상기 곡 중에서 랩이 주를 이루는 「聽媽媽的話」를 보자. 「上海一九四三」은 가사가 음표와 호응을 이루는 형식이었다. 그에 반해 「聽媽媽的話」는 일정한 코드 패턴을 배경으로 나름의 리듬에 맞춰 전개되는 화자의 이야기 — 랩 — 가 주를 이룬다. 그리고 음표와 호응을 이루는 노래부분(예(9)의 ④)이 세 곳에서 동일하게 반복되며 곡의 내용 전개를 구분한다.

(9) 「聽媽媽的話」, 『依然范特西』(2006)

① 小朋友[ou]　你是否有很多問號[ao]
為什麼[e]　別人在那看漫畫[ua]　我卻在學畫畫[ua]　對著鋼琴說話[ua]
別人在玩遊戲[i]　我卻靠[ao]在牆壁背我的ABC[i]

② 我說我要iao一台大大的飛機[i]　但卻得到[ao]一台舊舊錄音機[i]
為什麼要[iao]聽媽媽的話[ua]　長大後你就會[uei]開始懂了這段話[ua]

③ 長大後我開始明白[ai]
為什麼我[uo]跑得比別人快[uai]　飛得比別人高[ao]
將來大家看的都是[i]　我畫的漫畫[ua]　大家唱的都是[i]　我寫的歌[e]
媽媽的辛苦[u]　不讓你看見[ian]　溫暖的食譜[u]　在她心裡面[ian]
有空就多多握握她的手[ou]　把手牽著一起夢遊[ou]

④ 聽媽媽的話[ua]　別讓她受傷[ang]　想快快長大[a]　才能保護她[a]
美麗的白髮[a]　幸福中發芽[ia]　天使的魔法[a]　溫暖中慈祥[iang]

⑤ 在你的未來[ai]　音樂是你的王牌[ai]　拿王牌談個戀愛[ai]

唉!我不想把你教壞[uai]　還是聽媽媽的話吧[a]　晚點再戀愛吧[a]
我知道你未來的路[u]　但媽比我更清楚[u]

⑥ 你會開始學其他同學在書包寫東寫西[i]
但我建議最好寫媽媽我會用功讀書[u]
用功讀書[u]　怎麼會從我嘴巴說出[u]
不想你輸[u]　所以要叫你用功讀書[u]

⑦ 媽媽織給你的毛衣[i]　你要好好的收著[e]
因為母親節到時[i]　我要告訴她我還留著[e]
對了[e]　我會遇到周潤發[a]
所以你可以跟同學炫耀[iao]　賭神未來是你爸爸[a]

⑧ 我找不到童年寫的情書[u]　你寫完不要送人[en]
因為過兩天你會在操場上撿到[ao]
你會開始喜歡上流行歌[e]　因為張學友開始準備唱吻別[ie]

④ 聽媽媽的話[ua]　別讓她受傷[ang]　想快快長大[a]　才能保護她[a]
美麗的白髮[a]　幸福中發芽[ia]　天使的魔法[a]　溫暖中慈祥[iang]

예(9)를 보면 a, ai, ao, iao, ua, uai, ang, ian, iang 의 출현빈도가 가장 많으므로 a를 중심으로 한 운의 정형을 시도했다고 볼 수 있다. 하지만 i, u, e, en, ie 등도 군데군데 출현하고 있어, 상대적으로 볼 때, 예(5)와 같이 뚜렷한 패턴을 띠고 있다고는 볼 수 없다. 하지만 예(9)의 형식이 예(5)에 비해서 서술의 자유성을 띠는 만큼, 운의 전체 패턴을 고려하지 않은 대신, 특정 운을 특정 메시지와 연계시키는 시도를 하고 있다는 점은 눈여겨 볼만하다.

a운이 주를 이루는 속에서 u운의 잦은 출현에 주목해보자. 예(9)에서 u로 끝나는 자를 모아 보면, (辛)苦, (食)譜, (的)路, (清)楚, 讀書, (說)出, (你)輸이다. 주로 ③, ⑤, ⑥에 집중해 있는데, 이들 모두는 周傑倫의 어머니가 과거 周傑倫에게 했던 말을 직접인용의 형식으로 읊는 ⑤를 전후해서 분포되어 있다는 특징을 갖는다. 이 같은 점을 상기 u로 끝나는 어휘들

의 의미와 연계시켜보면 모두가 어머니의 걱정, 보살핌, 잔소리, 조언과 직접적으로 관련되어 있음을 볼 수 있다. 그리고 이것은 좀 더 상위 층차의 메시지인 제목 — "聽媽媽的話" — 과 직접적으로 호응한다.

周傑倫 곡의 압운에는 또 한 가지 특징이 두드러진다. 바로 압운이 되는 운이 대체로 제목의 운을 따라간다는 것이다. 예컨대, 「愛在西元前」에서는 각운이 주로 (i/ü)an으로, 「上海一九四三」에서는 (i/u)an(g)으로, 「東風破」에서는 (u)o(u) 또는 o의 평순인 e로, 「髮如雪」에서는 (i/ü/u)e(i)로, 「琴傷」에서는 (i/u)an(g)으로서 모두가 제목 끝 자의 운과 주요모음 면에서 호응을 이루고 있다. 그리고 그들 중에 존재하는 차이는 주로 개음이 부가된 형태이거나 「愛在西元前」의 'ian—üan', 「東風破」의 'o—e'처럼 기타 조건이 동일한 상태에서 '평순—원순'의 대립을 보이는 경우이다.

논의를 정리하면, 첫째, 악곡이 갖는 멜로디의 '반복'과 리듬의 '반복'에 언어가 가진 운의 '반복'이 결합됨으로써 곡의 음악성 제고에 언어 역시 일조를 한다. 둘째, 특정 운의 반복적인 사용이 곡의 메시지, 즉 누가 누구에게 말하고 있는가 그리고 누구의 말을 하고 있는가를 부각시키고 궁극적으로는 곡 전체의 메시지를 부각시키는 데도 기여한다.

3.2 사(詞)적 측면: 고대 시가와의 연계성을 중심으로

周傑倫의 곡들은 중국의 고전, 그 중에서도 특히 시가들과 연계성이 많아 보인다. 이는 작사가인 方文山 스스로도 자신의 표현양식을 '素顏韻腳詩'라고 규정하며 한어로써 드러낼 수 있는 것들을 있는 그대로 표현하려는 경향과 맥을 같이 한다(劉炯朗 2011, p.123).[7] 이에, 현대 한어에서는 용례가 적지만, 곡 속의 어휘들을 원류적 관점에서 관찰해보면 고전 시가 속에서도 발견되는 예들이 적지 않다. 아래는 중국 고전문헌 코퍼스인 『中國哲學書電子化計劃』와 『漢籍電子文獻資料庫』, 『讀古詩詞網』 등을 위주로 예를 검색하고, 온·오프라인 상의 공구서인『辭源』,『漢典』등을 위주로 정의를 검색하면서 고전시가와「髮如雪」,「菊花臺」,「青花瓷」의 어휘들을 관련지어 살펴본 몇몇 예들이다.

(10) 先秦兩漢

① 伊人: 그/이 사람

「髮如雪」: 狼牙月 伊人憔悴

(그믐달 아래 그 사람 초췌해 보여)

⇒『詩經』「秦風·蒹葭」: 所謂伊人, 在水一方

(그 사람은 물가 한 켠에 있네)

② 夜未央: 밤이 다하지 않다

「菊花臺」: 北風亂 夜未央

(북풍은 어지러이 불고 밤은 아직 다하지 않았으니)

⇒『詩經』「小雅·庭燎」: 夜如何其? 夜未央

(밤은 어찌 되었나요? 밤은 아직 다하지 않았으니)

③ 惆悵: 실의에 상심하다

「菊花臺」: 一夜惆悵 如此委婉

(온 밤 실의에 상심하니 이처럼 완곡하게)

⇒『楚辭』「九辯」: 惆悵兮, 而私自憐

(슬프구나, 내 스스로를 가엾이 여김이)

(11) 魏晉南北朝

① 斷腸: 깊은 그리움에 슬퍼하다

「菊花臺」: 花落人斷腸 我心事靜靜躺

(꽃이 지니 그리움에 마음도 슬퍼 내 시름은 조용히 누그러지고)

⇒ 曹丕,「燕歌行」: 念君客遊思斷腸,

(당신이 멀리 떠난 것을 생각하니 그리움에 슬퍼지네)

(12) 唐

① 紅顏: 아름다운 모습

「菊花臺」: 妳鎖眉 哭紅顏喚不回

(당신이 찌푸려도 울어도 아름답던 모습은 불러올 수 없으니)

⇒ 李白, 「長幹行二首」: 感此傷妾心, 坐愁紅顔老

(이를 느낌에 내 마음 아프고 시름으로 아름답던 모습도 쇠해가요)

② 青史: 역사책[8)]

「菊花臺」: 縱然青史已經成灰 我愛不滅

(역사책이 재가 되었다고 해도 내 사랑은 소멸되지 않을테니)

⇒ 岑參, 「輪臺歌奉送封大夫出師西征」: 古來青史誰不見

(예부터 전해온 역사책에 누구인지 보지 못했으니)

③ 邀明月: 밝은 달을 부르다

「髮如雪」: 邀明月 讓回憶皎潔

(밝은 달 불러 기억을 되비추니)

⇒ 李白, 「月下獨酌」: 舉杯邀明月, 對影成三人。

(잔을 들고 밝은 달 불러오니 그림자를 대하며 셋을 이루었네)

④ 菊花残: 국화가 시들다.

「菊花臺」: 菊花殘 滿地傷 你的笑容已泛黃

(국화가 시들어 천지가 상흔이니 당신의 웃음도 빛을 바랬군요)

⇒ 李煜, 「長相思」: 菊花開, 菊花殘。塞雁高飛人未還,

(국화 피고 국화 다시 지는데. 변방의 기러기 높이 날지만 사람은 아직 돌아오지 않으니)

⑤ 向晚: 해질 무렵

「菊花臺」: 花已向晚 飄落了燦爛

(꽃은 이미 저녁 무렵이 되어 그 찬란함을 가벼이 떨어뜨렸네)

⇒ 張籍, 「猛虎行」: 向晚一身當道食, 山中麋鹿盡無聲

(저녁 되어 홀로 식사하러 가는 길 산 중에는 고라니와 사슴도 아무 소리 없네)

⑥ 凋謝: 쇠하다, 시들다, 노쇠하다

「菊花臺」: 凋謝的世道上 命運不堪

(노쇠한 세상살이에서 운명을 견딜 수 없으니)

⇒ 韓愈, 「寄崔二十六立之」: 朋交日凋謝, 存者逐利移

(친구 간의 사귐은 날로 적어가고 남아있는 친구들은 점차 장점을 취하며 변해가네)

⑦ 煙雨: 안개비

「青花瓷」: 天青色等煙雨 而我在等妳
(푸른 하늘이 안개비를 기다리듯 나는 당신을 기다려요)
⇒ 杜牧, 「江南春絕句」: 南朝四百八十寺, 多少樓臺煙雨中
(남조 사백 팔십 곳의 절과 수많은 망루가 안개비 속에 있다)

(13) 宋
① 紅塵: 날리는 흙먼지, 속세/인간사
「髮如雪」 紅塵醉 微醺的歲月
(세속에 취하고 술에 취한 세월)
⇒ 陸游, 「鷓鴣天」七之五: 插腳紅塵已是顛, 更求平地上青天
(세속에 발을 디뎌 뒹굴고 있어도 푸른 하늘로 날아오르길 더욱 바라네)
② 月彎彎: 달이 굽다, 굽은 달
「菊花臺」: 慘白的月彎彎 勾住過往
(창백하게 굽은 달 옛 왕래를 상기시키고)
⇒ 趙彥衛, 『雲麓漫鈔』: 月子彎彎照九州, 幾家歡樂幾家愁
(달은 굽어 전국을 비추니 얼마나 많은 집이 즐겁고 또 얼마나 많은 집이 근심에 쌓여있을까)
③ 炊煙: (취사 시 피어오르는) 연기
「青花瓷」: 炊煙裊裊昇起 隔江千萬里
(밥 짓는 연기 모락모락 강 건너 저 아득하네)
⇒ 黃庭堅, 「武昌松風閣詩」: 野僧早飢不能饘, 曉見寒谿有炊煙
(산 중 스님은 일찍부터 굶주려 죽조차 먹을 수 없는데, 새벽녘 추운 골짜기 밥 짓는 연기 나는 게 보이네)

상기 예시들을 보면, 周傑倫 곡에는 비단 현대에 사용되는 어휘들뿐만 아니라 고대 시가에 사용된 어휘들까지도 여럿 사용되고 있음을 볼 수 있다. 이는, 곡의 이해를 위해서는 경우에 따라 원류적 관점에서 어휘를 관찰하는 것도 유용함을 시사한다. 또한 그것을 고전 시가가 드러내고자 했던 시상(詩想)의 관찰로까지 확대시킬 경우 교육 자료로서의 가치가 더욱 풍부해질 수 있음을 뜻한다. 상기 周傑倫 곡 속의 어휘와 고대 시가 속 어휘 간의 의미를 비교해 보면 대략 아래와 같은 분류가 가능하다.

(14) 양자 간 어휘 의미 비교[9)]

伊人:	原 = 現	夜未央:	原 = 現
惆悵:	原 ≈ 現		
斷腸:	原 = 現		
紅顏:	原 = 現	青史:	原 = 現
邀明月:	原 = 現	菊花殘:	原 ≈ 現
向晚:	原 = 現	凋謝:	原 ≈ 現
煙雨:	原 = 現		
紅塵:	原 = 現	月彎彎:	原 ≈ 現
炊煙:	原 = 現		

그리고 일례로, 곡명 속의 어휘를 고대 시가와 관련지어 해석한다면 다음과 같을 수 있다. “髮如雪”는 「髮如雪」란 곡의 제목이자 곡 속 여인이 가진 이미지를 표현한다. 직역 시 ‘머리가 눈과 같다’는 의미를 갖는데, 이 때 “如雪”가 “髮”의 무엇을 형상화한 것인지가 모호하다.

劉炯朗(2011, p.134)은 작사가 方文山이 「髮如雪」란 곡에 앞서 “極東之地, 雪域有女, 聲媚, 膚白, 眸似月, 其髮如雪。(극동 땅 설원 지역에 한 여인이 있었으니 아름다운 목소리와 흰 피부, 달빛 눈동자에 머리 빛은 눈과 같았다)”란 문구를 앨범 속에 남겼다고 한다. 이에 의하면 “髮如雪”는 아름답고 신비로운 여인의 모습을 형상화한 것으로 이해된다. 이 같은 암시를 바탕으로 劉炯朗(2011, p.134)은 方文山의 “髮如雪”를 李白의 「將進酒」와 연관 짓는다 — “君不見高堂明鏡悲白髮 朝如青絲暮成雪(당신은 높은 가옥 밝은 거울 흰 머리로 슬퍼하는 모습을 보지 못했는가 아침엔 청사와 같다가 해질녘엔 눈 빛을 이루는 것을)”. 하지만 「將進酒」는 여인의 형상화가 아닌, 세월이 무상하니 "세상만사의 근심을 떨치고 좋은 벗과 함께 술 한 잔 마시며 인생의 흥을 즐겨 보자(김원중 2004, p.160)"하는 호방함을 그린 시라는 점에서 이견을 가질 수 있다.

다만, 어떠한 접근이든 양자 모두 "髮(如)雪"로써 세월의 흐름을 포착한다는 점에서 일치를 보인다. 이 같은 생각은 「髮如雪」 전반에 걸쳐 있는 윤회(輪迴) 사상에 연유하는데, 「髮如雪」의 전반에 출현하는 "前世", "塵埃", "輪迴", "愛不滅", "妳化身的碟" 등 생의 반복과 변화, 유한한 물질과 무한한 정신 등이 "髮如雪"에 맥락을 부여해주기 때문이다. 그 결과 곡 속의 가사 "髮如雪"가 출현하는 "妳髮如雪"란 구절은 '형용하기 힘든 당신의 아름다움' 자체일 수도, '그리움에 힘들어 한 결과 변한 당신의 모습'일 수도 있다. 그러한 모습은 그 뒤를 잇는 "淒美了離別(이별을 처량하고 아름답게 한다)"와도 이어질 수 있다.

곡 「菊花臺」에서의 "菊花"는 꽃이 아닐 수 있다. 「菊花臺」는 영화 『滿城盡帶黃金甲』의 OST이다. 그리고 영화 제목인 "滿城盡帶黃金甲"는 黃巢의 「不第後賦菊」란 시 중 "沖天香陣透長安, 滿城盡帶黃金甲(하늘을 찌를 듯 향기는 장안에 가득하고 온 도시는 꽃잎으로 가득하네)"란 구절에 출현한다. 여기서 "黃金甲"는 "국화의 노란 꽃잎을 전사들의 금색 투구와 갑옷에 비유한(李起敏 등 1999, p.176)" 것으로서, 영화(와 곡)는 이 점을 수용하여 전사들의 투구와 갑옷에 국화 빛을 투영시킨다.[10] 唐代의 시로부터 영화 제목이 직접 인용되고 다시 그로부터 곡의 제목이 응용되면서 전사의 투구와 갑옷은 국화로, 국화는 전사의 투구와 갑옷으로 비유된다. 이런 점에서 곡의 제목인 "菊花臺"는 전사가 내려다 볼 수 있는 대(臺) 또는 전사의 연인이 전사가 있는 전장을 내려다보는 대(臺)로 해석이 가능하다.[11]

이 같은 이해는 가사 속에 출현하는 "菊花殘"의 해석에도 맥락을 제공한다. 예(12)④의 李煜 시에서는 "菊花殘"이 "菊花開"와 댓구를 이루며 "塞雁高飛人未還"에 기대어 시간의 흐름을 의미하지만 「菊花臺」 속 "菊花殘"은 그 뒤를 잇는 가사 — "滿地傷 你的笑容已泛黃" — 와 연관지어 보았을 때 전사의 죽음을 상기시킨다. 형식의 차용이자 의미의 응용이라고 볼 수 있다.

논의를 정리하면, 첫째, 분석대상에는 고대 시가와 맥을 같이 하는 어휘들이 여럿 포함되어 있다. 둘째, 어휘의 사용에 있어 고전 시가와 의미를 같이 하는 것, 그와 유사한 것 등 운용의 묘를 다양하게 살리고 있다. 셋째, 이를 통해 대중들로 하여금 자신들도 의식하지 못하는 사이에 현대와 고대를 음악 속에서 함께 느끼도록 하는 효과를 가질 수 있다.

3.3 문화적 측면: 어휘의 사용을 중심으로

지금까지 교육의 보조자료로서 周傑倫의 곡을 언어적 측면과 문학적 측면에서 접근할 수 있는 가능성을 살펴보았다. 하지만 그 뿐만이 아니라 문화적 측면에서도 접근이 가능하다. 곡 자체는 문화를 설명하지 않는다. 다만, 곡에 쓰인 악기를 통해 또는 해당 민족 특유의 음악적 정서를 통해 문화가 드러난다. 그로써 외국어 학습자로 하여금 '우리와 다르다'는 느낌을 갖게 한다. 하지만 음악을 전공한 것이 아닌 이상 그것을 설명하기 어렵고 정서라면 해당 민족의 대중들 조차로 논리적으로 설명하기가 쉽지 않다.

다만, 곡 속의 한 자 한 자가 가사의 의미를 전달하는 데 최적화되어 있다는 점을 가정할 때, 곳곳에 출현하는 어휘들로부터 그것이 곡의 의미 전달에 어떠한 문화적 배경을 제공하는가를 생각해 볼 수는 있다. 이에 아래에서는 「上海一九四三」과 「青花瓷」를 중심으로 그 속에 출현하는 문화관련 어휘들을 살펴보고자 한다.

(15) 예술: 書

① 漢隸: 예서

「青花瓷」 在瓶底書漢隸 仿前朝的飄逸

② 楷書: 해서

「上海一九四三」 在我沒回去過的老家米缸 爺爺用楷書寫一個滿

③ 宋體: 송체

「青花瓷」 臨摹宋體落款時 卻惦記著妳

④ 落款: 낙관

「青花瓷」 臨摹宋體落款時 卻惦記著妳

(16) 예술: 畫

① 仕女圖: 미인도

「青花瓷」 釉色渲染仕女圖 韻味被私藏

② 山水畫: 산수화

「青花瓷」 在潑墨山水畫裡 妳從墨色深處被隱去

예(15)~(16)을 보면 周傑倫 곡에는, 앞 절에서 본 詩와 더불어, 書, 畫와 관련한 용어들도 다수 출현한다.12) 書와 관련해서는 隸變이라고 할 만큼 큰 변화를 겪으며 오늘날의 모습으로 한자가 정형화되기 시작한 "(漢)隸"도 출현하고, 그로부터 지금까지 사용되어온 "楷書"도 출현한다. 나아가, 비록 본 장에서의 고찰 대상은 아니나 「蘭亭序」란 곡에서의 "行書(蘭亭臨帖 行書如行雲流水)"까지 부가할 경우 書에 있어 광범위하게 사용되는 세 서체를 논할 수 있다. 이는 서사 체계란 관점에서의 논의에도 자료로서 기능할 수 있을 것이다.

더불어 「青花瓷」의 "臨摹宋體落款時 卻惦記著妳"에는 현재까지 인쇄체의 하나로서 사용되는 "宋體"와 작품을 마치며 제작자명 등을 적는 "落款", 그리고 체본(體本)을 옮긴다는 의미의 "臨摹"도 출현한다.13)

다음으로 畫를 보자. "仕女圖"는 "仕女" 자체만으로도 '미인도'로 풀이가 된다.[14] *Wikiwand*에는 "仕女畫"라는 표제어로 검색이 가능한데, 그에 따르면, 중국 전통 회화 중의 하나로서 원래는 사대부나 귀족 집안의 여인을 소재로 한 인물화를 가리키던 말이었으나 지칭대상이 변화하면서 미인도를 가리키게 되었다.[15]

(17) 예술: 瓷

① 青花瓷: 청화자기

② 素胚(초벌구이 한 백자기): 素胚勾勒出青花 筆鋒濃轉淡

③ 瓶身(자기 몸체): 瓶身描繪的牡丹 一如妳初妝

④ 釉色(유약의 색): 釉色渲染仕女圖 韻味被私藏

⑤ 瓶底(자기 바닥): 在瓶底書漢隸 仿前朝的飄逸

⑥ 窯燒(자기 가마): 妳隱藏在窯燒裡 千年的秘密

곡의 주제가 어떤 한 대상과 관련되어 있다면 그 대상과 관련한 여러 용어가 나올 것이라는 것은 쉽게 짐작이 가능하다. 「青花瓷」는, 비록 사랑을 노래하는 곡임에도, 제목 자체가 "青花瓷"라는 하나의 대상을 직접적으로 내보이는 탓에 예(17)의 "素胚", "瓶身", "釉色", "瓶底", "窯燒"과 같이 가사 곳곳에 그와 관련된 용어가 출현한다.

"青花瓷"는 하얀 "素胚"에 푸른색 꽃을 그린 데서 연유하는데, 원대로 들어오며 주제와 장식기법 등이 확대되면서 중국적 특징을 드러내는 채색자기로 오늘날까지 이어져 오고 있다(方李莉 2005[구선심 2008, pp.83~84]). 이 같은 점은 아래 예(18)과 같이 「青花瓷」가 2009년도 "北京大學/清華大學招生筆試考題" 등 중국의 중요 시험문제에 출제되는 계기를 제공한다.

(18) 2009년도 "北京大學/清華大學招生筆試考題"[16]

有道問題, 周傑倫『青花瓷』的歌詞'素胚勾勒出青花筆鋒濃轉淡, 瓶身描繪的牡丹一如妳初妝……'有甚麼語法錯誤。

상기 예로부터 우리는, 한편으로 중국에서는 교육을 통해 무엇을 중요시 하는지 또 한편으로는 사(史)적 토대를 둔 가사도 젊은이들 층에서 흡수, 유행될 수 있다는 점을 함께 엿볼 수 있다. 유사한 예는 아래에서도 볼 수 있다.

(19) 상징

① 牡丹: 모란
「青花瓷」 瓶身描繪的牡丹 一如妳初妝

② 錦鯉: 비단잉어
「青花瓷」 色白花青的錦鯉 躍然於碗底

③ 春聯: 춘련
「上海一九四三」 泛黃的春聯還殘留在牆上 依稀可見幾個字歲歲平安

④ 滿: 쌀독에 붙이는 상징 문자
「上海一九四三」 在我沒回去過的老家米缸 爺爺用楷書寫一個滿

⑤ 吳儂軟語: 오방언의 특징
「上海一九四三」 說著一口吳儂軟語的姑娘 緩緩走過外灘

"牡丹"은 예부터 "花后", "國色天香"이란 별칭으로 불리며 부귀와 행복 등을 상징해 온 꽃이다(常敬宇 1995, p.126). 그리고 그로 인해 고대 시가 속에서도 자주 언급되어왔다.[17)]

"牡丹"에 이어 「青花瓷」에는 "錦鯉"도 출현한다. "鯉"는 뛰어난 환경 적응력으로 인해 중국인들의 일상과 함께해 온 어종으로서 그 중 "錦鯉"는 색의 화려함으로 인해 관상용으로 애호된 동물이다.[18)] 현대에도 "鯉"는 중국인들에게 하나의 상징으로서 年畫 등에서 빈번히 출현하는데, 魚가 餘뿐만 아니라 玉와도 해음 관계를 갖고 鯉가 利와도 해음 관계를 갖기 때문이다(常敬宇 1995, pp.79~80).

중국의 새해 하면 떠올릴 수 있는 것으로서 年畫 외에 "春聯"과 "(倒)福" 등이 있다. 모두 기복(祈福)의 행위로 소급될 수 있는데, 「上海一九四三」에도 "滿"자와 관련한 기복 행위가 출현한다. 쌀독에 "滿"자를 붙여 놓음으로써 풍족하게 살 수 있기를 바라는 중국인들의 바람을 엿볼 수 있는데, "一九四三" 당시라면 지금보다 더 한 바람을 "滿"자에 담았으리라 생각해 볼 수 있다.

상해는 지역적으로 吳방언 지역에 속한다. 방언을 크게 북방방언과 남방방언으로 나눌 경우 중국인은 물론 외국인에게도 북방의 말은 큰 성량으로 거칠지만 남방의 말은 조곤조곤하고 부드럽다는 이미지로 다가온다. 그리고 그 중에는 吳방언에 대한 "吳儂軟語"처럼 하나의 성어(成語)로 굳어진 경우도 있다. '우아함', '부드러움', '고아함' 등을 특징으로 하며 예로부터 누려온 물질적 안정 등의 요인이 지역사람들의 말하는 방식에도 영향을 미친 것으로 보고 있다(陸文夫 2005).[19]

지역을 보여주는 상징성은 건축과 관련한 말에도 나타난다.

(21) 건축

① 弄堂: 농당(상해 특유의 건축양식)

「上海一九四三」 老街坊 小弄堂 是屬於那年代白牆黑瓦的淡淡的憂傷

『上海話大詞典』(2007, p.91)에서는 "弄堂"에 대해 "19세기 말 상하이 조계지에서 대량으로 지어진 주거지구에 중·서 절충식의 주택 사이로 난 좁은 길"로서 "하나의 弄堂은 하나의 건물군(群)"이라고 풀이하고 있다.[20] 그리고 그것의 대표적인 양식으로서 『上海話大詞典』(2007, p.91)에서는 "石庫門房子"를 예로 드는데, 그에 따르면, "石庫門"을 공동현관으로 하고 ("弄堂"을 중심으로) 벽돌과 나무로 지어진 집들이 어울려 있는 가옥구조를 가리킨다.

여기서 우리는 “弄堂”이란 상해의 건축양식과 “石庫門房子” 내 가옥들의 자재에 주목할 필요가 있다. 왜냐하면 그것은 예(22)를 이해하는 바탕이 되기 때문이다.

(22) 건축
「上海一九四三」 黃金葛爬滿了雕花的門窗, 夕陽斜斜映在斑駁的磚牆,
鋪著櫸木板的屋內還瀰漫

예(22)의 “磚牆(벽돌 벽)”과 “櫸木板(느티나무 바닥)”의 사용은 단순히 아무렇게나 인용된 건축자재의 언급이 아니다. 바로 앞서 “石庫門房子”의 정의에서 본 것처럼 그것은 “弄堂”이란 건축양식의 기본 구조를 이루는 자재이기 때문이다. 이는 가사 속 “磚牆”과 “櫸木板”에 대한 이해가 “弄堂”에 대한 이해에 바탕해야 함을 뜻한다. 같은 이치로, 그에 앞서 출현하는 “雕花的門窗”라는 가사 역시 남방지역 특유의 건축양식으로 이해되어야 한다. “花窗”에 대해 『中國建築圖解詞典』(2007, p.132)은 “花木鳥獸”를 새겨 넣은 창으로서 주로 강남의 민가와 원림(園林)에서 사용된다고 설명하고 있는데, 이는 「上海一九四三」이란 곡에서의 “門窗”에 왜 “雕花”란 수식어가 등장하는지를 설명해준다.

이상의 논의를 간략히 정리하면, 첫째, 분석대상에는 특정 대상이나 남·북방 지역 등을 주제로 할 경우 그와 관련된 다수의 문화 관련 어휘들이 출현한다. 둘째, “青花瓷”와 관련한 “素胚”, “瓶身”, “釉色” 등의 예처럼 곡 속의 어휘들은 핵심 주제를 상위 범주로 한, 상호 연결된 하위 범주의 어휘 배치를 보인다. 셋째, 문화 관련 어휘는 특히 언어 맥락과 더불어 書, 畵, 상징 등 언외 맥락을 함께 바탕에 두었을 때 온전한 이해가 가능하다.

4. 결론과 함축

지금까지 周傑倫의 10곡을 대상으로 대중문화 소재가 중국어 · 문 · 문화 교육의 보조자료 다양화에 어떻게 기여할 수 있는지를 검토해 보았다. 그리고 그 결과는 周傑倫의 곡이 언어적, 문학적, 문화적 측면에서 중국어 교육의 보조자료로서 사용될 수 있고, 나아가 대중가요란 대중문화 소재가 여러 방면에 걸쳐 중국어교육의 보조자료 다양화에 기여할 수 있을것이란 가능성을 보여주었다.

대중가요를 중국어 · 문 · 문화 교육의 주교재로 채택할 수 있을지에 대해서는 여전히 많은 논의가 필요하다. 긍정과 부정, 회의 등으로 의견이 분분할 것이다. 그 같은 분분함은 교수자 자신이 어학, 문학, 문화 중 무엇을 가르치고 그 중에서도 어떤 세부 분야를 수업내용으로 하고 있느냐에 따를 것이다. 하지만 상기 고찰 결과를 보면 대중가요도 중국어 교육의 여러 측면에 걸쳐 보조 자료 중의 하나로서 기능할 수 있다고 생각한다. 이는 대중문화를 학습하는 과정에서 유명 인물의 곡을 잠깐 접하게 하자라든지 중국어를 학습하는 과정에서 잠깐 '쉬어가는 페이지' 정도로 소개하자라든지 하는 차원이 아니다. 주교재의 여러 예를 지속적으로 보완해줄 수 있는 자료로서의 역할을 의미한다.

그런 점에서, 지금까지의 논의는 두 가지 면에서 차별성을 함축한다. 우선, 동기부여의 측면이다. 현지에서 대중가요를 향유하는 층과 한국 대학에서 중국어를 학습하는 층의 연령대가 비슷하다. 이는 학습자들로 하여금 나와 같은 젊은이들이 다른 나라에서는 어떤 대중문화를 향유하고 있을까 하는 흥미에 생각을 닿게 할 수 있다. 이 같은 출발점은 과거, 상기와 같은 동기의 부여보다는 언어 학습 자체에 초점을 맞췄던 兒歌의 도입 및 응용과 대별될 수 있다. 둘째, 활용 범위의 측면이다. 가요를 통해서도 언어적 측면에서는 운율, 문학적 측면에서는 시가를, 문화적 측면에서는 언외 정보를 들여다 볼 수 있었다. 이는 분석의 관점과 이용 방법에 따라, 언어 수업의 단순 보충자료로서의 역할을 넘어, 개념의 이해도 제고와 흥미 고취를 위한 심화수업의 보조자료로서 그 활용범위를 확장시킬 수 있음을 뜻한다. 물론 그것의 실천을 위해서는 학습에 유용한 대중가요를 선별하는 것이 우선되어야 할 것이다. 그리고 그에 대한 다방면의 분석도 필요할 것이다.

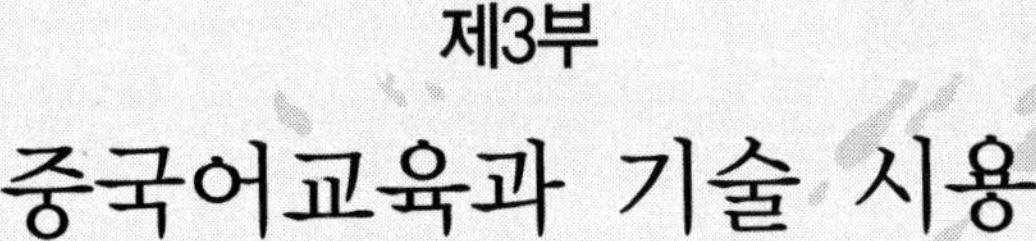

제3부
중국어교육과 기술 시용

제7장
블렌디드 러닝의 적용과 성찰*

1. 문제의 제기

이제는 어느 분야 할 것 없이 두문자 "e-"로 대변되는 네트워크 속에서 그로 대변되는 기기를 이용하는 것이 어느새 삶의 일부가 되었다. 그 결과 "인문에서 뭘 그것까지…"란 말이 점점 힘을 잃어가고 교육을 위해 또 학습을 위해 새로운 기기와 어플리케이션에 적극적인 관심을 갖도록 시대가 요구하고 있다.

언어 학습에 있어 교실로의 기술 도입은 그 과목의 특성 상 문학에 비해 상대적으로 기술과의 접목이 일렀고 그 면도 넓었다고 볼 수 있다. 읽고

* 본 장은 2017년 2월 21일 경북대학교에서 개최된 "2017 언어과학회 동계학술발표대회"에서 발표한 내용을 수정, 보완하여 『中國語文學論集』 제104호(2017년 6월), pp. 107~125에 「블렌디드 방식의 중국어 회화수업에 대한 재고 — 적용 과정과 결과에 대한 성찰을 중심으로」란 제하로 게재된 원고를 수정한 것이다. 연구는 2017학년도 서울여자대학교 교내학술연구비의 지원을 받았다.

분석하는 데 치중했던 시기에는 교수와 학습이란 행위면에서 어학과 문학이 쉽게 구분되지 못하였지만 시청각 교구들이 교실로 도입되고 상호작용의 개념이 언어 학습에 중요하다는 인식이 늘어나면서 보조적 역할로서의 기술은 점차 언어 교수법 속에서 그 소급 범위를 넓혀왔고 그것은 지금도 현재 진행 중이다. 이러한 배경에서 본 장은 어학 수업을 위한 기술 접목의 실천 결과로서 블렌디드 방식의 적용 과정과 결과를 성찰하고 그와 관련된 몇 가지 문제점들을 되짚어 보는데 목적이 있다.

Stein & Graham(2014[김도훈 등 2016, p.98])은 블렌디드의 과정을 설계하면서, "대부분의 교사들이 블렌디드 설계에 익숙해져야"하고 "온라인 혹은 오프라인 환경 모두에서 최상의 방법이라고 여겨졌던 수단들이 처음에는 확실히 그 효과가 드러나지 않을 가능성이 매우 높"기 때문에 반복적이어야 한다고 하였다. 본 장에서는 설계의 반복적 수행에 대한 Stein & Graham(2014[김도훈 등 2016])의 의견에 일면 동의하지만, 또 일면 반복적 수행에 따른 '확실한 효과'가 학습자 모두에게 드러날까, 즉 '블렌디드가 과연 모든 학습자들에게 일률적으로 효과적일까'라는 문제를 블렌디드 적용 결과 갖게 되었다. 물론 이 같은 재고(再考)의 시도는, 블렌디드의 무용을 주장하기 위함이 아닌, 그것의 목적을 좀 더 구체화하고 또 블렌디드를 요구하는 학습자들에게 보다 실질적인 도움을 주고자 하는 데서 비롯된다.

블렌디드 러닝(Blended Learning)은 "효과적이고 효율적이며 유연한 학습을 위해 오프라인 수업(즉, 면대면 수업)과 온라인 수업을 결합한 형태"의 수업을 가리킨다(Stein & Graham 2014[김도훈 등 2016, p.27]). 그런데 이 용어는 경우에 따라 플립 러닝(Flipped Learning)이란 말과 혼용된다. 이 두 용어의 구분을 시도한 성민경(2016, p.34)의 논의를 살펴보자.

> "블렌디드 러닝의 주요 관심사는 온라인 학습과 오프라인 학습의 혼합에 있으며, 온라인 학습과 오프라인 학습이 가지는 각각의 단점을 보완하기 위해 노력한다(김보경, 2014; 이상수, 이유나, 2007, 이옥형, 2006).
> 반면 플립러닝의 주요 관심사는 강의실 밖의 학습 활동과 강의실 안의 학습 활동을 혼합하기보다는 구분하여 분리하는 데 있다. 플립러닝은 기존에 활용되던 블렌디드 러닝의 방법을 뒤집고 분리한 형태이다. 다시 말해, 온라인 학습이나 동영상 자료를 통해 사전 학습을 수행하고 오프라인 수업에서 토론, 발표, 평가 등의 활동을 수행하는 방식이다."

본 장에서 논의되는 수업 사례는 취지 면에서 블렌디드 러닝에 대한 논의와 맥을 같이 한다. 즉 온·오프라인의 장점을 결합하여 수업효과를 이끌어내고자 하였다. 하지만 수업 과정 면에서는 플립 러닝에 가깝다. 구체적으로, 본 장의 사례는 온라인으로써 회화 수업에 요구되는 단어나 어법 등의 지식 관련 부분을 먼저 제공하고 익히게 한 뒤 그에 기반한 오프라인 수업으로써 언어 사용 연습을 하도록 양분하였다. 이는, 회화란 수업명과 달리 자칫 교수자의 강의로만 흐를 수 있는 지식의 전달을 지양하고 온라인에서 선행학습된 내용에 기반하여 오프라인에서는 오롯이 회화 연습에만 몰두하도록 한 것이다. 이에 아래 논의에서는 어떤 용어를 취할 것인가 하는 문제에 비중을 두지 않고 편의상 "블렌디드"란 말로 통칭하고자 한다.

그동안 혼합(blended) 또는 거꾸로(flipped)의 방식으로써 중국어의 교수·학습을 논한 사례는 대학 및 대학원 수업을 사례로 어법(임지영 2015), 듣기(최현미 2014), 말하기(최윤경 2011, 박찬욱 2011, 2012b), 읽기(박찬욱 2012c), 통역(이지은 등 2015, 진현 2016) 등에 걸쳐 논의되어 왔다. 이 중에서, 언어의 지식과 기능적 측면을 분리하고 블렌디드로써 말하기 수업을 시도한 사례는 박찬욱(2011, 2012b)이 있는데 본 장 역시 운영적 측면에서는 그것의 연장선에 있다. 하지만 본 장의 논의는, 실천 결과를 토대로 박찬욱(2012)b의 모델을 수정, 보완하는 것에서 더 나아가, 운영에 소급되는 여러 요인들 및 그들 간의 관계를 고찰함으로써 블렌디드가 '전반적으로, 모두에게' 효과적일 것이란 기존의 관점(박찬욱 2011, 2012b)을 수정하고 '(주요하게는)학습자의 상황에 따라' 그것의 효과도 다를 것이란 관점을 견지하는 차별성을 갖는다. 예컨대, 블렌디드가 어떤 학습자들에게 더욱 요구되는지(효과적인지), 또 학습자에 따라 블렌디드 과정의 어떤 부분에 좀 더 많은 의미를 두는지 등이 그에 속한다. 이로써 논의의 결과는 앞서 제기한 '블렌디드가 모두에게 일률적으로 효과적일까' 에 나름의 대답을 제공하고 블렌디드 방식에 의한 향후 회화수업에 대해 재고하는 계기를 마련할 것이다. 이를 위해서 본 장은 설문 결과를 토대로 할 것인데, 블렌디드를 시행한 두 분반의 선행학습 정도와 학년 및 적성 등 인구적 특징을 함께 조사하고 그것이 설문의 범주별 특징들과 어떠한 관계가 있는지에 중점을 두고 살펴보고자 한다.

2. 수업 대상과 적용 과정

2.1. 수업 대상

본 장의 수업 사례는 2016년도 2학기에 시행되었다. 학습 단계는 중급중국어회화 2단계 과정으로서 두 개 분반 총 35명(1반 19명, 2반 16명)을 대상으로 진행하였다(다만 설문 당일 결석자로 인해 설문은 총 33명을 대상으로 이뤄졌다).

중급중국어회화 2단계는 기본적으로 초급중국어회화 1, 2단계, 중급중국어회화 1단계 등 총 3개 학기를 이수한 학습자들로 구성되어 있으며 대학입학 전의 선행학습 정도는 유경험자가 약 70%(23명, 69.7%[1반:11명—57.89%, 2반:12명—85.71%]), 무경험자가 약 30%(10명, 30.3%[1

반:8명—42.10%, 2반:2명—14.29%])이다.

수업 방식은 두 개 분반에 동일하게 적용되었으나 두 개 분반을 구성하는 인적 구성에는 다소 차이가 존재한다. 1반은 총 19명으로서 2학년이 12명, 3학년이 7명이었다. 전공별로, 2학년은 중문 본전공생 11명, 복수전공생 1명으로 구성되어 있으며 3학년은 본전공생이 5명, 복수전공생이 2명으로 구성되어 있다. 2반은 총 16명으로서 1학년 1명, 2학년 1명, 3학년 6명, 4학년 8명으로 구성되어 있다. 이 중 1학년은 복수전공생, 2학년은 본전공생이고, 3학년은 본전공생이 3명, 복수전공생이 3명이다. 4학년은 본전공생 3명, 복수전공생 5명이다. 두 반을 비교하면, 1반은 전체 구성학년이 낮고 본전공생의 비율이 높은(84.21%) 반면, 2반은 전체 구성학년이 높고 복수전공생의 비율이 높다(56.25%). 상기 유 · 무경험자 비율과 본 · 복수전공생 비율을 각 반별로 간단히 시각화하면 그림 1~2와 같다.

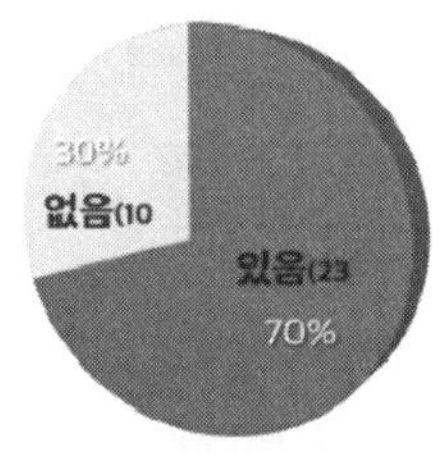

그림 1. 중국어 선행학습 유·무

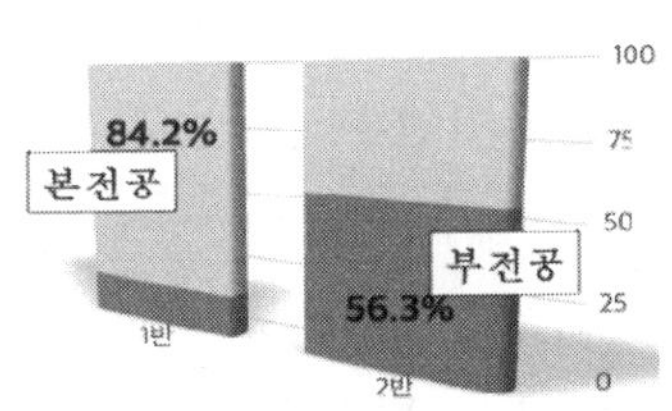

그림 2. 본·부전공생 구성비율

2.2. 적용 과정

수업의 과정은 오프라인, 즉 교실 수업을 기준으로 세 단계 — 교실 수업의 사전 단계, 본 단계, 사후 단계 — 로 나뉜다. 이들 세 단계를 한 세트로 규정지을 때 그 주기는 한 주를 1주기로 하여 대략 다음과 같은 형태를 띤다.

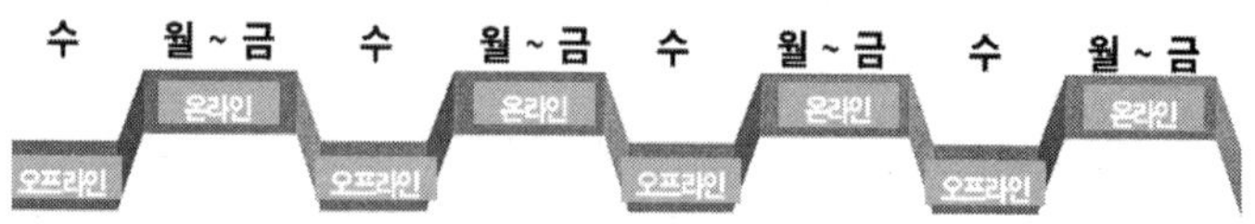

그림 3. 수업의 진행 주기
(Stein & Graham(2014[김도훈 등 2016, p.49)의 그림 2.2를 수정함)

본 장에서 진행한 한 주 중의 수업 일시는 금요일과 수요일로서 금요일은 온라인 수업을, 수요일은 오프라인 수업을 진행하였다. 교수자는 매주 월요일 정오 전후로 차주 수요일에 진행할 오프라인 수업 내용을 학습관리 시스템(Learning Management System, 이하 LMS로 약칭)에 탑재한다.

그러면 학습자는 월요일부터 금요일 소정의 시간까지 자신의 여건(시간과 공간)에 따라 택일하여 교수자가 탑재한 강의를 최소 한 번 이상 수강한다. 수강한 기록은 LMS에 남으며 탑재된 모든 수업내용을 수강했다는 기록이 있어야 출석이 인정된다. 온라인 상의 출결이 체크된 이후에도 강의물은 학기 말까지 계속 탑재되므로 원하는 시간, 원하는 만큼 복습이 가능하다. 수강을 마친 학습자는 온라인 수업 내용을 바탕으로 차주 수요일 오프라인 수업에 참여한다.

블렌디드 수업 과정 중 사전 단계와 본 단계의 주요 흐름 및 구성은 박찬욱(2012b, p.114, 그림 10)을 토대로 하였다. 사전 단계는 그림 4의 잦은 점선 틀로 표시된 온라인 수업 단계이다. 이 단계에서 교수자는 온라인 수업을 제공하고 학습자는 약 1주일 간(월요일부터 금요일까지)의 시청 가능 시간을 갖는다. 주차별 온라인 강의 분량은 총 40분에서 50분인데, 모든 분량을 하나의 파일로 탑재하지 않고 7분~13분 내외의 영상으로 토막내어 올린다. 기본적으로, 어휘, 대화문 1 · 2 · 3 등의 형식으로써 주제와 대상의 흐름이 돌연 끊기는 일이 없도록 안배하여 올린다.

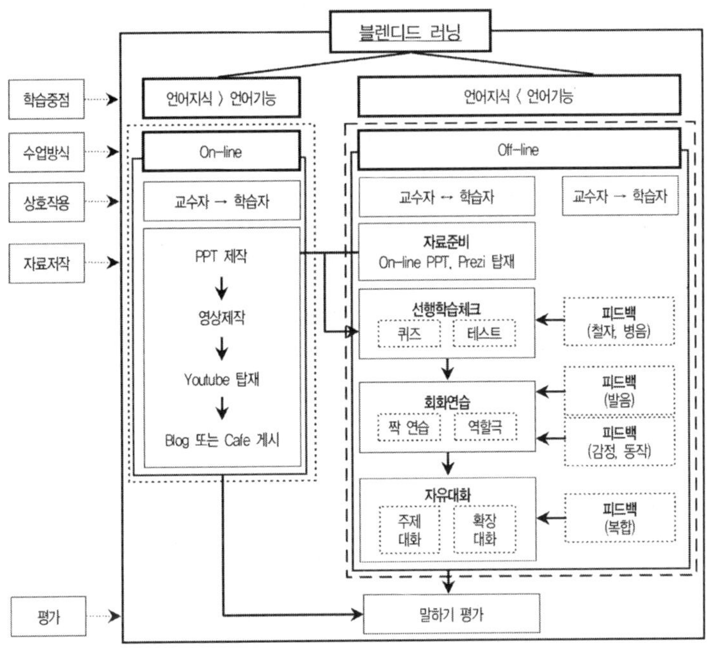

그림 4. 말하기 수업에 적용 가능한 블렌디드 러닝 모델
(박찬욱 2012b, p.114, 그림 10)

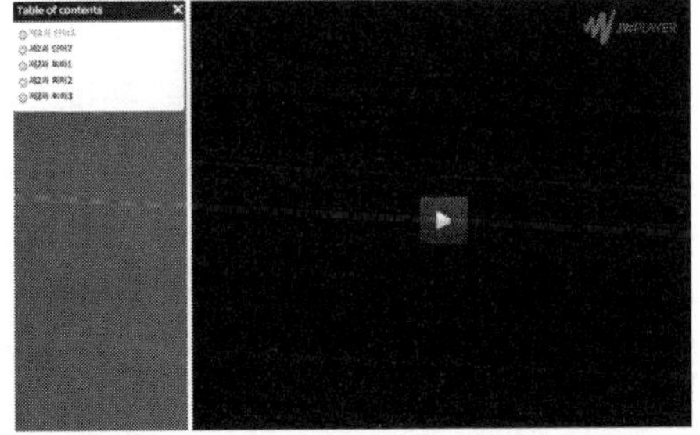

그림 5. 온라인 수업내용의 탑재와 구동 예시

저작 도구로서 하드웨어는 Mac mini(Mac OS 체계)를 이용하였고 깨끗한 음질을 확보하기 위해 콘텐서 마이크(Samson Go Mic)를 이용하였다. 소프트웨어는 AV Recorder & Screen Capture(스크린 녹화 및 편집용)와 PDF Expert(교재 펼침과 판서용)를 이용하였다. 플랫폼은 재직 대학 내의 LMS

를 이용하였다. 관련한 화면 자료는 그림 5와 같다.

본 단계는 그림 4의 긴 점선 틀로 표시된 오프라인, 즉 교실 활동수업 단계이다. 교수자는 교재를 중심으로 할 수 있는 일련의 활동을 계획하고 학습자의 성취에 대해 현장에서 즉시 피드백한다. 학습자는 온라인 수업내용을 숙지한 상태에서 교수자의 수업 설계에 따라 듣고 쓰기, 대화 연습, 극활동 등 일련의 활동을 통해 학습자 간, 교수자 간 상호작용에 참여한다.

오프라인 수업은 기본적으로 세 단계의 하위 활동으로 구성된다. 먼저 듣고 쓰기 단계이다. 수업에서는 오프라인 수업 전까지 학습한 본문 내용을 최대한 암기해 올 것을 요구한다. 그래야 원활한 교실 활동을 할 수 있기 때문이다. 듣고 쓰기 단계는 암기한 또는 숙지한 내용을 본 활동 전에 다시 한 번 체크하는 단계이다. 일종의 워밍업으로서 학습한 어휘는 물론 대화문과 대화의 흐름까지 체크한다.

그 다음으로, 숙지한 대화 내용을 옆의 학습자와 주고받는 연습을 한다. 이 연습에는 두 가지 활동 — 대화 연습과 극활동 — 이 포함된다. 대화 연습에서의 인원수는 2명부터 4명까지 대화문의 출연자 수에 따라 유동적이다. 대화 연습은 시선과 몸을 가급적 마주하도록 요구하며 한 대화 단락에 보통 약 세 번의 연습파트너 교체가 이뤄진다.

파트너의 교체는 교수자가 즉흥적으로 시행하는데 여기에는 두 가지 목적이 있다. 하나는 생소한 목소리와 대화 방식에도 적응하라는 것이다. 한 학기 동안 친한 친구와만 연습하다 보면 한 사람의 말하기 방식에 익숙해져 긴장감도 낮아질 뿐만 아니라 다양한 수준의 기타 학습자들을 경험할 기회를 갖지 못하기 때문이다. 또 하나는 반의 분위기를 제고하는 데 있다. 친하지 않으면 한 학기 동안 말 한 번 나누지 않는 것이 일반적인데 이 같은 분위기는 활동을 위주로 하는 수업 분위기에 좋지 않은 영향을 미친다. 계속적인 연습파트너의 교체는 한 학기 동안 모든 학습자들과 상호작용을 하도록 도우며 그 만큼 친근한 분위기는 학습자들로 하여금 스스럼없이 학습 활동에 참여할 수 있도록 도움을 준다. 교수자는 이 단계에서 학습자들의 발음 및 성조 등 언어적인 측면에 초점을 맞춰 피드백을 준다.

대화 연습이 끝나면 학습자는 그 결과를 교탁에 올라 실황을 가정하며 시연한다. 교재 내용을 일종의 극본으로 삼는 극활동을 하는데 학습자는 대본이 없다는 생각에다 모든 학습자들의 이목이 집중되어 있다는 생각이 더해져 적지 않은 긴장감을 갖고 수행한다. 이 같은 심리적 측면을 고려하여, 교수자는 학습자의 언어적인 측면보다 언어 사용적 측면에 초점을 맞춰 공개적으로 피드백을 준다. 피드백을 공개적으로 하는 것은, 물론 시간적 제약의 영향도 있으나, 출현한 문제가 지적 받은 한 사람만의 문제가 아닌 기타 학습자들에게도 출현하고 또 출현할 수 있는 문제임을 강조함으로써 기타 학습자들에게는 사전 주의를, 또 지적 받은 학습자에게는 체면의 보호를 해줄 수 있다. 피드백의 대상으로는 상황맥락, 억양, 음량, 제스쳐 등이 해당되는데, 학습자가 언어 사용에 있어 그것을 얼마나 자연스럽게 표현하는 지가 주요 체크 대상이다.

대화 연습과 극활동을 마치면, 교수자는 시간이 허락되는 한에서 당일 학습주제와 연관된 자유대화 주제를 제시할 수도 있다. 학습한 언어 재료를 최대한 이용하여 해당 주제를 자기화하도록 하는 데 목적을 두는데 학습을 내하는 긴장감이 풀리는 단계이지만 상상 속의 상황 및 대화가 아닌 자기 자신의 상황과 말을 하기 때문에 화기애애한 분위기 속에서 몰입도가 높은 단계이기도 하다.

사후 단계는 수업 후의 과제 수행 및 복습의 단계로서 그림 4 상의 모델에는 제시되어 있지 않다. 이 단계에서 교수자는 교재 중 임의의 한 단락을 선별하여 과제 대상으로 공지한다. 학습자는 공지에 따라 정해진 기한 내에 해당 단락을 녹음하여 LMS의 과제란에 탑재한다. 교수자는 기한 내 수합된 과제에 대해 피드백한 뒤 차주 오프라인 수업 시간에 배부한다. 보통 격 3주 단위로 녹음 과제를 제시하는데 교수자는 이를 취합하여 청취한 뒤 주로 발음과 성조, 억양 등에 초점을 맞춰 피드백을 준다. 피드백은 시트지를 통해 서면으로 먼저 체크하고 차주 오프라인 수업에서 구두로도 피드백을 준다. 이 때 교수자는 체크된 수정사항이 학습자의 단순 실수에 의한 것인지 아니면 고정된 습관에 의한 것인지를 구분하여 피드백한다.

이상의 과정을 종합할 때, 본 장에서의 실천은 다음과 같은 점에서 그림 4에 제시된 박찬욱(2012)b의 블렌디드러닝 모델과 차별성을 갖는다. 먼저 사전 단계에서는, 교내 LMS를 이용함으로써 YouTube를 이용한 외부 사이트와의 링크과정을 삭제시켰다. 외부 사이트를 경유하지 않고도 온라인 콘텐츠를 저장, 관리, 제공할 수 있게 됨으로써 준비 상의 번거로움과 관리 상의 편의를 도모하였다.

본 단계에서는, "선행학습체크"를 듣고 쓰기(聽寫)로 간략화하고 "자유대화"도 확장대화보다는 주제대화에 치중하여 교과내용의 소화에 중점을 두었다. 이를 통해 절차의 간소화와 내용의 집중화를 꾀할 수 있도록 유도하였다.

더불어 모델 안으로 사후 단계를 추가하였다. 오프라인 수업 단계를 블렌디드 주기의 끝단계로 설정한 박찬욱(2012)b에서 더 나아가, 과제 등과 그에 대한 피드백 제공을 주기의 끝단계로 설정하였다. 이는 온라인 ― 오프라인 과정을 통해 학습한 내용을 다시 한 번 자가 복습하도록 함으로써 학습 내용의 재확인을 꾀하고, 그에 대한 피드백을 매개로 블렌디드 과정에서 소홀할 수 있는 교수자와 학습자 간의 상호작용 부족을 보완하는데 중점을 두고 있다.

이에 그림 4의 모델은 박찬욱(2012c, p.429, 그림 4)의 구조를 참고하여 아래 그림 6으로의 수정과 보완이 요구된다.

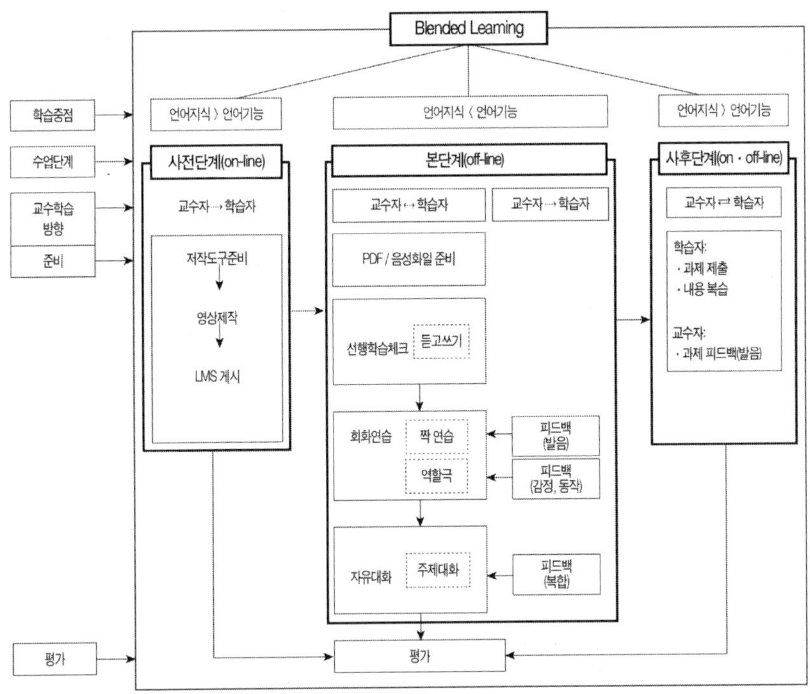

그림 6. 말하기 수업에 적용 가능한 블렌디드 러닝 모델
(박찬욱 2012b, 그림 10)의 수정

3. 적용 결과와 남은 문제

설문은 14주차 수업 종강일에 Google 양식을 이용하여 실시하였다. 총 36개 문항으로 진행되었으나 여기서는 그 중에서, 과제나 시험 관련 문항과 문항 간 중복 등을 고려하여, 22개 문항으로 간추려 논의하고자 한다. 기본적으로는 리커트 척도 방식을 이용하되 10 단계로 확장시켰고 그 외 선다형(3지~5지) 문항도 포함시켰다. 설문을 통해 살펴보고자 한 최상위 범주로는 다음과 같이 크게 네 가지로 나뉜다.

1. 인적구성과 선행학습의 유무 및 자가 학습량 평가
2. 온라인 수업 수행과 콘텐츠 평가
3. 오프라인 수업 준비와 활동 평가
4. 온·오프라인 수업 병행 만족도 평가

이를 기준으로 하위 대·중·소범주를 설정하고 박찬욱(2012c, pp.446~451)의 문항 상세를 참고하여 설계한 설문 내용과 방법은 아래와 같다.

문항	대범주	중범주	소범주		설문내용	방법
1	선행학습	상황	학습유무		대학 입학 전의 중국어 교육 경험에 대해 선택해 주십시오.	선택
2			학습기간		선행학습 기간을 선택해 주십시오.	복수선택
3	적성	부합도			중국어는 나의 적성에 맞다.	10점척도
4	자기학습	학습량			나는 중국어를 하루 평균 약 ______ 동안 학습한다.	5지
5	수업	온라인	도움정도		On-ine 콘텐츠는 Off-ine수업에 도움이 되었다.	10점척도
6			이용	경로	나는 On-ine 콘텐츠를 주로 ______ 를 통해 시청한다.	3지
7				장소	나는 On-ine 콘텐츠를 주로 ______ 에서 시청한다.	3지
8				예습량	나는 On-ine 콘텐츠를 교실 수업 전에 평균적으로 ______ 번 시청한다.	4지
9				복습량	나는 On-ine 콘텐츠를 교실 수업 후에도 평균적으로 ______ 번 시청한다.	4지
10			콘텐츠	화질 만족도	나는 On-ine 콘텐츠의 화질에 만족한다.	10점척도
11				음질 만족도	나는 On-ine 콘텐츠의 음질에 만족한다.	10점척도
12				접속 만족도	나는 On-ine 콘텐츠의 접속이 편리하였다.	10점척도
13				내용 만족도	나는 On-ine 콘텐츠 내용에 만족한다.	10점척도

문항	대범주	중범주	소범주		설문내용	방법
16		오프라인	원어수업 만족도		나는 교실에서 진행되는 원어수업에 만족한다.	10점 척도
17			준비	본문 숙지도	나는 수업 전 본문을 모두 숙지하고 들어온다.	10점 척도
18				본문 연습량	나는 매 수업 전 본문을 평균 ______ 번 정도 읽고 들어온다.	4지
19			역할극	자신감	Off-ine 수업의 역할극 활동은 언어적 자신감 향상에 도움이 되었다.	10점 척도
20				향상도	Off-ine 수업의 역할극 활동은 나의 중국어 실력 향상에 도움이 되었다.	10점 척도
21				피드백	나는 역할극 활동에 대한 교수자의 피드백에 만족한다.	10점 척도
22				만족도	나는 Off-ine수업에서 진행되는 역할극 활동에 만족한다.	10점 척도
14		수업 방식	병행 - 향상도		나는 이번 학기 "On-ine 수업 + Off-ine 수업"의 병행은 실력향상에 도움을 주었다.	10점 척도
15			병행 - 만족도		나는 이번 학기 "On-ine 수업 + Off-ine 수업"의 병행에 만족한다.	10점 척도

통계값은 SPSS의 MAC용 격인 PSPP를 사용하여 얻었으며 그에 대한 기술통계량은 다음과 같다.[1]

3.1 인적구성과 선행학습의 유무 및 자가 학습량

번호	대범주	중범주	소범주	응답수	문항	N	%			
1	선행 학습	상황	학습 유무	19	입학 전 있다	11	57.89%			
					입학 전 없다	8	42.10%	유	23	69.70% [2]
				14	입학 전 있다	12	85.71%	무	10	30.30%
					입학 전 없다	2	14.29%			

번호	대범주	중범주	소범주	단계	기간						계
					없음	6개월 미만	6개월 이상~ 1년 미만	1년 이상 ~2년 미만	2년 이상~ 3년 미만	3년 이상	
2	선행 학습	상황	학습 기간	초	13	3	1	2	0	1	20
				중	9	4	7	2	2	0	24
				고	6	2	5	10	1	3	27
				계		9	13	14	3	4	

번호	대범주	중범주	소범주	응답수	평균	표준편차	범위	최소값	최대값
3	적성	부합도		19	6.37	2.61	7	3	10
				14	5.43	2.03	8	2	10
					5.97	2.39	8	2	10

번호	대범주	중범주	소범주	응답수	선택지	N	%		
4	자기 학습	학습량		19	1(30분미만)	7	36.84%	15	46.90%
					2(30분~1시간)	11	57.89%	14	43.80%
					3(1시간~2시간)	1	5.26%	3	9.40%
					4(2시간~3시간)		0.00%	0	0.00%
					5(3시간이상)		0.00%	0	0.00%
				13[3]	1(30분미만)	8	61.54%		
					2(30분~1시간)	3	23.08%		
					3(1시간~2시간)	2	15.38%		
					4(2시간~3시간)		0.00%		
					5(3시간이상)		0.00%		

대학입학 전 선행 학습 경험을 보면 2반(85.71%)이 1반(57.89%)보다 30% 앞서 있다. 그리고 그만큼 2반 내의 선행학습 유무 격차(71.41%)도 1반 내의 유무 격차(15.79%)에 비해 약 4.5배 가량 크게 나타났다.

학습시기 면에서, 초등학교 때는 60.6%가, 중학교 때는 72.73%가, 고등학교 때는 81.81%가 선행학습 경험을 갖고 있어 진학 연령이 높을수록 선행학습 경험도 늘어나는 것을 볼 수 있다. 또 학습기간 면에서는, 1년 이상~2년 미만이 가장 많았고 6개월 이상~1년 미만이 그 다음, 6개월 미만이 그 뒤를 따랐다.

전공 적합도에 대해서는 모두 대체로 '그렇다'고 생각하지만 1반(6.37)이 2반(5.43)보다는 약 1포인트 더 높게 나타났다. 이는 본전공생의 비율(1반 84.21% : 2반 43.75%)이 복수전공생(1반 15.79% : 2반 56.25%)보다 높은 데 기인한 것으로 보인다.

자가 학습량은 1반에서 30분~1시간 동안 학습하는 학습자가 57.89%로 가장 많았지만 2반은 61.54%가 30분 미만을 학습하는 것으로 나타났다. 이들 두 수치를 '과반수 이상'이란 명목으로 양분하여 단순 비교를 한다면 1반의 자가학습량이 2반의 그것보다 약 2배에 이른다고 볼 수 있다. 이를 상기 결과들과 연계시켜 볼 때, (본전공생이면서) 선행학습 기간이 적으면 자가 학습량이 많아지고 (복수전공생이면서) 선행학습 기간이 많으면 자가 학습량이 적어질 수 있다고 해석 가능하다.

3.2 온라인 수업 수행과 콘텐츠

<table>
<tr><th>번호</th><th>대범주</th><th>중범주</th><th>소범주</th><th>응답수</th><th colspan="2">평균</th><th colspan="2">표준편차</th><th colspan="2">범위</th><th colspan="2">최소값</th><th colspan="2">최대값</th></tr>
<tr><td rowspan="2">5</td><td rowspan="2">수업</td><td rowspan="2">온라인</td><td rowspan="2">도움정도</td><td>19</td><td>6.53</td><td rowspan="2">6.12</td><td>2.37</td><td rowspan="2">2.26</td><td>7</td><td rowspan="2">7</td><td>3</td><td rowspan="2">3</td><td>10</td><td rowspan="2">10</td></tr>
<tr><td>14</td><td>5.57</td><td>2.06</td><td>6</td><td>3</td><td>9</td></tr>
</table>

번호	대범주	중범주	소범주		응답수	선택지	N	%		
6	수업	온라인	이용	경로	19	1-PC	11	57.89%		
						2-스마트폰	8	42.11%	16	48.50%
						3-타블렛	0	0.00%	17	51.50%
					14	1-PC	5	35.71%	0	0%
						2-스마트폰	9	64.29%		
						3-타블렛		0.00%		
7				장소	19	1-학교	4	21.05%		
						2-집 또는 기숙사	15	78.95%		
						3-대중교통		0.00%	8	25%
					13	1-학교	4	30.77%	24	75%
						2-집 또는 기숙사	9	69.23%	0	0%
						3-대중교통		0.00%		
8				예습량	19	1-1번	14	73.68%		
						2-2번	5	26.32%		
						3-3번		0.00%	17	53.10%
						4-4번이상		0.00%	15	46.90%
					13	1-1번	3	23.08%	0	0%
						2-2번	10	76.92%	0	0%
						3-3번		0.00%		
						4-4번이상		0.00%		

번호	대범주	중범주	소범주		응답수	선택지	N	%		
9	수업	온라인	이용	복습량	19	1-0번	8	42.11%		
						2-1번	9	47.37%		
						3-2번	2	10.53%	15	46.90%
						4-3번이상		0.00%	14	43.80%
					13	1-0번	7	53.85%	3	9.40%
						2-1번	5	38.46%	0	0%
						3-2번	1	7.69%		
						4-3번이상		0.00%		

번호	대범주	중범주	소범주	응답수	평균		표준편차		범위		최소값		최대값	
10	수업	온라인 콘텐츠	화질 만족도	19	6.26	6.03	2.66	2.46	8	8	2	2	10	10
				13	5.69		2.18		8		2		10	
11			음질 만족도	19	6.21	6	2.27	2.13	8	8	2	2	10	10
				13	5.69		1.93		6		2		8	
12			접속 만족도	19	6.53	6.03	3.01	2.63	9	9	1	1	10	10
				13	5.31		1.84		6		2		8	
13			내용 만족도	19	6.79	6.22	2.53	2.81	7	9	3	1	10	10
				13	5.38		3.1		9		1		10	

온라인 콘텐츠가 오프라인 수업에 도움이 되었다고 생각하는 학습자는 1반(6.53)이 2반(5.57)보다 약 1포인트 높게 나타났다. 이는 앞서 본 1반의 인적 구성 및 관련 요소들 — '낮은 학년', '(상대적으로)적은 선행학습 경험', '(상대적으로)높은 전공부합도'와 '자가학습량' — 에 기인하여 온라인 수업 의존도가 2반에 비해 높게 나타난 결과라고 볼 수 있다.

이용 경로는, 1반의 과반수 이상(57.89%)이 PC를 이용하여 수강한 데 반해 2반(64.29%)은 주로 스마트폰을 이용하여 수강한다고 답하였다. 이로써 1반은 비기동성 기기를, 2반은 기동성 기기를 선호하는 경향을 띠고 있음을 볼 수 있다. 이용 장소로는, 1반과 2반의 약 70% 이상이 주로 '집 또는 기숙사'에서 수강한다고 답하였지만 집이나 기숙사에 대한 1반(78.95%)의 장소 의존도는 2반(69.23%)보다 약 10% 높게 나타났다. 그 대신 2반(30.77%)의 약 10%가 1반(21.05%)보다 높게 학교에서도 시청한다고 답하였다. 경로와 장소의 결과값을 종합하면, 1반은 대체로 좀 더 친숙한 환경과 고정된 기기를 선호하는 경향을 띤데 반해 2반은 상대적으로 좀 더 자유로운 환경에서 기동성 기기를 선호하는 경향을 띤다고 볼 수 있다.

선행 학습빈도(예습량)는, 1반의 73.68%가 수업 전에 한 번 시청하고 오프라인 수업에 참여한다고 한 데 반해 2반은 76.92%가 두 번 시청하고 참여한다고 응답하였다. 반대로 후행 학습빈도(복습량)는, 1반의 57.89%가 오프라인 수업 후에도 한 번 이상은 다시 본다고 한 데 반해 2반은 53.85%가 보지 않는다고 하였다. 선행 학습빈도만 보면, 상기 온라인 수업 의존도와는 다르게, 2반의 온라인 수업 의존도가 1반보다 높다고 해석할 수 있겠지만 후행 학습빈도까지 연계시켜보면, 온라인 콘텐츠를 상대적으로 예습과 복습에 고루 이용한다는 점에서, 여전히 1반의 온라인 수업 의존도가 2반에 비해 높다고 판단할 수 있다.

의존도에 대한 이 같은 결과는, 그 뒤를 잇는 콘텐츠의 화질(1반 6.26 : 2반 5.69), 음질(1반 6.21 : 2반 5.69), 접속(1반 6.53 : 2반 5.31), 내용(1반 6.79 : 2반 5.38)의 만족도 면에서 높게는 1.4 포인트 이상, 낮게는 0.5 포인트 이상 1반이 높게 평가한 것과도 맥을 같이 한다.

3.3 오프라인 수업 준비와 활동

번호	대범주	중범주	소범주	응답수	평균		표준편차		범위		최소값		최대값	
16	수업	오프라인	원어수업 만족도	19	6.58	6.44	2.46	2.8	9	9	1	1	10	10
				13	6.23		3.35		9		1		10	

번호	대범주	중범주	소범주	응답수	평균		표준편차		범위		최소값		최대값	
17	수업	오프라인	본문 숙지도	19	6.47	6.13	2.34	2.25	6	8	4	2	10	10
				13	5.62		2.1		7		2		9	

번호	대범주	중범주	준비도	소범주	응답수	선택지	N	%		
18	수업	오프라인	준비도	본문 연습량	19	1-0~10번 미만	12	63.16%	19	59.40%
						2-10~20번 미만	5	26.32%	9	28.10%
						3-20~30번 미만	2	10.53%	2	6.30%
						4-30번이상		0.00%	2	6.30%
					13	1-0~10번 미만	7	53.85%		
						2-10~20번 미만	4	30.77%		
						3-20~30번 미만		0.00%		
						4-30번이상	2	15.38%		

번호	대범주	중범주	소범주	응답수	평균		표준편차		범위		최소값		최대값	
19	수업	오프라인	역할극 자신감	19	6.21	5.91	2.72	3	9	9	1	1	10	10
				13	5.46		3.43		9		1		10	
20	수업	오프라인	역할극 향상도	19	6.11	5.81	2.6	2.87	9	9	1	1	10	10
				12	5.33		3.31		9		1		10	
21	수업	오프라인	역할극 피드백	19	6.95	7.09	2.61	2.54	7	7	3	3	10	10
				13	7.31		2.53		7		3		10	
22	수업	오프라인	역할극 만족도	19	6.32	5.88	2.36	2.64	7	9	3	1	10	10
				13	5.23		2.98		9		1		10	

1반은 원어수업만족도(1반 6.58 : 2반 6.23)에서나 오프라인 수업 전에 본문을 숙지하는 정도(1반 6.47 : 2반 5.62)에 있어서도 2반보다 높게 나타났다. 반면에 교실 수업 전에 개인적으로 본문을 연습하는 양은 상대적으로 2반에 못 미치는 것으로 나타났다. 즉, 1반은 본문 연습을 0~10번 미만으로 연습하고 교실 활동에 참여하는 학습자가 63.16%로서 53.85%의 2반보다 약 10% 높다. 하지만 10번 이상 연습하고 들어오는 학습자가 1반은 36.85%인데 반해 2반은 46.15%인 점, 더불어 2반에는 30번 이상 읽고 들어오는 학습자가 복수로 존재한다는 점에서 양적인 측면으로 볼 때 2반이 1반을 다소 앞선다고 볼 수 있다.

그런데 이것을 상기 질적인 측면, 즉 본문을 숙지하고 들어오는 정도와 비교해 보면 학습자의 학습 양과 질 간의 불일치를 발견할 수 있다. 이에 대해, 앞선 선 · 후행 학습빈도와 연계시켜 볼 때, 1반은 온라인 콘텐츠를 예습과 복습에 모두 이용하면서 학습의 질적인 측면을 중시하는 반면 2반은 양적 측면을 중시하면서 예습을 위해 콘텐츠를 이용하는 경향을 갖는다고 해석 가능하다.

극활동에 있어, 자신감(1반 6.21 : 2반 5.46)과 실력 향상에 대한 도움의 정도(1반 6.11 : 2반 5.33), 극활동 자체에 대한 만족도(1반 6.32 : 2반 5.23) 면에서는 1반이 좀 더 높게 평가한 데 반해 교수자의 피드백에 대한 만족도(1반 6.95 : 2반 7.31)는 2반이 좀 더 높게 평가한 것으로 나타났다. 이에 대한 2반의 평가는 특히, 극활동의 기타 항목에 대한 평가(5.23 ~ 5.46)와 비교할 때 두드러지는데, 언어 자체 보다는 언어 외적 요소 — 상황맥락, 제스쳐, 시선, 등 — 역시 회화수업에서 간과될 수 없는 부분임을 선행학습 경험이 상대적으로 많은 2반 학습자들에게 여겨진 결과로 해석된다.

3.4. 온·오프라인 수업 병행 만족도

번호	대범주	중범주	소범주	응답수	평균		표준편차		범위		최소값		최대값	
14	수업	방식	병행—향상도	19	6.37	5.94	2.36	2.64	7	9	3	1	10	10
				13	5.31		2.98		9		1		10	
15			병행—만족도	19	6.84	6.38	2.5	2.78	7	9	3	1	10	10
				13	5.69		3.12		9		1		10	

온—오프라인의 병행 방식에 대해서는, 실력향상에 도움이 되었다는 평가(1반 6.37 : 2반 5.31)와 병행에 만족한다는 평가(1반 6.84 : 2반 5.69) 모두에서 1반이 2반보다 약 1포인트 내외로 높게 나타났다. 이 같은 결과는 2반보다 1반이 일관되게 높았던 상기 제반 통계치들을 통해서도 미루어 짐작이 가능하다. 하지만 지금까지 살펴본 개별 수치들과 더불어 통계값의 고저에 준한 항목 간의 연계성도 고찰할 필요가 있는데, 그럼으로써 설문상의 범주(선행학습 — 적성 — 자기학습 — 수업)간 관계를 유추해볼 수 있기 때문이다. 이에 각 반 별로 높은 수치를 보인 소범주를 구분하면 대략 다음과 같은 결과를 얻을 수 있다.

문항	대범주	중범주	소범주		1반	2반
1	선행학습	상황	학습유무			○
2			학습기간			○
3	적성	부합도			○	
4	자기학습	학습량			○	
5	수업	온라인	도움정도		○	
6			이용	경로	PC	스마트폰
7				장소	집 또는 기숙사	집 또는 기숙사
8				예습량		○
9				복습량	○	
10			콘텐츠	화질만족도	○	
11				음질만족도	○	
12				접속만족도	○	
13				내용만족도	○	
16		오프라인	원어수업만족도		○	
17			준비	본문숙지도	○	
18				본문연습량		○
19			역할극	자신감	○	
20				향상도	○	
21				피드백		○
22				만족도	○	
14		수업방식	병행 - 향상도		○	
15			병행 - 만족도		○	

상기 결과는, 선행학습 경험이 많지 않은 학습자일수록 온라인 학습에 대한 의존도가 높고 (빈도와 상관없이) 온라인 학습을 이용한 예습과 복습을 병행하며(즉 '전—후 간 연결'을 잇고) 그것이 오프라인 수업을 대비한 본문 숙지도와 연계되면서 온—오프라인 간 병행 만족도와도 잇닿을 수 있음을 보여준다. 반면에 선행학습 경험이 많은 학습자일수록 온라인 수업 의존도 역시 상대적으로 낮고 복습보다는 예습에 치중함으로써 오프라인 수업과의 '전—후 간 연결'을 시도하기보다 오프라인 수업 전까지만 준비하는(온라인 선행 학습빈도와 오프라인 수업 전 본문 연습량)데 치중하는 경향을 띠고 있음을 보여준다. 종합하면, 학습자 자신의 상황을 바탕으로

온—오프라인 간 연계가 필요함을 인식하면서 '전—후 간 연결'을 잘 잇고 있을 때 만족도가 높을 수 있다.

이 같은 결과와 고찰은 서두에서 가졌던 문제 — '블렌디드가 과연 모든 학습자들에게 일률적으로 효과적인 것일까' — 에 나름의 대답을 제시해 주고 있다고 생각한다. 구체적으로, 블렌디드는 해당 지식에 대한 선행학습 경험이 있는 학습자보다는 반복적인 접근 기회를 좀 더 요구하는, 경험이 없거나 부족한 학습자들에게 더 적합할 수 있으며, 달리 생각하면, 동일한 형식의 블렌디드 러닝이라고 하더라도 학습자별 특징에 따라 온라인과 오프라인 간 혼합 비율을 달리할 필요도 있음을 시사한다. 그러므로 블렌디드가 온라인을 통한 반복 학습의 기회 부여와 기초 수준의 평준화를 꾀하는 데는 나름의 효과가 있을 수 있으나 그것의 적용 역시 궁극적으로는 학습자들의 수준 향상을 목표로 한다는 점에서 향후 설계와 운영은 '어떤 학습자들에게 보다 적합한가'에서부터 출발하는, 보다 세심한 안배가 요구된다.

3.5 남은 문제

블렌디드 러닝의 원활한 시행에는 다음 세 가지에 있어 지속적인 뒷받침과 개선이 요구된다. 첫째, 플랫폼 확보의 문제이다. 플랫폼이란 "온라인 상에서 생산, 소비, 유통이 이루어지는 시스템 또는 기반"으로서 "일정 재화와 서비스를 소비자에게 최적화된 상태로 제공하기 위해 구축된 제반의 환경"을 가리킨다(『문화콘텐츠입문사전』 2013, p.253). 블렌디드 러닝에 있어 플랫폼은 교내의 LMS일 수도 있고 포털 사이트 상의 여러 온라인 커뮤니티일 수도 있다. 플랫폼은 수업의 특성과 목적에 맞게, 교수자에겐 탑재와 관리가 편리하고 학습자에겐 접근이 용이하며 수업을 위한 대외적 폐쇄성과 대내적 개방성을 확보해줄 수 있어야 할 것이다. 물론 출결, 과제

취합 등과의 일원화를 고려할 때 교내 LMS를 이용하는 것이 좋겠으나 영상물의 탑재와 관리 등까지 용이한 교내 시스템을 확보하는 것이 쉽지 않을 수도 있다. 또한 강의물의 탑재와 관리는 쉽지만 출결 등의 기타 강의 관련 업무와는 연계가 쉽지 않을 수 있다. 이 경우 강의물의 제작, 탑재, 관리 등과 출결, 과제, 공지 등을 각기 다른 시스템에서 운영해야 하므로 자칫 업무의 또 다른 부담을 가져올 수도 있다. 그러므로 블렌디드 방식의 시행에는 수업에 적합한 강의용 플랫폼을 제공할 수 있는 인프라가 요구된다.

둘째, 온라인 콘텐츠의 구성, 특히 형식의 문제이다. 현 세대의 수강생들은 온라인 저작물들에 익숙하다. 즐거움을 위한 온라인 저작물에도 익숙하지만 흔히 인강('인터넷 강의'의 준말)이라 불리는 온라인 강의물에도 익숙하다. 자본을 토대로 한 다양하고 화려한 포맷의 강의물에 익숙해진 현 학습자들에게 온라인 강의의 탑재는, 그 내용물은 차치하고서도, 형식 면에서 이미 단조롭고 흥미가 부재한 콘텐츠로 인식될 우려가 있다. 이로 인해, 수업 효과의 제고를 위한 목적에서 비롯된 시도가 (교실 수업과 동일한 내용을 갖고서도)형식의 다양화까지 고려해야 하는 부담을 파생시킬 수 있다. 다만 자본에 바탕한 시중 콘텐츠의 디자인과 형식에 대할 수는 없더라도, 40분 이상의 오프라인 강의를 짧게 분리하여 탑재하는 것 이상의, 파워포인트, 프레지, 키노트 등 다양한 프레젠테이션 도구들의 기능을 끊임없이 배우고 그것을 다양하게 적용하는 노력과 과정이 요구된다.

셋째, 저작권의 문제이다. 온라인 강의는 그것을 아무리 폐쇄적으로 운영하더라도 학습자가 어떻게 학습하는 지를 교수자가 알 수 없으므로 변용의 문제가 여전히 남는다. 변용의 여지를 주지 않는 것이 최선이나 기술적으로는 불가능하므로 적어도 내용면에서 타인의 저작권이 침해되지 않도록 주의할 필요가 있다. 그런데 저작권을 침해하지 않기 위해서는 관련

규정에 해박하거나 교수자 자신이 수업 관련 자료 일체를 집필해야 할텐데 블렌디드를 시도하려는 매 과목마다 그것의 과정을 집필로부터 시작하기란 현실 여건 상 매우 어려운 일이다. 온라인 강의가 늘어나면서 이와 관련한 문제 역시 지속적으로 제기될 것으로 보이나 교수와 학습을 위한 허용의 범위가 어디까지인지, 그 허용 범위가 현실과 얼마나 괴리를 보이는지에 대해서는 아직까지 논의가 활발하지 않았다고 본다. 향후 인문 분야에서 이러닝의 활발한 적용을 기대하기 위해서라도 이와 관련한 지속적인 논의가 병행되어야 할 것이다.

4. 결론

지금까지 어학수업을 기술과 접목시키려는 일환으로서 블렌디드 방식을 적용한 회화수업 과정과 결과 및 문제점 등을 논의하였다. 현재의 대학 수업은 학령 인구의 감소와 평생 학습의 수요 증가라는 두 가지 상황에 놓여 있다. 그만큼 현 사회는 점점 대학 수업의 형태와 방식을 교실로부터 벗어나 다변화할 것을 요구하고 있다. 세계의 유수대학 자체는 물론 그들 대학과 협력한 영리 · 비영리 기업의 OCW(Open Course Ware)의 확대가 그것을 대변해준다. 이 같은 시대적 조류는 우리로 하여금, 향후 대학의 수업 방식이 어떻게 변화되어야 할 것인가 하는 문제를 심각하게 고민하도록 만든다. 그 변화의 중심에 기술의 수용과 적용이 한 부분을 차지하고 있다는 것은 의심의 여지가 없을 것이다. 인문 분야라 할지라도 그 조류로부터 자유롭지 못함은 당연하다. 인문 분야의 입장에서 흡사 나와는 무관한 듯 보였던 이러닝에도 이젠 점차 그 관심의 폭을 넓혀야 하는 이유이다. 다만, 앞서 논의된 바와 같이, 기술의 적용에 있어서는 무엇을 목적으로, 또 누구를 대상으로 할 것인가 하는 점이 먼저 고려되어야 할 것이다.

우리는 현재 기술의 사용에 있어 획일적인 도입보다는 유용하면서도 다양한 기술의 접목까지 함께 고민해야할 숙제를 안고 있다.

제8장
언어 교육을 위한 전자교재의 검토*

1. 문제의 제기

본 장에서는 교육과 인문적 관점의 성찰에 기초하여 전자 중국어교재의 제작 및 시용을 검토하고 그 의의를 고찰해 보고자 한다.

본 장에서의 '교재' 그리고 그에 대한 논의는 종이나 스크린 등의 매체에 어떤 내용을 어떤 순서로 넣을 것인가 하는 것에 있지 않다. 그보다는, 교재를 둘러싼 환경과 그에 대한 실천적 구현 방안, 특히 전자책의 개념을 교재의 이해와 사용에 어떻게 적용할 수 있을까 하는 문제를 주요 논의 대상으로 설정하고 있다.

그동안 중국어교육으로 전자책(e-book)을 제작, 활용하는 방안에 대한 논의는 박정원(2005), 고영빈(2007)이 있고 모바일을 이용한 오디오북의

---

* 본 장은『中國과 中國學』제27호(2016년 1월), pp.29~51에「중국어 전자교재 편찬의 검토와 그 의의에 대하여」란 제하로 게재된 원고를 수정한 것이다. 연구는 2015학년도 서울여자대학교 교내학술특별연구비의 지원을 받았다.

논의로는 박정원(2012)이 있다. 박정원(2005)과 고영빈(2007)은 각각 eBook Workshop,[1] DeskTop Author라는 프로그램을 위주로 대학의 문학 교육과 고등학교 중국어 교육을 논하였고, 박정원(2012)은 모바일 어플리케이션을 이용한 어문학 교육을 중심으로 사용(및 제작)방법과 그 결과 등을 논의하였다. 상기 연구는 기술 발달에 발맞춘 선구적인 논의들로서 특히 제작 기술과 사용 환경 등에 대한 논의는 후행하는 연구에 실용적인 시사점들을 제공한다. 하지만 그간의 논의가 주로 기술(technology)적인 부분에 치우친 경향이 있었던 반면, 그것이 교육에 있어 왜 필요한지에 대한 검토와 논의는 부족하지 않았나 생각한다. 기술을 교육으로 도입하는 데는 무엇보다 그것을 누리는 현재의 교수자와 학습자 상황을 먼저 이해하는 것이 중요할 것이다. 또한 기술적 부분에 있어서도 첨단 기기나 범접하기 힘든 프로그램의 도입보다 (아직 제도적, 경제적 밑받침이 확고하지 않은 교수학습 상황이라면)있는 환경을 최대한 그리고 간단하게 이용할 방법을 모색, 제시할 필요성 역시 대두된다. 이에 본 장에서는 전자책이란 기술에 대해 철학적 검토와 실용적 검토를 함께 논함으로써 전자책의 개념을 우리의 교육 현장으로 도입한다는 것에 어떤 의미가 있는지를 논의의 초점으로 삼고자 한다.

2. 철학적 검토

'디지로그'란 말이 있다. 디지털(digital)과 아날로그(analogue)가 합성된 말이다(한기호 2006, pp.68~69). 이어령(2006)이 "아날로그와 디지털의 분단과 양극화(p.31)"에 대해 우려하면서 "먹는 것으로 상징되는 아날로그 문화 코드와 인터넷으로 대표되는 디지털 문화 코드를 읽는 학습과 훈련이 절실(p.31)"하다며 "한국의 수신 지향적 정보문화를 서구의 발신 지향적 정보문화에 접목시켜야 한다(p.184)"는 주장으로 자신의 서명을 붙인데서 비롯된다. 이 용어는 지금 그 개념과 더불어 보편적으로 통용되고 있다. Google검색에서 '디지로그'란 용어만 쳐봐도 상기 개념을 적용한 무수히 많은 제품들을 일람할 수 있다.[2)]

지금 우리는 디지털과 함께 바뀐 삶의 양식 속에 살고 있다. 노트북, 스마트패드, 스마트폰 중 최소 어느 하나는 항시 몸에 지니고 다닌다. 그것도 모자라 이젠 그것과 동기화되는 시계나 건강관리를 위한 디바이스 등을 몸에 부착하며까지 다닌다. 그리고 그것으로 타인과 교류하고 정보도 얻고 건강도 관리하는 것은 물론 게임이나 영화 등의 오락 거리를 즐기고, 그리고 책도 읽는다. 없으면 허전한, 그래서 '중독'이란 말이 생겨날 정도로 우리는 '디지털'과 불가분의 생활을 하고 있다. 독서는 물론 지식을 접하는 양식 또한 그 속에서 많은 변화를 겪었다. 이와 관련해서는 한기호(2006, p.40)에서 언급된, 로제 샤르티에 외 등(2006)의 세 차례의 독서혁명을 참고할 수 있다.[3)]

> "1차 혁명은 12세기경에 일어난 음독에서 묵독으로의 변화다. 이로써 사적인 읽기가 일반화되었다. 2차 혁명은 18세기에 대중 저널리즘이 탄생하면서 나타난 집중형 독서에서 분산형 독서로의 변화다. 집중형 독서는 지극히 제한된 양의 텍스트를 반복하며 숙독하는 독서고, 분산형 독서는 날마다 갱신되는 대량의 텍스트를 그 자리에서 소비하고 다시 돌아보지 않는 독서다. 3차 혁명은 디지털형 독서다……"

상기 내용으로부터 우리는 인쇄술과 같은 기술의 발달이 독서할 텍스트의 증가를 불러왔다는 것과 그에 따라 독서의 습관도 변화해왔다는 것을 짐작할 수 있다. '디지털형 독서'로 불리는 3차 혁명의 후과는 물론 말할 것도 없다.

무엇보다도 교육이란 입장에서 주목해야 할 점은 현재와 앞으로의 향방이다. 이어령(2006)이 10년 전에 언급했던 디지털에 의한 세대간 양극화 현상은 현재 교육에서 크게 두 가지의 형태로 나타난다. 하나는 지식을 접하는 매체의 양극화이고 또 하나는 지식을 접하는 태도의 양극화이다. 이 둘을 시간의 관점에서 바라보자. 현재 학습자와 교수자 간 연령차를 보통 20년(이상)이라고 볼 때 그만큼의 차로 미래의 학습자를 설정해 보는 것이다. 그렇다면 우리는 다음과 같은 차이를 설정할 수 있다.

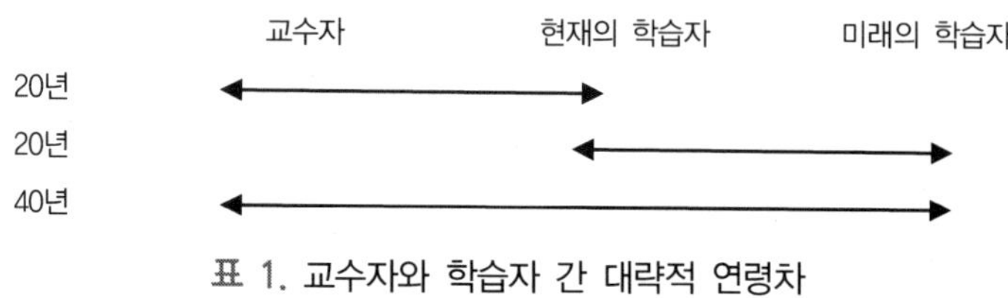

표 1. 교수자와 학습자 간 대략적 연령차

이를 토대로 매체의 양극화를 보자. 전국 인구의 83.6%가 인터넷을 사용하게 된 것이 불과 20년 간의 일이라고 볼 때(아래 그림 1. 참조) 그리고 그 기간동안 모든 디지털 기기가 인터넷을 중심으로 연결되고 작동해왔다고 볼 때, 상기 40년이란 시간의 관점에서, 디지털 양극화의 세대간 대척점은 교육현장에서도 충분히 보일 수 있다.

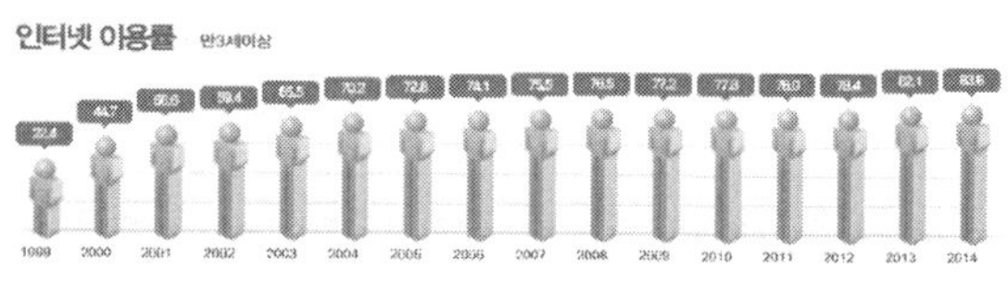

그림 1. 인터넷 이용률 변화추이[4)]

인문학을 전공하는 교수자들의 연구실을 들어가 보자. 거의 모든 공간을 책으로 채워놓은 것을 볼 수 있다. 하지만 그 공간을 들어오는 학습자들은 그저 의아할 뿐이다. 그들에겐 '굳이……'란 생각이 먼저 앞선다. 종이라는 실물로써 문자 매체를 접하는 세대와 인터넷을 통해 가상의 공간에서 문자 매체를 접하는 세대 간의 간극이다. 사용하는 매체의 양극화는 매체를 대하는 태도의 양극화와 이어진다.

필자는 학기 초 오리엔테이션 시간에 늘 권유하는 것이 한 가지 있다. "종이 사전을 이용하라"이다. 아날로그 세대라서만이 아니다. 종이 사전은 방법을 알아야 찾을 수 있다. 찾고 싶은 단어가 있으면 먼저 부수를 알아야 하고 동일한 부수하에 나열된 한자를 찾아야 한다. 페이지를 열어 해당된 한자를 찾으면 그 다음엔 병음의 나열법을 알아야 한다. 뿐만 아니다. 디지털 기기가 한 자리 숫자의 인치 단위 화면으로 보여주는 단어의 '나열'은 종이 사전의 해당 면을 펼쳤을 때 시각 내로 들어오는 단어의 '모둠'과 양적으로 큰 차이를 보인다. 단어를 찾기 위한 과정이 있었기에 같은 지면의 다른 단어로도 시선을 두고 '이런 단어도 있었네'라는 작음 깨달음을 얻는 것은 종이사전을 통해서만 가능한 일일 것이다. 결국 종이사전의 이용 권유는 단어 하나를 찾기 위해 거쳐야 하는 과정과 그에 소급되는 지식을 연결하라는 의미에서 비롯된다.

학습자들은 이 같은 설명에 수긍한다. 그러나 평소는 물론이거니와 사전을 지참한 오픈북 시험을 보려하면 이어지는 학습자들의 첫마디는 "전자사전 되나요?" 또는 "스마트폰 사전도 되나요?"이다. 그들에게 있어서는 복잡한 과정보다 내가 당장 찾고자 하는 정보를 찾는 게 우선이다.(물론 점수 획득도 그 중 하나의 요인일 수 있다) 웹사전에도 부수로 찾는 경로가 있다. 그러나 학습자들은 "필기 인식" 기능을 이용하여 펜으로 또는 손으로 액정에 쓰거나 그린다. 과정을 중시하는 아날로그 세대와 결과를 중시하는 디지털 세대 간의 차이이다. 교수자로서 현장에서 쉽게 맞닥뜨리는 '양극화' 현상이다. 이 같은 현상의 함의는 자못 크다. 이와 관련하여 박승억(2015,

pp.248~249)의 논의를 참고해보자.

> "그러나 디지털 기술은 원리적을 모든 것을 텍스트화함으로써 활자가 텍스트의 전형이라는 도식마저 붕괴시킨다. 이는 무엇보다 활자조차도 0과 1이라는 이진수로 번역될 수 있다는 상황에서 비롯된다. 문자는 더 이상 가장 기초적인 상징이 아니다. 오히려 모든 문자를 번역해내는 이진수가 더 기초적이다. 물론 이때의 '기초적' 성격은 현실적 체험이나 그런 체험의 의미를 재현해내는 수단으로서의 의미다. 달리 말해 어떤 재현 수단이든, 그것이 문자든, 그림이든, 소리든 디지털 기호(즉 0과 1이라는 이진수)로 번역 가능하다. 이러한 디지털 기호의 가소성은 재현 가능성을 극대화하며, 결국 모든 것을 텍스트화하는 일도 가능케 한다……디지털 기술의 재현 가능성이 극대화되면서 그동안 '현실'이 '가상'에 대해 갖고 있던 인식론적, 존재론적 우선성은 소거된다."

논의를 풀어보면, 교수자에겐 문자면 문자고 그림이면 그림이고 영상이면 영상이다. 그러나 학습자들에겐 그것이 모두 "디지털 기호의 가소성"에서 비롯된 0과 1의 이질적 조합물이다. 이러한 점에서 물질적인 것과 그렇지 않을 것을 구분해온 교수자의 시각은 그것의 구분이 모호해진 학습자들의 시각과 언제든지 충돌할 가능성을 갖는다. 종이사전을 통해 '문자'를 제대로 인식하라는 교수자의 말이 디지털의 필기 인식 기능 속으로 들어가면, 학습자들에게는 경계가 모호한 '문자와 그림'의(그리고 약간의 영상적 요소까지)동일 조합물로 인식될 수도 있는 것이다. 이 같이 매체를 대하는 태도의 차이는 문식(文識)을 대하는 방법의 차이로 이어진다. 박승억(2015, pp.254~255)의 논의를 좀 더 참고해 보자.

> "가령 활자화된 텍스트를 보자. 하나의 활자 텍스트가 완결된 구조를 가지려면 시작과 끝이 있어야 한다. 본론 뒤에 서론이 나오고, 서론 뒤에 다시 결론이 나올 수는 없다. 또 물리적인 관점에서 책은 일종의 폐쇄된 공간,

즉 첫 페이지에서 마지막 페이지까지 완결된 의미체일 것을 요구한다. 이러한 텍스트를 읽고 해독하는 능력, 즉 처음부터 마지막까지 하나의 의미 완결체를 만드는 훈련이 바로 우리의 근대적 합리성이다. 이러한 의미에서 근대적 합리성은 철저하게 선형적이다.……반면 디지털 텍스트는 이런 사정들을 바꿔버린다. 예를 들어 디지털 미디어 시대의 전형적인 텍스트인 하이퍼텍스트를 생각해보자. 색인 기술을 확장한 하이퍼텍스트는 저자가 글을 쓴 방식과는 다른 독서 방법을 가능케 한다. 그것은 '원본'의 표준적 길을 무시할 수 있게 해준다. 달리 말하면 원래의 저자가 마련한 읽기 방식으로부터 벗어나 전혀 새로운 주제와 분석을 만들어낼 수 있다.(Bolter, Jay David 『글쓰기의 공간 Space Writing』, 김익현 역, 커뮤니케이션북스, 2010, p. 51 참조) 근대의 활자 텍스트가 가졌던 닫힌 선형적 체계는 연린 소산적 구조로, 혹은 원리적으로 무한한 노드를 가진 네트워크 구조를 띠는 텍스트가 된다. 말하자면, 하이퍼텍스트는 "단일한 단락, 페이지 순서 대신 여러 경로를 제공함으로써 색인은 책을 트리 구조에서 네트워크로 탈바꿈시킨다.(…)어떤 단일 주제가 다른 주제들을 지배하지도 않는다. 엄격하게 종속되는 대신 우리는 텍스트 공간을 누비듯이 지나가는 경로를 갖게 된다".(Bolter, Jay David 『글쓰기의 공간 Space Writing』, 김익현 역, 커뮤니케이션북스, 2010, p.51)"

상기 논의에 바탕하면, '처음부터 끝까지'를 권유하는 교수자의 "선형적" 관념은 학습자들의 넘나들기식 "하이퍼" 관념과 교실현장에서 또 다시 언제든 충돌할 수 있다. 위에서 예로 든 '종이사전 — 전자/스마트폰 사전'의 대립이 교실현장에서 쉽게 빚어지는 것처럼 말이다. 미래를 대비해야 하는 교수자들이 특히 염두에 두어야 할 부분이 이 부분이다. 이 같은 현상은, 지금 현재 겪고 있는 부분이거니와 향후의 미래 학습자들을 대할 때 즈음이면 그 변화의 속도가 더 할 것이기 때문이다.

종합하면, 디지로그라는 용어의 유행에도 불구하고 교실 현장에서는 교수자와 현재 및 미래의 학습자 간에 '디지(털)'와 '(아나)로그'가 분리된 채 세대 간 격차를 보일 수 있다. 이는 세대 간에 어느 단말기를 사용하는가

하는 차원의 문제가 아니다. 디지털 시대 속에서 지식을 접하는 매체와 태도의 양극화는 세상을 이해하는 방식과 문화 간의 양극화로 이어질 수 있으며 그 양극화가 교육의 과정에서 제대로 이해되지 않을 경우 지식이 교류되기 이전부터 뜻하지 않은 충돌을 빚을 수 있다는 생각이 필요하다.

3. 실용적 검토

교실 현장에서는 교재를 통해 주요지식을 받아들인다. 그로 인해 교재는 교실 현장에서 교수자와 학습자를 이어주는 주요한 매개였고 지금도 그것은 변함이 없다. 하지만 '교재란 무엇인가'라는 것에 대해 공인된 정의를 찾기란 쉽지 않다. 이는 아마도 교재를 대하는 연구자와 교육자의 상이한 시각과 그에 따른 주장때문이기도 하고(Shannon 2010, p.401) 또 교재 자체가 "(학생과 학부모, 학교에 팔린다는 점에서)경제적인 상품이고 (통제와 규정이 기술됨으로써 정치적, 이데올로기적 긴장과 타협의 산물이라는 점에서)정치적 대상이며 (무엇이 포함되고 또 그 지식이 어떻게 구성되는지의 여부는 곧 문화 정치학의 한 형태라는 점에서)문화적 표현물(Apple 2003[Shannon 2010, p.397에서 재인용][5])"이라는 중층적 성격 때문일 것이다.

Brown(2001, p.141)은 교재를 "(구어 또는 문어로 된) 텍스트의 한 유형으로서 교육과정에서 사용되는 책"이라고 정의하고 있다. 대학이든지 중고등학교든지 현재도 그와 같은 정의 하에 사용되고 있으나 상당히 포괄적이라는 점에서 구체성이 떨어지고 본 장에서 말하는 디지털까지는 아니어도 최소한 다매체 기기의 상용화가 이루어진 현상황과도 조금 동떨어져 있다. 다만 Brown(2001, p.145~146)은 해당 장의 제목을 "기교, 교재, 기술(Techniques, Textbooks, and Technology)"로 설정하며 CALL(Computer-Assisted Language Learning)의 이점과 활용에 대해서도 논하고 있는데, 그 후로 15년이 지난 지금 교재는 '교재'와 '기술'이 합쳐진 교재, 즉 전자 교재란 이름으로 검토의 필요성을 요구받고 있다. 우선 전자책의 개념부터 살펴보자.

> "도서로 간행되었거나 또는 도서로 간행될 수 있는 저작물의 내용이 디지털 데이터로 전자책 기록 매체, 저장장치에 수록되고, 유무선 정보통신망을 경유하여 컴퓨터 또는 휴대단말기 등을 이용해 그 내용을 읽고 보고 들을 수 있는 것(한국전자출판협회)……전자책 안에는 텍스트 기반의 콘텐츠에 멀티미디어 요소를 구현하는 기술 및 소프트웨어 플랫폼, 그리고 이 모두를 패키징 하는 하드웨어 시스템이 융합되어 종이책의 물리적 한계를 뛰어넘어 새로이 창작된 콘텐츠를 전달하는 매체의 역할을 담당……(한국소프트웨어진흥원)"(『키워드 100으로 읽는 문화콘텐츠입문사전』 2013, p.233)

상기 정의에서 볼 수 있듯, 전자책을 보기 위해서는 콘텐츠가 있어야 하고 그것을 볼 수 있는 단말기가 있어야 하며 콘텐츠를 시각적으로 구현할 수 있는 어플리케이션과 원활한 인터넷 통신망이 필요하다.[6] 복잡한 듯 보이지만 이미 우리는 이것들과 생활의 궤를 같이 하고 있다. Kindle이나 Crema, Kobo 등과 같은 전자책 전용 단말기가 아니라면[7] 스마트폰이나 스마트패드 등의 단말기가 우리 곁에 있으며 그에 맞는 어플리케이션이며 통신환경은 이미 인터넷 가입자 수와 스마트폰 이용자 수가 4000만 명을 넘어설 정도로 보편화되어 있다.[8] 게다가 각 학교마다엔 wifi가 범용되어 교실로 전차책의 개념을 끌어들이는 것이 어렵지 않은 환경이다.

그렇다면 현재 우리를 둘러싼 환경을 최대한 이용하여 기존의 언어 교재를 전자책으로 어떻게 만들고 시용해볼 수 있을까?[9] 사실 애플사에서 만든 iBooks Author라는 매우 유용한 어플리케이션이 있으나 이 어플리케이션을 이용하기 위해서는 Mac계열의 컴퓨터를 갖추고 있어야 한다. 한국에도 애플사의 제품이 스마트폰과 스마트패드를 중심으로 늘어나고 있으나 컴퓨터에 있어서는 아직 Windows 기반의 운영체제를 이용하고 있어 iBooks Author라는 어플리케이션을 이용하는데는 한계가 있다. 이에 필자가 수업에서 시용해볼 것을 제안하는 방법은 웹하드를 중심으로 한 교재의 공유이다. 기본적으로는 다음과 같다.

교수자	→	클라우드(웹하드)	←	학습자
	탑재		접근	

표 2. 교수자 — 학습자 간 교재 공유 과정

교수자와 학습자는 모두 웹하드를 중심으로 온라인에서 연결된다. 교실에서 사용할 교재를 웹하드에 띄워 놓으면 학습자는 웹하드 상의 교재를 스마트폰이나 패드 또는 컴퓨터를 이용하여 어디에서나 공부할 수 있도록 하는 것이다.[10] 물론 수업 현장에서도 웹하드 상의 교재를 스크린에 띄워 놓고 사용할 수 있다. Google Drive, Ndrive, Dropbox, Onedrive 등 무료로 이용할 수 있는 웹하드는 상당히 다양하며 용량 면에서도 한 학기 동안 교수자와 학습자가 쓰기에 충분할 것이다.

그렇다면 교재를 여러 단말기에서 접근할 수 있도록 하려면 어떻게 해야 할까? 필자가 갖고 있는 기기와 프로그램들을 이용하여 여러 시행착오를 겪은 결과[11] 수업에서 임시적으로 손쉽게 시용가능한 경로는 크게 세 가지로 나뉠 수 있다. 이 세 가지는 어떤 워드프로세서 — 한글, MSWord, Pages — 를 이용하느냐에 따라 나뉜다. 하지만 이들 도구를 통해 제작된 결과물은 모두 동일하게 ePUB라는 포맷으로 변환과정을 거쳐야 한다.[12] 즉 한글은 ".hwp", MSWord는 ".doc", Pages는 ".pages"라는 결과물을 갖는데 이를 다시 전자책에 맞는 포맷, 즉 ".epub"란 포맷으로 전환시켜주어야 한다. 그 제작 및 변환 과정은 대략 다음과 같다.

	교수자				학습자
	기록	저장	변환	산출/탑재	독서
제작과정	"한글" → / "MSWord" →	".odt" 저장[13]	→ ".epub"변환 ("Calibre"이용[14])	→ ".epub"산출 / 웹하드탑재 →	단말기 독서
	"Pages" →			".epub"산출 / 웹하드탑재 →	

표 3. 전자교재 제작 및 시용 과정 흐름

상기 세 '기록' 프로세서는 모두 컴퓨터를 이용하지만 '한글'이나 'MS Word'는 보통 Windows 운영체제에서, 'Pages'는 Mac OS 운영체제에서 작업하는 것이 보통이다.[15] '기록'면에서는 '한글'이나 'MS Word'가 이미 익숙해 있기 때문에 편리하지만 '저장'과 '변환'의 과정을 거쳐야 한다는 점에서는 번거로운 면이 있다. 이에 반해, 'Pages'는 우리에게 아직 익숙하지 않은 프로세서이나 결과물을 바로 '.epub'로 저장할 수 있다는 면에서는 상대적으로 편리하다. 'Pages'가 갖는 또 하나의 장점은 Mac 계열의 제품군, 예컨대 iPhone이나 iPad 등에서 작업한 'Pages'의 결과물도 모두 바로 '.epub'로 저장할 수 있다는 점이다. 다만, 필자의 시용에 의하면 상기 세 프로세서의 결과물이 ePUB로 전환되는 과정에서 폰트나 탭 부여 등 원래의 형태를 유지하지 못하는 경우가 많으므로 이 점은 향후 시용과정에서 개선이 필요하다. 더불어 각각이 장단점을 갖고 있는 만큼 전자책을 이용하여 수업을 준비할 경우 교수자는 향후 다양한 워드프로세서를 다룰 줄 아는 기술이 요구된다고 볼 수 있다.

아래는 표 2와 표 3 상의 이해를 돕고자 그 과정을 간략하게 캡처된 화면과 함께 보이고자 한다. 다만 현재 '한글'프로세서가 가장 범용되고 있는 만큼 '한글'에 의한 제작 및 시용 과정을 나타낼 것이다.

(1) '한글'프로세서를 이용한 교재내용 제작: 교재의 내용물을 워드 프로세서로 작성한다.

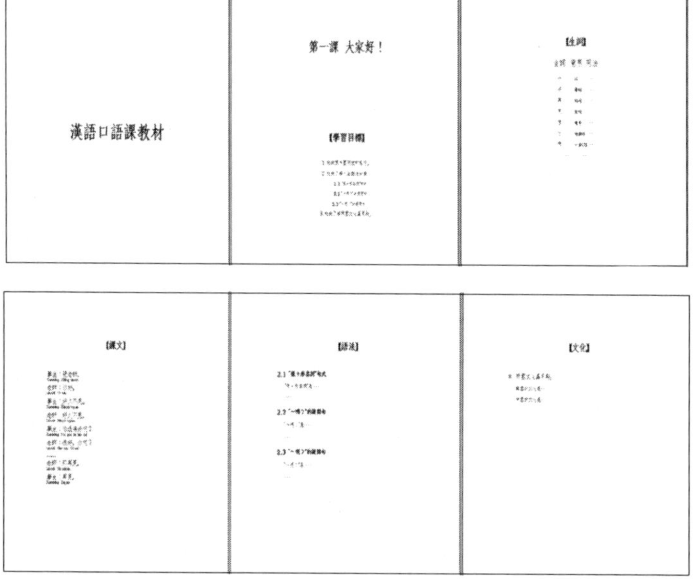

(2) '한글'문서 '.odt'로 저장: 작성한 교재내용을 '.hwp'가 아닌 '.odt'로 저장한다.

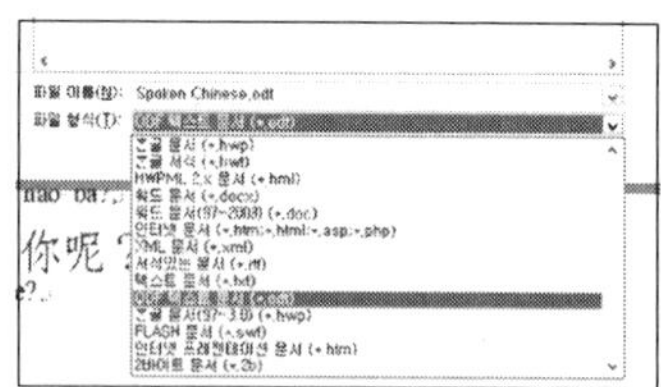

(3) ‘Calibre’를 이용한 ‘.epub’(전자책 포맷)으로의 변환: ‘.odt’화일을 드래그하여 ‘.epub’로 변환한다.

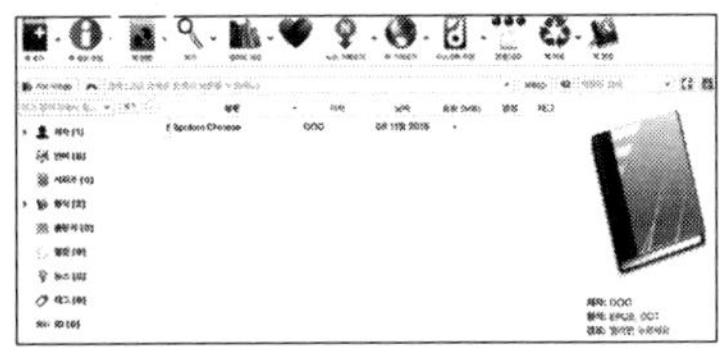

(4) ‘Calibre’ 뷰어를 통한 전자책 열람: 변환된 ‘.epub’화일은 ‘Calibre’ 뷰어로 아래와 같이 열람할 수 있다. 표지는 파일명에 준해 자동으로 작성된다. 다만 이 중에서 상단 좌측 두 번째 그림의 제목 중 일부 폰트(“教”)가 다르게 표시되거나 상단 우측 첫 번째 화면(즉 [生詞])에 탭 적용이 안 되어 있는 것을 볼 수 있다. 이는 시용의 과정에서 해결방법을 강구할 필요가 있다.

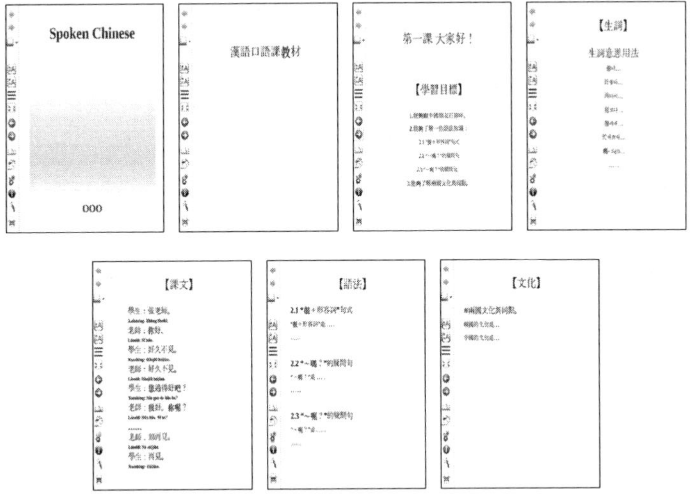

(5) 전자책 웹하드 탑재: ‘.epub’ 결과물을 웹하드에 탑재한다. 본 장에서는 Google Drive를 사용하였다. 이후 웹하드의 파일 공유 기능을 통해 학습자와 공유한다.

(6) 컴퓨터를 통해 웹하드와 연결한 열람(iBooks를 통해 열람)[16]: 아래 그림에서 주의해서 볼 것은 좌, 우 교재 샘플의 글씨 크기와 배경화면색이 다르다는 점이다. 이는 교재를 접하는 사용자가 컴퓨터 환경과 기호에 맞게 바꿀 수 있음을 의미한다.

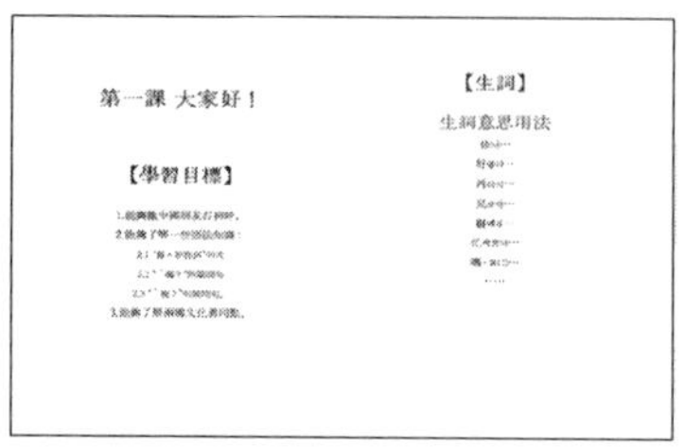

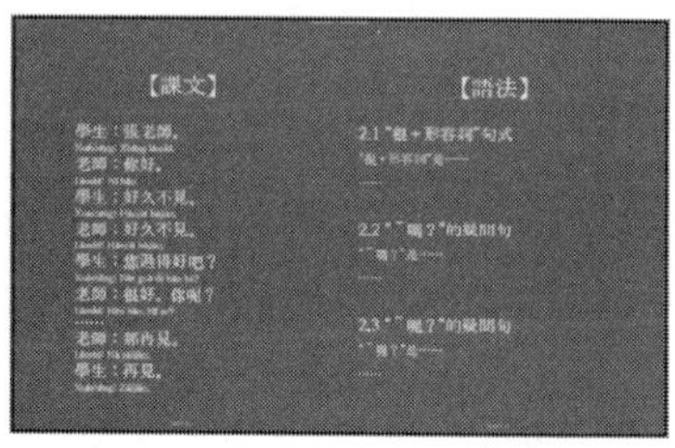

(7) 스마트폰을 통해 웹하드와 연결한 열람(iPhone을 통해 열람): 웹하드 상의 내용을 스마트폰으로 접속하여 열람한 화면이다. PC에서 보는 것과 다른 점은, 아래 그림에서 보이는 것처럼, 종이의 책장을 넘기는 질감을 느낄 수 있다는 것이다. 마찬가지로 폰트 크기와 배경화면색은 사용자가 바꿀 수 있다.(우측 두 번째 그림 참조) 그리고 우측 첫 번째 그림에는 동그라미로 체크된 부분이 있다. '책갈피'로서 다음에 이어서 볼 곳을 지정하는 기능이다.

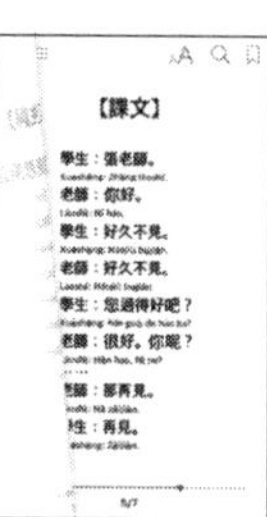

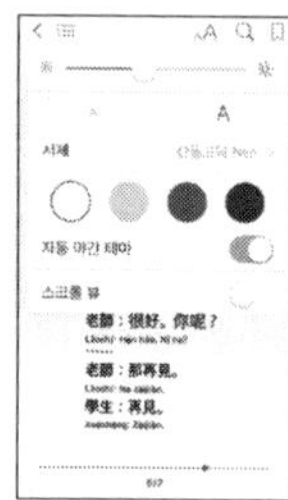

(8) 스마트패드를 통해 웹하드와 연결한 열람(iPad를 통해 열람): 웹하드 상의 내용을 스마트패드로 접속하여 열람한 화면이다. 스마트폰과 다른 점은 교재의 두 면을 한 화면으로 볼 수 있다는 것이다. 그만큼 책을

보는 느낌이 더하다. 또한 일종의 옵션으로서, 위키피디아나 네이버, 다음 사전 등을 전자책에 링크시켜두면 편리하게 자가 학습을 하도록 유도할 수도 있다.

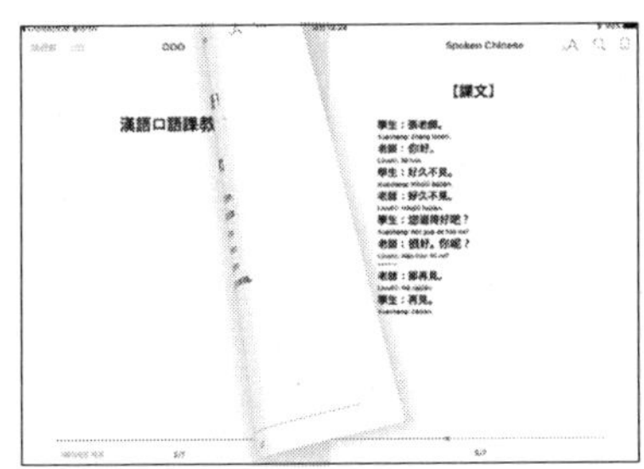

4. 검토의 의의

교육과 인문적 관점에서, 지금까지의 논의는 디지털과 아날로그가 단지 기기만의 문제가 아니라 지식을 접하는 태도의 문제이자 문식 방법의 문제로까지 이어질 수 있다고 언급하였다. 그리고 그에 발맞춰 우리의 교육도, 지식의 내용을 교류하기에 앞서, 무엇을 통하여 어떠한 형식으로 교류할 것인가라는 문제에 관심을 가져야 한다는 취지에서 큰 비용을 들이지 않으면서도 현재의 환경을 최대한 이용하여 교육할 수 있는 디지털 환경을 구상, 제시해 보았다.

그렇다면 '교재'에 대한 지금까지의 검토가 갖는 의의는 어디에 있을까? 아래와 같이 크게 두 가지로 나누어 살펴보자.

첫째, 외국어 교육이 과학기술시대 속에서 무엇을 성찰하고 대비해야 할지에 대한 생각에 초보적인 단초를 제공한다. 앞서 언급했듯, 필자는 사전(詞典)과 관련하여 지금도 현장에서 보이는 교수자와 학습자 간의 '아날로그 — 디지털' 세대 간 충돌을 예로 들고 향후 미래 학습자들의 변화에 대비한 준비의 필요성을 지적했다. 인터넷의 발전과 그것을 중심으로 한 사회문화적 변화(진보라고 할 수는 없다고 생각한다)는, 정작 자신 또한 그 속에서 삶을 영유함에도 불구하고 세심한 관찰이 아니라면 포착해내기가 쉽지 않다. 그에 따라 교수 · 학습에서 무엇이 변화하고 또 어떻게 대처해야 할지에 대한 생각 역시 용이하지 않다. 그런 점에서, 책의 형식이 변화하는 모습에 관심을 갖는 것은 미래의 교육과 학습자를 예견하는데 도움을 줄 수 있을 것이라고 생각한다.

앞서 박승억(2015)을 인용한 논의에서 보았듯, 현 세대 그리고 앞으로의 세대는 문자와 그림, 영상을 모두 하나의 시각으로 바라보기 시작할 것이다. 지금의 교수자에게 아날로그와 디지털이 어림잡아 8:2의 비율이라면 현재의 학습자는 5:5, 앞으로의 학습자는 2:8의 역전된 현상을 보일 것이다. 따라서 지금은 아날로그 교재로 학습하지만 디지털 교재에 대해서도 관심을 가져야할 시점이라고 생각한다. 교재에 무엇을 넣을까도 중요하지만 어떤 형식으로 미래의 학습자들과 공유할 것인가 하는 문제를 고려하고 또 그 결과를 수업 현장에서도 시용할 필요가 있다. 전자 교재는 그것을 실천하는 과정의 일부를 이룰 것이다.

둘째, 외국어 교육에 도움이 되는 신기술에 대해 교수자들의 지속적인 학습과 실천이 필요함을 시사한다. 이는 평생 학습의 개념으로서 필요 기술들을 외국어 교육으로 부단히 도입하고 또 갱신할 필요가 있음을 뜻한다. 본 장에서 언급된 프로그램과 방법들은 몇 년 뒤면 다시 옛 것이란 이름이 붙게 될 것이다. 그 때면 또 다른 기기들과 프로그램이 출현할 것이고 또 그에 궤를 같이하는 신(新) 학습자들이 교육의 대상이 될 것이다. 이는 각 시대와 세대의 요구에 부응하는 교육방법과 기술이 끊임없이 제시되어야 함을 의미한다. 교수 · 학습과정에서 미래의 학습자들과 관점의 절충점을 찾으려면 교수자 역시 미래 교육에 부합하는 기술의 도입과 활용에 적극적일 필요가 있다.

과학기술뉴스 사이트 *readwrite*는 2011년에 "1 in 4 College Textbooks Will Be Digital By 2015"라는 기사로 다음과 같은 예견을 한 바 있다. 아래의 내용을 살펴 보자.17)

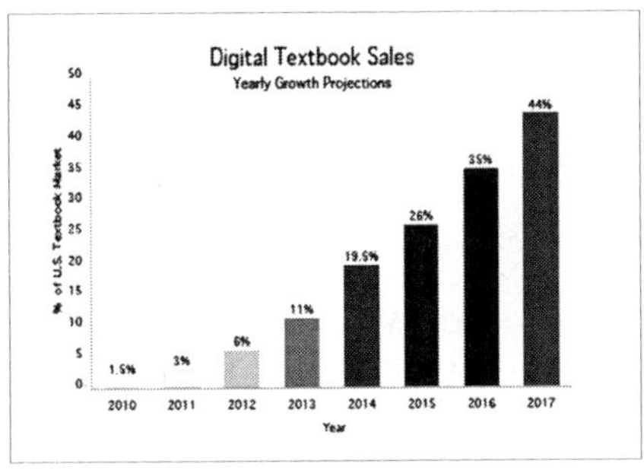

그림 2. 미국대학의 디지털 교재 점유 전망

"……But according to the latest report by the social learning platform Xplana, we have reached the tipping point for e-textbooks, and the company predicts that in the next five years digital textbook sales will surpass 25% of sales for the higher education and career education markets."

위의 기사가 예견한 해는 이미 지난 2015년이다. 그것이 실현되었는지는 알 수 없으나, "전 세계 공통적으로 전자책 분야에서는 당분간 지속적인 성장이 예상"18)될 것으로는 보고 있다. 이것이 향후에도 비단 미국에만 적용되는 일일까? 언젠가 한국에서도 대학의 교재는 무겁게 갖고 다니는 낱낱의 책들이 아니라 그 책들을 하나의 단말기 속 가상의 서재에 넣고 다니는 전자 교재로 탈바꿈되지 않을까? 필자조자노 상상하기에 조금 버겁다. 그러나 확실한 것은, 다가오는 기술의 변화와 그 변화에 잇따르는 삶의 양식에 대해 관찰하고 또 필요하다면 새로운 프로그램과 기기들도 과감하게 사용해보는 실험정신 역시 요구된다는 것이다.

5. 결론과 함축

지금까지 교육과 인문적 관점에서 전자 교재의 제작 및 사용을 검토하고 검토가 가진 의의에 대해 논의하여 보았다.

흔히 교육 관련 제(諸) 분야는 사회과학으로 분류한다. 하지만 '인간'을 교육하는 장, 특히 외국어를 교육하는 현장과 차후 세대를 교육하기 위해 준비하는 장에서는, 그것이 모두 '인간'을 향하고 있다는 점에서 사회과학과 인문학의 경계 짓기가 무의미해진다. 여기에 더해 "사회의 변화가 보이는 특징 중 가장 중요한 요소로서 깊고 광범위하게 진행되는 과학화, 기술화, 정보화(김영식 2009, p.167)"는 그것이 사회과학이든 인문학이든 어느 분야에서나 그 혜택으로써 발전하고 있다는 점에서, 외국어 교육은 다시 세 경계가 합쳐지는 영역에 놓일 수 있다고 생각한다.

하나의 전문분야가 곧 전체라는 영역 가르기 식의 관점을, 각 영역 그 자체의 전문화도 물론 중요하나, 그것들이 합쳐졌을 때 보일 수 있는 시너지로 한 번 쯤 옮겨볼 것을 권한다. 전자 교재에 대해 관심을 가져야 한다는 것은 '우리도 꼭 전자 교재를 만들어 보자'가 아니다. 전자 교재는, 그 자체보다, 현재의 교육 환경을 이해하고 이용하여 미래를 전망하는 준비 과정과 대안의 일부이다. 그럼에도 불구하고 본 장에서 전자 교재를 다룬 것은 그것이 상기한 교육, 인문, 기술이란 세 영역의 교집합에 놓여있다는 데서 비롯한다.

비록 '전자(電子)'라는 수식어가 붙는 논의였음에도 더 나은 외국어교육을 지향한다는 점에서 본 장의 논의가 '인간을 가르치는'데 바탕을 둔 숙고와 실천에 작은 도움이 될 수 있기를 삼가 바라본다.

제9장
언어학 교육을 위한 전자교재 구상*

1. 문제의 제기

'4차 산업혁명'이 마치 하나의 유행어가 된 요즘이다. 혁명을 기점으로 급격한 변화의 도래가 머지않았음을 각 언론매체와 출판시장에서 연일 언급하고 있다. 그래서인지 4차 산업혁명이 무엇인지도 모른 채 시류를 따라가지 못하면 금세 도태될 것만 같고 빨리 뭐라도 해야 할 것만 같은 심리적 압박과 불안함이 먼저 마음 한켠을 차지한다. 특히 이 혁명은 이 · 공 계열의 주도 하에 진행되고 그 여파로서 당연히 인간이 본위여야 한다는 생각으로 진행해온 일련의 어 · 문 작업들이 점점 사양의 길로 접

* 본 장은 2017년 5월 27일 한국외국어대학교에서 개최된 "한국중국언어학회 창립 30주년 기념 2017년도 춘계학술대회"에서 발표한 내용을 수정, 보완하여 『中國文化硏究』 제37집(2017년 8월), pp.159~181에 「중국언어학 교육을 위한 전자교재에 대한 구상 시론」이란 제하로 게재된 원고를 수정한 것이다. 연구는 2017학년도 서울여자대학교 교내학술연구비의 지원을 받았다.

어들 것이란 다소 암울한 예견을 던져주고 있어 우리의 긴장감을 한층 부추긴다.

그 혁명이 무엇인지 그리고 그것이 미래 어떤 결과를 초래할 것인지에 대해서는 미래학의 논의 분야일 것이다. 본 장은 다만 과거와 현재, 미래를 잇는 논의들(토머스와 브라운 2011[송형호 등 2013], 와인버거 2011[이진원 2014], 박승억 2015, 미래전략정책연구원 2016, 럼지 2016[곽성혜 2016] 등)을 참고삼아, 중국어문학의 이론지식 교육을 위한 전자교재 구상과 제작을 논의의 중심에 두고자 한다. 구체적으로, 향후 대학의 중국언어학 교재는 어떤 모습을 띠면 좋을지 시중에 출판된 중국어학개론 교재를 토대삼아 나름의 구상과 예시를 제시해 보고자한다.

2. 도입의 배경

2.1 도구와 공유

4차 산업혁명을 실현하는 핵심 도구 중 하나는 인터넷으로 불리는 네트워크일 것이다. 미래를 볼 것도 없이, 현재도 전세계 네트워크와 연결만 되어 있다면 원하는 정보를 언제 어디서든 쉽게 취득할 수 있다. 이것은 누군가가 만들어 놓은 것을 취하기만 하는 수동적 수용만을 의미하지 않는다. 역으로, 네트워크를 이용한 참여로써 제작 및 공유도 얼마든지 가능하다는 것을 의미한다. 이 같은 점은 그동안 면대(面對)를 전제하며 상호작용이란 개념을 이해했던 것과 도구적 측면에서 특히 큰 차이를 갖는다.

과거의 교육은 자료를 많이 갖고 또 그것을 자주 접했던 사람이 그 지식을 다음 세대에게로 전수하는 것이었다. 지식은 그만큼 그 자체가 권력이었고 아는 만큼 소위 출세할 가능성이 높았던 것도 불과 최근까지의 일이었다. 그런데 현재는 어떤가? 백과사전의 대명사로 불리던 『브리태니커 백과

사전 *Encyclopaedia Britannica*』은 더 이상 인쇄본을 출간하지 않는다. 브리태니커란 이름의, 소수 저자들의 편집된 지식을 참조의 권위로 여겼던 생각에 지식의 공유라는 수평적인 변화가 분 결과이다.[1] 지식은 지금 권위란 이름을 벗고 『위키피디아 *Wikipedia*』 속에서 개방된 형식의 존재 양식을 취하고 있다. 익명에 의해 씌어졌다는 점 때문에 현재도 그 신빙성을 끊임없이 의심받고 있으나 『네이처 *Nature*(Giles 2005, p.900)』는 『브리태니커』와 『위키피디아』 간 정확성의 차이가 그리 크지 않음을 보여준다.[2] 뿐만 아니다. 실생활에 필요한 정보를 검색하든지 연구와 수업을 위한 자료를 검색하든지 우리의 생활은 '문서와 이미지는 구글, 영상은 유투브'란 경로로부터 자유롭지 못하다. 이 같이 단적인 예들은 우리로 하여금 "이제 지식은 모든 범위에 걸쳐 작동하는 인터넷의 모양을 띠고 있다(와인버거 2011 [이진원 2014, p.46])"는 생각을 갖게 하기에 충분하다.

2.2 변화와 교육

지식을 둘러싼 상기 현상은 우리에게 몇 가지 생각할 문제를 던진다. 첫째, 학습에 있어 무엇이 중요해질 것인가 이다. 얼마나 많이 아는가는 점점 중요해지지 않을 수 있다. 정보는 네트워크상에 넘쳐나기 때문이다. 그보다는, 얼마나 잘 찾는가 그리고 취득한 것들을 얼마나 잘, 의미있게 조합하는가가 중요해질 수 있다. 이는 취합된 단편적 정보들 속에서 실제 적용 가능한 지식을 발견할 수 있는가 하는 능력의 문제이다. 더불어 가르침이 없어도 얼마든지 자신의 필요에 따라 자발적인 학습이 가능한 시대의 도래를 의미한다(토머스 등 2011[송형호 등 2013, p.39]).

둘째, 교수자는 무엇을 교수해야 하는가 이다. 지식 공유의 수평화 과정에서 교수자의 지적 권위는 점점 상실될 수 있다. 한 개인이 학습할 수 있는 지식의 양은 유한한 반면 존재하는 지식의 양은 무한에 가깝다. 게다가 우리가 현재 배우는 지식은 '현재' 유효할 뿐 앞으로도 유효할지는 불확실하다. 그렇다면 교수자 역시도 네트워크 속에서 '잘 찾기' 위해 노력해야 할 지속적인 학습자 중 한 사람일 텐데 향후 교육에서는 어떤 역할을 해야 할까? 우선 두 가지를 염두에 둘 수 있을 것이다. 하나는 정보의 여과이고 또 하나는 리터러시(literacy)이다. 우선 전자 — 정보의 여과 — 와 관련하여 아래 잘츠베델(2011[박미화 2012, p.18])을 참고해 보자.

> "정보의 양이 과잉되면 무언가를 알고자 하는 지적 의욕이 상실된다. 또한 정보의 양이 많은 만큼 정보의 출처와 정보를 얻을 수 있는 통로 역시 증가한다. 더구나 구글과 같은 검색엔진을 비롯한 각종 정보 서비스가 제공되면서 사람들은 언제 어디서나 새로운 지식을 접할 수 있다고 착각하게 된다. 그러나 정보의 양이 증가하고 손쉽게 지식에 접할 수 있게 된 후부터 예전보다 더 많은 시간과 노력을 투자해야만 믿을 만한 정보를 선별하고 지식의 골자를 파악할 수 있게 되었다."

상기 논의에 기대어보면, 교수자는 신빙성을 갖춘 양질의 정보를 선취하여 학습자와 공유하는 일종의 안내자 역할을 할 수 있다. 물론 그것이 지향하는 바는 "지식의 골자를 파악할 수" 있도록 하는 데 있을 것이다. 그 다음 후자 — 리터러시 — 와 관련해서는 "새로운 읽기 관습"에 대한 이재현(2013, pp.81~85)의 논의를 참고할 수 있다.

> "이 두 가지 관습(묵독과 음독을 가리킴 — 필자 부가)과 더불어, 전자적 글쓰기(Electronic Writing)라는 새로운 텍스트의 등장은 새로운 읽기 관습들을 만들어가고 있다. 특기한 점은 …… 디지털 텍스트에 대해 지배적인 읽기 관습인 묵독이 실행되는 가운데 디지털 텍스트의 고유한 특성 때문에 유의미한 행동 및 감각 양식의 변화가 일어나고 있다고 보아야 한다는 것이다. …… 먼저 다중 읽기(multiple reading)는 하나의 텍스트에만 집중하는 것이 아니라 말 그대로 여러 개의 텍스트를 넘나들며 읽는 관습을 말한다.

> …… 다음으로 …… '소셜' 읽기(social reading)로서, 텍스트를 읽기 전과 후, 그리고 읽는 과정에서 텍스트를 둘러싸고 정보, 지식, 정서 등의 교류가 이루어지는 읽기 관습을 말한다. …… 마지막으로 …… 증강 읽기(augmented reading)로서, 이것은 이른바 '증강 텍스트(augmented text)'에 의해 가능해진 읽기를 말한다."

그동안의 리터러시 교육이 문자에 의한 텍스트를 읽고 쓰는 능력의 배양에 초점이 맞춰졌다면 이제는 문자는 물론 영상과 이미지 등이 함께 구현된 "새로운 텍스트"를 읽고 쓰는 능력의 배양으로 리터러시의 범위를 확장시키고 교육할 필요가 있다.[3)]

셋째, 네트워크 상에서 진행되는 지식의 구축과 개방은 대학의 미래 역할 및 수업의 형태에 대해서도 질문을 던진다. 교실 강의를 웹상에 올려 익명의 다수 수강생과 공유하는 방식의 OCW(Open Course Work)나, 특히, 웹상에서 진행되는 유·무료 정규과정을 다수의 접속자가 수강하는 MOOC(Massive Open Online Course) 등은 (큰)비용을 들이지 않고도 대학의 강의를 들을 수 있다는 점에서 대학의 내·외 경계가 허물어지고 있음을 보여준다. 뿐만 아니라 현재도 활발하게 시도되는 블렌디드 러닝(Blended Learning)/플립 러닝(Flipped Learning)은 온·오프라인이 모두 수업의 공간으로 활용될 수 있음을 보여준다. 이에 따라 "2030년에는 전 세계 대학교의 절반이 소멸할 것(미래전략정책연구원 2016, p. 전자책 ePUB 90% 지점)"이란 절망적인 전망까지 제시되기도 한다. 이 같은 추세를 따른다면, 웹 강의를 위한 인프라의 구축과 보완을 요구하는 목소리 또한 높아질 것이며 교실 강의와 웹 강의가 항시 동시/개별 진행된다고 할 때 교실 강의에서는 향후 무엇이 보완되고 중시되어야할 지에 대해서도 진지한 논의가 요구될 것이다.

2.3 매체와 교재

상기와 같은 여건들을 고려할 때 전자교재의 도입과 구상은 "판텍스트화(Pan-textualization, 박승억 2015, p.247)"에 대한 세대간의 수용여력을 고려하는 데서부터 시작되어야 할 것이다. 판텍스트화란 디지털 기술에 기대어, 활자를 텍스트 구성의 전형적 도구로서 생각해오던 과거와 달리, 문자, 음성, 이미지 등을 모두 0과 1이란 동일 기호로써 텍스트화하는 것을 가리킨다(박승억 2015, pp.248~249). 이에 따르면, 기존 교수자 세대의 입장에서는 문자, 음성, 이미지, 영상 등이 모두 각기 다른 매체로 구성된 텍스트로 여겨지는 반면, 현/미래 학습자 세대의 입장에서는 이들 모두가 0과 1에 의해 구성된 동일 텍스트로 간주될 수 있다(박찬욱 2016, p.34).

일상에서 겪는 비근한 예로서, 한자에 대한 인식의 차이를 들 수 있다. 교수자는 과거 그림처럼 보이는 상형자부터 현재의 간체자까지 모두 문자의 범주로 인식한다. 그리고 그들 간에는 모종의 과정을 통해 덜 규격화된 문자에서 더 규격화된 문자로 발전해왔다고 생각한다. 하지만 현 학습자에게는 그것들이 모두 문자일 수도 또 모두 이미지로 다가올 수도 있다. 그래서 현재의 학습자들은 마우스나 타블렛 펜 등을 이용하여 그리듯 쓰며 문자를 찾는 것에 익숙해 있다(박찬욱 2016, p.33).

따라서 전자교재 상에 부가되는 음성, 이미지, 영상 및 하이퍼 링크 등은 어쩌면, 교수자 세대에게는 복잡한 다층적 요소 간의 결합으로 보여도, 학습자 세대에게는 단일한 요소의 상이한 형식들일뿐일 수도 있다. 이 같은 생각은 앞서 제시된 이재현(2013)의 세 가지 "새로운 읽기 관습" — 다중 읽기, '소셜' 읽기, 증강 읽기 — 이 어떻게 가능한지에 관한 우리의 이해를 돕는다. 잠시 잠깐의 주의를 기울이면서 여러 형식의 텍스트를 넘나드는 다중 읽기나 읽는/읽은 결과를 동시에 저 너머 타인과 주고 받을 수 있는 '소셜' 읽기, 하이퍼 방식으로써 단말기와 연결된 네트워크 상의 또 다른 텍스트로 끊임없이 확장하는 증강 읽기는,(이재현 2013, pp.81~85) 그것이 가능하도록 하는 매체에 대한 인식의 양상이 존재하기 때문에 가능하다. 그리고 그런 점에서, 역으로, 앞으로는 활자의 단순 제시만으로는 지식의 이해를 도모하는 데 있어 한계가 있을 수 있으며 어딘가 현재와 부합하지 않는다는 인상을 학습자들에게 줄 가능성도 있다.

3. 교재의 구상

3.1 교재의 틀

상기 논의를 토대로, 언어학 전자교재의 구상은 거시적 측면에서 두 가지를 고려할 수 있다. 첫째, 지식의 제시 측면이다. 언어학 지식의 제시에 있어서는 크게 시간, 공간, 인간의 축을 고려할 수 있다. 이는 지식을, 인간이 일정 공간과 시간 속에서 만들고 경험한 것들을 나름의 기준으로 가공한 결과로서 대할 것을 전제한다. 그에 따라 지식으로서의 언어학도 언어는 물론 언어를 사용하는 인간의 역사와 떼어 놓고 볼 수 없는 것임을 시사한다.

구체적으로, 시대별로 영역을 달리하는 지도를 펼쳐 놓고 중국의 표준어 형성을 논한다든지 음성을 논하면서 인간의 발성기관과 그것의 진화를 좀 더 동적으로 이해한다든지 하는 것이 그 예가 될 수 있다. 또 지도 속에 구획된 방언구 영역을 보면서 보통화와 다른 방언음을 들을 수 있도록 하거나 중의적 문장 구조에 대해서는 선형적 구조가 아닌 층차적 구조를 보여줌으로써 이해력을 제고할 수도 있다.

이로써, 물리적인 지면으로 인해 어쩔 수 없이 선형성에 기댈 수밖에 없었던 과거의 지식 제시 방법을, 0과 1이란 초매체적 디지털 언어에 기대어 시각, 청각, 촉각 등 학습자들의 다중 감각을 자극하는 방법으로 탈바꿈시킬 수 있을 것이다.

둘째, 읽기 방법의 측면이다. 전자교재를 지향하는 만큼, 단순히 종이책을 pdf로 옮겨 놓는 차원이 아닌, 상기 "새로운 읽기 관습(이재현 2013)"의 발전과정과도 맥을 같이할 수 있도록 한다. 특히 다중 읽기와 증강 읽기란 읽기 관습에 부합되도록 할 필요가 있다. 한 페이지에 영상, 이미지, 텍스트 등 다양한 형식의 연관 지식을 제시하거나(다중 읽기) 하이퍼 기능을 통해서 교재 내 챕터 간 또는 교재 외 정보네트워크로의 확장된 읽기(증강 읽기)를 도모할 수 있도록 설계하는 것이다. 물론 교재 내용을 매개로 한 커뮤니티 구성도 생각할 수 있겠지만 그와 같은 '소셜'읽기는 과목의 성격과 운영 방식에 따라 도입 여부를 고려할 수 있을 것이다.

3.2 교재의 기능과 내용

아래는 상기 논의와 구상을 토대로 직접 제작해본 교재의 예시이다. 예시된 교재는 MAC 컴퓨터에 기본으로 제공되는 iBooks Author란 어플리케이션을 이용하여 작성하였다. iBooks Author의 선택과 사용은 필자의 작업 환경, 예컨대 해부도, IPA, 사진 및 영상 편집 등 관련 어플리케이션들이 언어학 교재 제작에 있어 원활한 호응을 이룬다는 데 기인한다.

본 장에서는 비록 iBooks Author란 특정 툴을 사용하지만, 아래 예시와 논의는 전자책이라고 할 때 떠올릴 수 있는 보편적 기능들을 위주로 할 것이다. 그리고 어느 제작툴을 사용하더라도, 언어학의 제 요소들을 어떻게 제시하여 학습 효과를 제고할 것인가 라는 문제를 중심으로 상기 구상을 실현 및 제시하는 데 초점을 맞출 것이다.

논의에 앞서 언급할 점은, 아래 제시될 교재의 예시는 지금까지 논의된 초보적 구상에 기초하여 중국언어학 수업을 위한 전자교재가 '이렇게 제작된다면 좋지 않을까'하는 생각을 토대로 시범 제작된 결과의 일례라는 점이다. 이 같은 언급은 세 가지 점을 염두에 두고 있다. 첫째, 구상을 예시하는 데 목적을 둔 교재의 집필을 시도하지 않았다. 즉, 책의 집필을 완료하고 그것의 일부를 예시로 내보인 것이 아니다. 아래 제시된 예시들은, 구상의 시론이란 점에서, 시중의 여러 교재로부터 바탕글을 취한 뒤 개인 소장 자료를 가공하여 제작된 시도물이다. 구체적으로, 시작(試作)에 사용된 바탕글은 김현철 등(2006), 최영애(2008), Sun(2004[최규발 등 2012]) 등 기존의 중국언어학 개론서로부터 취하였고[4] 그에 동반된 사진 및 영상은 수업 시 참고자료로 사용된 자료 중의 일부를 취하였다. 둘째, 시용 결과에 대해서는 논하지 않았다. 바탕글과 자료가 필자의 제작물이 아니므로 시중에서는 물론 가상공간에서도 탑재, 공유된 적이 없으며 '이런 책은 어떤가' 하며 자문을 위한 배포 역시 한 적이 없다. 따라서 교재의 시용 결과는 자연스럽게 논의에서 배제된다. 셋째, 구상과 실제 사용 간에는 간극이 존재한다. 본 장은 현재 시점에서 가용 가능한 제작툴을 이용하여 향후 교재의 대안을 시론하는 데 중점을 두고 있다. 이 대안이 실제 교실로 도입되기까지는 여러 절차적 문제가 해결되어야 한다. 예컨대 저작권의 문제나 교재의 제공/공유를 위한 플랫폼의 문제 등이 그에 속할 것이다. 그러므로 구상의 실천을 위한 실제 사용 상의 절차 문제는 본 장과는 별개로 논의가 진행되어야 할 것이다.

3.2.1 전자교재의 일반 기능

전자책을 사용한다고 하면 맨 먼저 기존 필기도구로부터의 해방을 떠올릴 수 있다. 반경을 갖는 기존의 신체 동작 — 필기 — 은 스크린 터치가 대신하기 때문이다. 예컨대, 접촉에 의한 타이핑 기능으로써 메모도 하고 하이라이트 등의 밑줄도 긋는다. 또 접촉에 의한 쓸어넘기기를 통해 책장을 넘기고 책갈피를 꽂고 링크된 사이트로 넘나들기를 한다. 이 같은 방법으로써 체험할 수 있는 전자교재의 기능들로는 구체적으로 다음과 같다. 우선 독서 중 언제든 전체 목차를 보거나(그림 1) 절의 내용 전체를 하단에서 축소판으로 일람할 수 있다(그림 2).

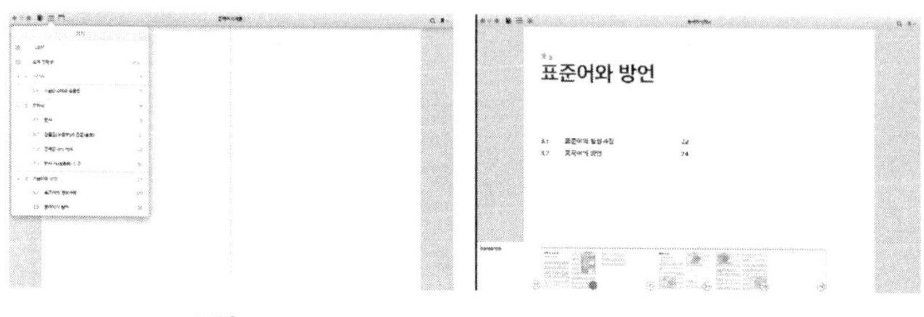

그림 1.

그림 2.

그림 3.

근래 들어 강의계획서를 웹상에 미리 탑재하는 것을 넘어서, 학교의 가상시스템이나 유투브 등을 통해 강의계획서에 대한 설명 영상을 개강 전에 미리 띄워놓기도 하는데, 전자책을 이용할 경우 그 같은 영상을 교재 앞에 미리 실어(그림 3) 교재 내용과 수업 구성에 대한 이해를 도울 수 있다.

독서 중 요구되는 메모 기입이나 밑줄 긋기 등은 모바일 기기에서 사용하는 방법과 동일한 방식으로 추가할 수 있으며(그림 4) 그 결과는 언제든지 따로 불러 확인 및 수정이 가능하다(그림 5). 더불어 메모 등의 결과는 추후 학습자료로 가공도 가능하다(그림 6, 7).

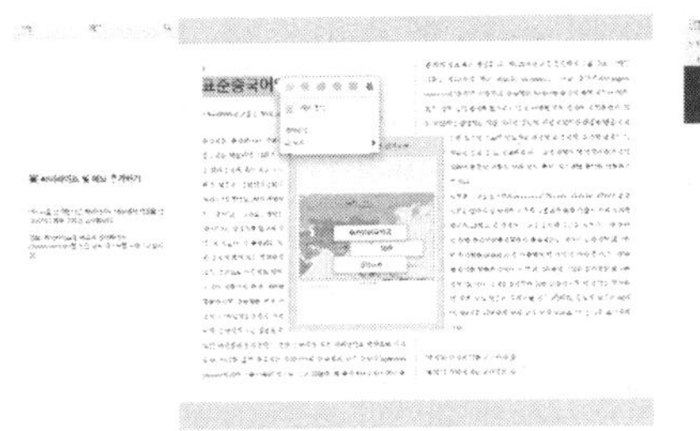

그림 4.

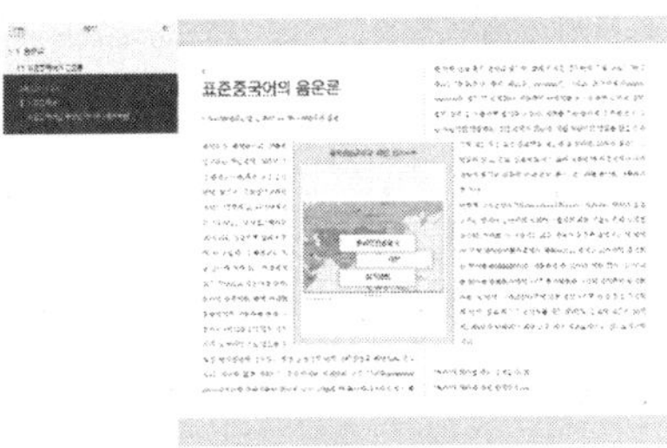

그림 5.

그림 6.

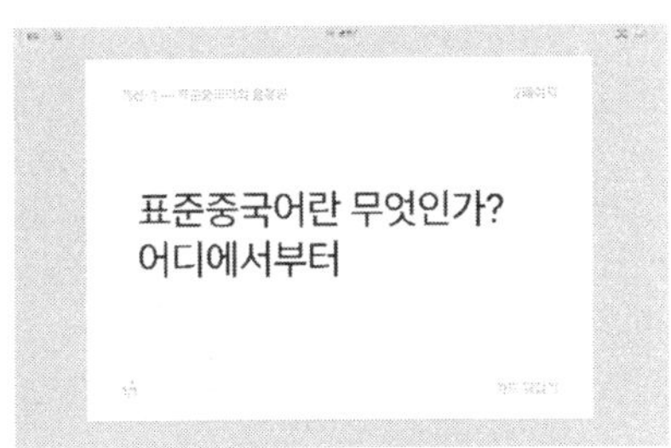

그림 7.

그림 4에서 "표준중국어"란 부분을 선택하여 메모를 부가한 결과가 그림 5의 좌측에 어둡게 표시된 부분이다. 이렇게 부가된 메모는 모두 한 곳에 집적되어 추후 자신의 검색 결과를 검색할 수도 있다. 그림 6과 7은 메모한 결과를 이용한 인덱스카드 기능이다. 자동 생성되는 기능으로서, 그림 4에서 선택된 "표준중국어"가 그림 6의 제시어로 설정되고 그 뒷장(그림 7)은 독서 중 메모한 결과가 자동 탑재되어 복습에 활용된다.

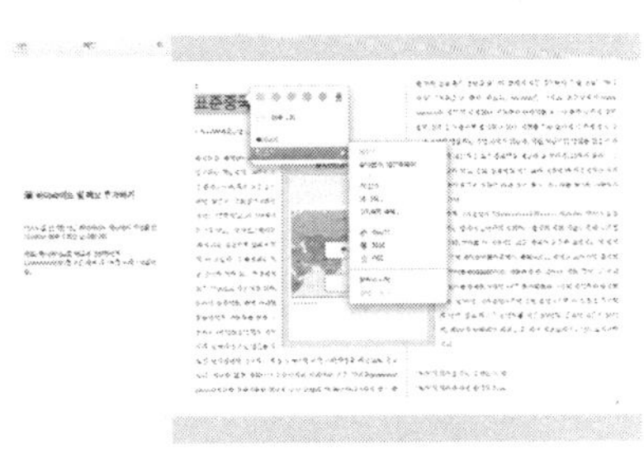

그림 8.

전차책의 중요 기능 중 하나는 책 안의 다른 페이지나 책 밖의 참고 웹사이트로 자유롭게 넘나들기가 가능하다는 점이다(그림 8). 그림 8은, "표준중국어" 블록을 선택할 경우 "책 검색", "웹 검색", "위키백과 검색"이 기본적으로 설정되어 넘나들기가 가능하도록 한 예이다.

또한 학습자는 공부에 필요한 키워드를 이용하여 자신이 필요한 내용을 검색하고 찾아갈 수 있다(그림 9). 그리고 필요한 부분에 책갈피를 꽂아 자신이 읽었던 곳을 표시하거나 중요한 부분을 체크해 놓을 수 있다(그림 10).

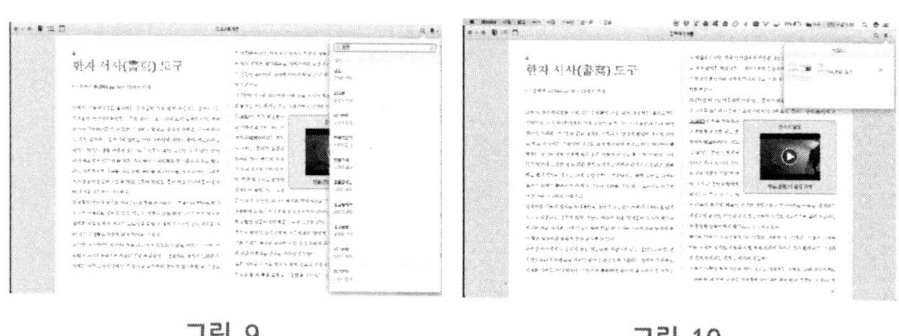

그림 9.　　　　　　그림 10.

그림 9에는 "갑골"을 키워드로 검색한 결과가 나열되어 있고 그림 10의 우측 상단에는 책갈피가 꽂힌 부분이 제시되어 있다.

3.2.2 전자교재의 내용 구성

본 장에서 제작을 시도한 교재는 미주 4)에서와 같이 음운론, 문자학, 표준어와 방언 및 그 하위 절들로 구성되어 있다. 다만 아래에서는 교재 구성의 특징을 부각시키기 위해 주제를 음성 · 음운, 운율과 통사, 문자로 단순화하였다. 그리고 그것을 시간, 공간, 인간과 연계시켜 앞서 제시한 구상들을 구체화시켜 보고자 하였다. 앞서 밝혔듯, 교재 속 지식의 제시는 크게 시간, 공간, 인간을 골자로 하면서 텍스트에만 국한하지 않고 시·청·각 등의 매체로써 지식에 대한 총체적인 이해를 돕는 방향으로 내용을 설계할 수 있을 것이다.

3.2.2.1 음성·음운 — 공간

흔히 중국어하면 보통화를 떠올린다. 그러나 국어나 화어란 이름에는 익숙하지 않다. 보통화 중심의 교육이 이루어지기 때문이다. 그리고 연원적으로나 소통의 정도에 있어서나 그것이 전혀 다른 것이 아님에도 불구하고 국어와 화어에는 '어디에서 쓰이는 지도 잘 모르지만 중국어 소통과는 요원한 어떤 것'이란 딱지를 붙이기 쉽다. 이 같은 시각은 중국의 방언을 대하는 태도에도 전이되는데, 이를 극복하는 방법 중 하나로서 지도의 활용을 들 수 있다. 지도로써 대외적으로는 표준중국어를 위시한 화어공동체를 보여주고(그림 11, 12)[5] 대내적으로는 지역별 방언 구역을 제시함으로써 (그림 13) 구·지역별 공간 속에서 일어날 수 있는 인적 교류와 소통, 그리고 그 결과로서의 언어적 공통점 및 차이점 등을 논할 수 있을 것이다.

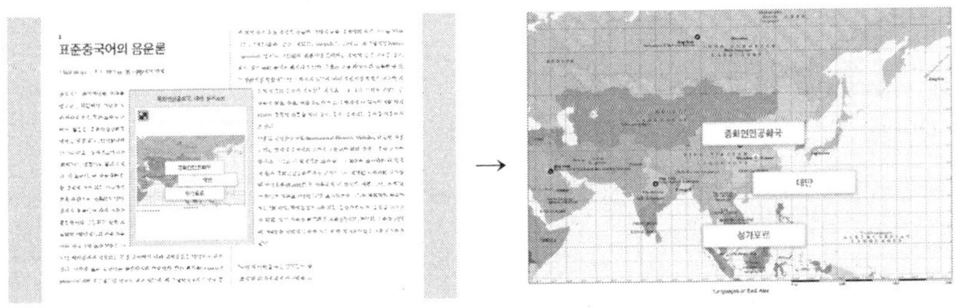

그림 11. 그림 12.

전자책은 지면의 제약으로부터 벗어날 수 있다는 잇점을 갖는다. 즉 종이책은 그것이 가진 물리적 한계로 인해 지면의 일정 부분 이상으로 그림이나 사진을 배치할 수 없거나 배치하더라도 대략적인 정도를 가늠할 수 있을 정도에 한해 그치는 경우가 많다. 간혹 지도 한 장을 전면에 펼치고자 해도 중간에 접히는 부분의 제약으로 학습자가 온전한 한 장을 탐색하기란 쉽지가 않다. 이에 반해 전자책은 자료의 배치 위치에도 구애가 없고 터치에 의한 확대와 축소가 자유롭다. 그림 11은 중국 대륙의 보통화, 대만의 국어, 싱가포르의 화어가 텍스트로 제시되는 부분에 동아시아 지도를 삽입, 배치한 결과이고 그림 12는 그림 11의 지도를 전면으로 확대하여 화교 밀집지역을 보다 뚜렷이 제시하고 화어공동체와 그 중심지의 이해를 돕는 과정이다. 동일하게, 중국의 방언 구역을 논할 때도 채색된 지역별 방언도를 부가해 줌으로써(그림 13)[6] 학습자 스스로가 수업 내용을 토대로 방언지역을 스스로 관찰할 수 있도록 도울 수 있다.

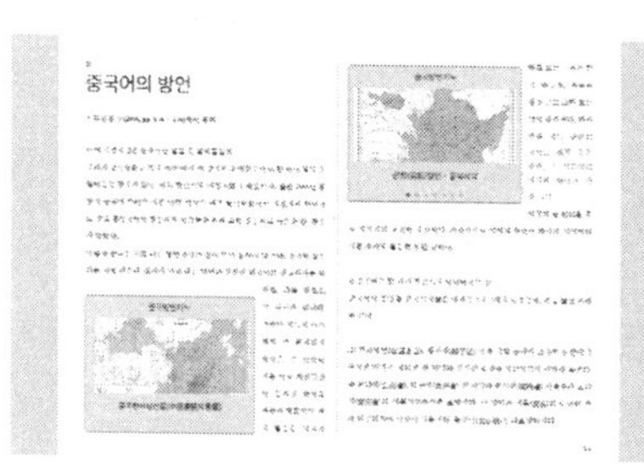
중국어의 방언

그림 13.

종이책은 지면과 대상이 일대일의 관계에 있다. 제한된 물리적 지면에는 지도든 사진이든 어느 하나가 배치된 이상 나머지 하나는 다른 지면으로 밀려나거나 삭제되어야 한다. 그러나 전자책은 지면과 대상이 일대 다의 관계이다. 즉 한 지면에 여러 장의 사진을 겹쳐놓을 수 있다. 어느 것을 볼 것인가는 학습자가 필요에 따라 취사선택하면 되는 것이다. 그림 13으로 봐서는, 표면적으로 한 페이지에 두 장의 지도만이 배치된 것처럼 보이지만 그림 11과 12의 관계처럼 지도를 터치하면 한 화면에 여러 장의 지도를 쓸어 넘기며 볼 수 있도록 구성 가능하다. 여기서 더 나아가, IPA 등 설명을 위해 제시된 언어학 전문 용어 등은, 그에 대해 자세한 언급이 허용되지 않을 경우, 해당 용어에 링크를 삽입해 둠으로써 학습자로 하여금 링크된 웹사이트로 접속하여 지식의 확장을 스스로 꾀하도록 도울 수 있다 (그림 14)[7].

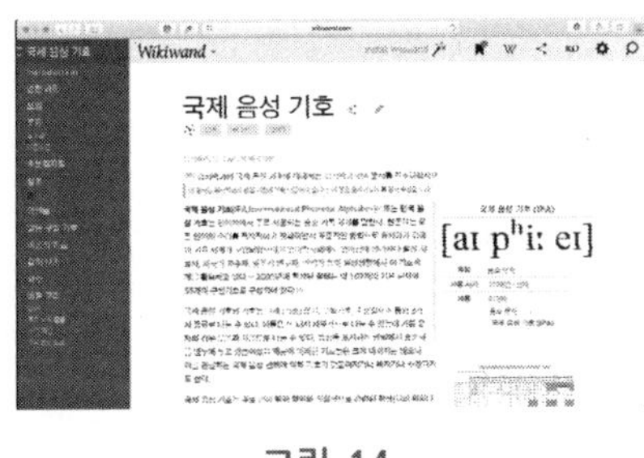

그림 14.

3.2.2.2 음성·음운 — 인간

음성과 음운을 교수·학습하는 과정에서 가장 자주 접하는 도해 중 하나가 구강도일 것이다. 중국언어학 개론서에서는 흔히 생략되는 경향이 있지만, 일반언어학 개론서에는 성대 그림이 늘 함께 제시된다. 하지만 일반언어학 개론서에서 제시되는 것도 성대 하나만을 위에서 아래로 내려보거나 측면에서 바라보는 정도에 그칠 뿐 우리 몸의 어디에 위치하여 발동부 — 발성부 — 조음부의 연속체를 이루는지, 기도와 식도의 위치는 어떠하고 일상에서 사레는 어떻게 일어나는지 등에 대해서는 이해하기가 쉽지 않다.

이 같은 점의 극복은, 전자책 안으로 관련 해부도 영상을 배치시키거나 (그림 15, 16)[8] 3D 해부도 등을 직접 삽입함으로써 도움을 줄 수 있을 것이다. 우리 몸을 직접 관찰할 수 없으므로 간접적으로나마 체험할 수 있는 어플리케이션을 활용한다면 좀 더 입체적인 지식의 수용이 가능할 것이라고 생각한다.

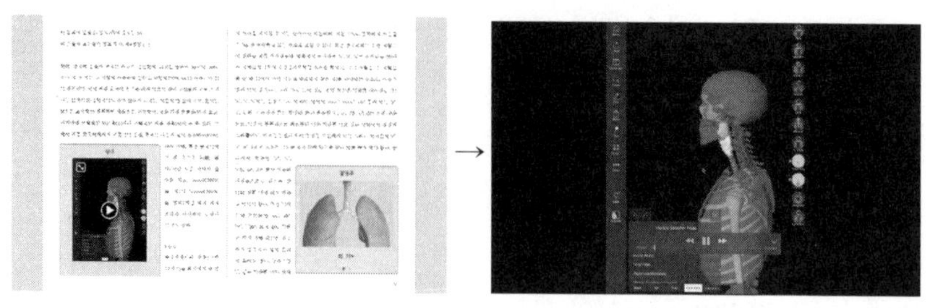

그림 15. 그림 16.

그림 15는 조음과 관련하여 기술된 내용에 성대관련 해부도 영상을 배치한 모습이다. 그림 16은 그림 15 상의 해부도 영상을 클릭하여 화면 전체로 확대한 결과이다. 엑스레이 화면을 배경으로 성대가 밝게 표시되어 있어 그것의 위치와 기타 기관 간 연계성을 이해하는 데 도움을 줄 수 있을 것이다.

3.2.2.3 운율·통사 — 인간

언어학과 인간을 생각할 때 상기와 같은 신체적 부분을 떠올릴 수도 있지만 언어에 반영된 마음의 내적 구조도 생각해볼 수 있을 것이다. 언어의 내적 구조라고 할 때 떠올릴 수 있는 것으로서 수형도를 들 수 있다. 수형도는 그동안 선형적으로만 생각했던 문장의 구조가 층차를 가진 위계 구조란 점을, 그리고 일상에서 흔히 겪는 중의 현상 역시 이 같은 위계 구조의 상이함에 근거하고 있음을 시각적으로 보여준다. 이런 점에서 수형도로의 접근은, 예컨대 변조, 특히 3성과 관련한 연독변조가 왜 그러한 현상을 띠는지를 이해하고자 할 때 도움을 줄 수 있다.

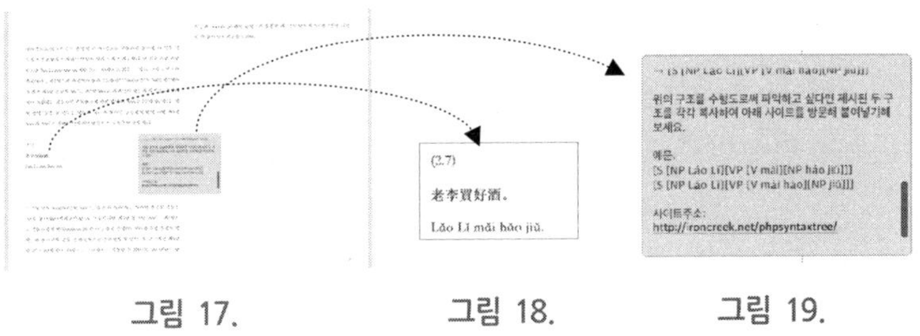

그림 17. 그림 18. 그림 19.

그림 17은 다섯 개의 3성으로 구성된 "老李買好酒"의 연독변조 현상을 텍스트로써 설명하고 있다. 그리고 그림 18은 해당 예만을 확대한 결과이다. 그림 17을 보면 예문 옆으로 회색의 칸이 배치되어 있는데, 일종의 부연 설명 공간으로서, "老李買好酒"가 왜 두 개의 다른 의미와 성조로 표현되는지 꺽쇠([ ])로써 제시되어 있다. 그림 19는 그것을 확대한 결과이다. 그림 19를 보면, 설명으로 이해된 바가 어떤 모습의 수형도로 구현될지를 학습자가 직접 시연해보도록 하기 위해 맨 하단에 수형도 생성 사이트 주소를 링크시켜 놓았다.[9] 그림 19에 보이는 사이트 주소 상단의, 꺽쇠로 된 두 문장을 복사하여 사이트 주소에 붙여쓰기를 하면 각각 다음과 같은 두 개의 상이한 수형도를 얻을 수 있다.

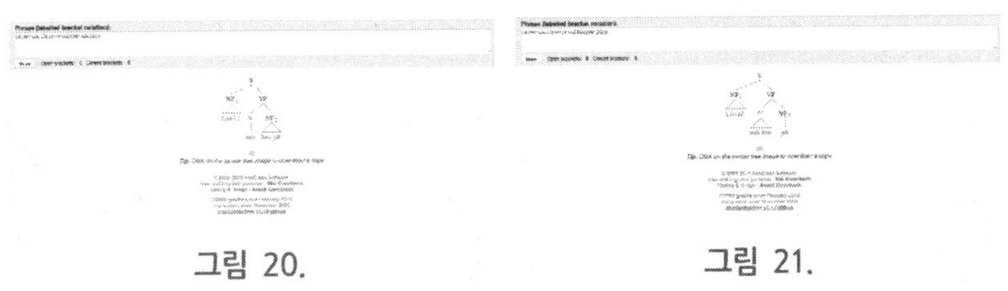

그림 20. 그림 21.

그림 20은 "老李買好酒"를 [$_{S}$ [$_{NP}$ Láo Lǐ][$_{VP}$ [V mǎi][$_{NP}$ háo jiǔ]]]로 분석한 결과이고 그림 21은 [$_{S}$ [$_{NP}$ Láo Lǐ][$_{VP}$ [V mái háo][$_{NP}$ jiǔ]]]로

분석한 결과이다. 이 같이 수형도의 이용은 그림으로써 문장의 구조를 이해시키고 운율과 통사에 대한 학습자의 호기심을 일깨움으로써 언어를 사용하는 우리 자신의 능력에 대해 논의하는 작은 계기를 만들 수도 있다.

3.2.2.4 문자 — 시간

문자는 시간과 관련하여 논의하기에 적합하다. 당시의 문물과 제도 상황을 보여주는 일례라는 점에서도 그렇지만 특히 한자는 이미지 문자라는 점과 서양의 문자와는 달리 한대부터 지금까지 형식 상에 커다란 변화를 보이지 않았다는 점에서 학습자들의 호기심을 자극하기에 충분하다. 이에 대한 학습자의 이해를 돕는 데는, 앞서 지도를 이용한 예시처럼 지면과 대상의 일대 다 관계를 생각해볼 수 있다. 서체의 발전과 서사도구의 변천을 예로 든다면 아래와 같다.

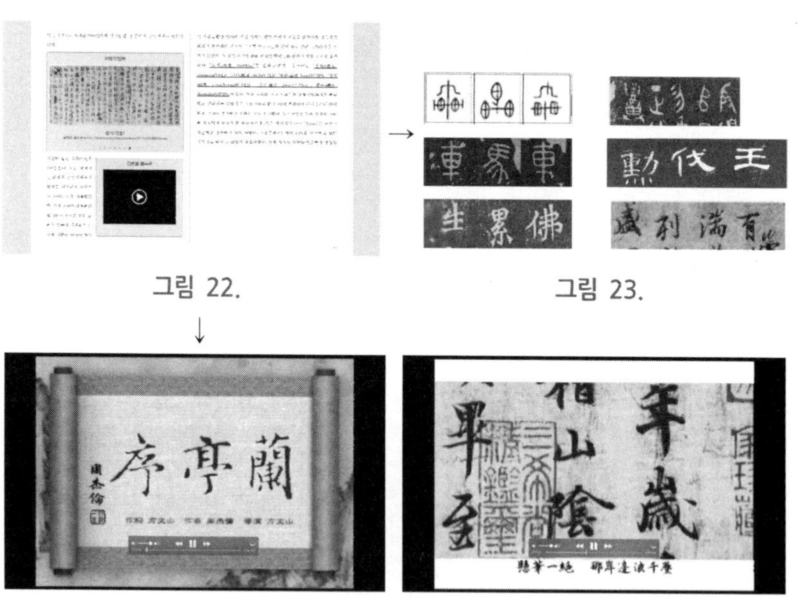

그림 22.

그림 23.

그림 24.

그림 22는 서체의 발전에 대해 기술하는 부분이다.[10] 그림 23은 그림 22의 좌상단 화면을 확대하였을 때 볼 수 있는 화면의 일부를 모아놓은 것이다.[11] 이처럼 전자책이 갖는 지면의 무경계성으로써 변천에 근거한 여러 장의 서체를 제시한다면 서체에 대한 학습자들의 구체적인 이해를 도울 수 있을 것이다.

또한 영상을 들여올 수 있는 잇점을 이용하여 서체를 주제로 하는 과정에서도 그것을 중국 대중문화 매체와 연계시켜 흥미를 유발할 수 있다. 예를 들어, 서체의 마지막 단계라 할 수 있는 초서, 해서, 행서에 대한 이해를 바탕으로, 周傑倫의 『蘭亭序』를 본다면 청각으로는 곡을, 시각으로는 王羲之의 행서를 음미할 수 있을 것이다(그림 24)[12].

이와 같이 전자 교재 상에 동시 구현된 언어학 지식의 '텍스트 — 사진/그림 — 영상'간 연계는 그 자체가 곧 "판텍스트화(Pan-textualization, 박승억 2015, p.247)"된 결과이다. 이것은 그것들이 각기 다른 매체를 통해 따로 존재하므로 그에 맞게 따로 읽고 즐겨야 한다는 기존의 관념에 반한다. 하나의 지식이 여러 매체를 통해 통합적으로 구현될 수 있다는 점이 부각됨으로써 전자교재는 종이책으로 운영되는 교수 · 학습 방식과 커다란 차이를 보일 수 있다.

텍스트에만 국한하여 개념을 접하는 것과 텍스트 및 사진, 영상 등의 재현물을 함께 접하는 것은 방식의 차이뿐 아니라 이해의 정도에도 차이를 불러올 것이다. 종이가 한대 채륜이란 사람에 의해 만들어졌다는 것은 널리 알려져 있다. 그러나 어떤 과정을 거쳐 나무로부터 종이가 만들어지는 지에 대해서는 큰 관심을 갖지 않아왔다. 종이와 불가분의 관계에 있는 현재로서는 종이 이전의 서사 매체에 대해 생각하기 힘들 수 있으나, 서체의 변화가 서사도구의 변화와 궤를 같이 해왔다는 점을 고려할 때 서사매체와 그 변천에 대한 이해는 중국언어학 지식을 넓히는 데 있어 역사, 문화적 배경을 제공할 수 있다.

그림 25.

그림 26.

그림 27.

그림 28.

서사 매체에 대한 이해 역시 지면과 대상의 일대 다 관계를 이용하여 이해를 도울 수 있다. '한대, 종이, 채륜'이란 키워드로써 종이의 발명을 기술하는 부분에서는 그에 상응하는 영상을 부가하고(그림 26)[13] 서사 매체의 다양함이 기술된 부분에서는 여러 가지 매체를 지면의 이동 없이 제시함으로써(그림 27, 28)[14] 이해를 위한 맥락 제공은 물론 결과적으로는, 지식으로의 다면적 접근이 가능하도록 도울 수 있다.

4. 결론과 한계

지금까지 향후의 교육을 준비하는 입장에서 전자교재에 대한 구상을 논하고 중국언어학의 이론지식에 바탕한 구체적 예시들을 iBooks Author를 이용하여 제시해 보았다.

인터넷에 기반한 모바일 기기의 광범위한 보급과 사용은 새로운 교재의 제작 및 사용의 필요성을 더욱 높게 요구할 것이다. 다만 그것을 위해서는 현 시대의 흐름에 대한 이해가 선행되어야 하고 그에 맞는 교육 방법과 도구의 변화가 있어야 하며, 무엇보다도, 교수자와 학습자가 가진 인식의 변화가 밑받침되어야할 것이다.

더불어 새로운 형식과 내용의 교재가 사용되기 위해서는 현실적으로 선결되어야 할 것들이 많다. 앞서 언급한 바 있듯, 구상을 실제 수업으로 적용하는데 요구되는 절차적 문제들인데 그 중에서도 우선하는 것이 저작권과 관련한 문제이다. 일단 시중에 나올 경우 종이책보다 훨씬 광범위한 접근성을 가진다는 점에서, 저작권이 해결되지 않은 채 공유된 전자책은 그 부정적 후과 역시 클 것이다. 그러므로 교육으로 전자교재의 장점을 적용하려면 계획 단계에서부터 관련 자료와 연계된 저작권의 문제를 꼼꼼하게 짚고 넘어가야 할 것이다.[15]

또한 플랫폼과 학교 행정상의 문제도 존재한다. 학교의 시스템을 이용할 것인가 아니면 시중의 시스템을 이용할 것인가, 사용한다면 폐쇄적으로 사용할 것인가 개방적으로 사용할 것인가 하는 문제들이 그에 속한다. 이는, 새로운 교재의 적용 시도가 플랫폼은 물론 수업 상의 여러 행정 업무와도 두루 연계되어 있음을 뜻한다.[16] 그러므로 새로운 형식의 교재 도입은 일개 연구자나 교수자의 의지만으로는 불가능할 것이다. 그런 점에서 미래의 교수·학습을 준비하기 위한 연구자와 교수자들 간의 협업과 공유, 그리고 시스템과 기관의 행정 지원 등이 다각적으로 요구된다.

주

『제1장』

1) 재인용된 문헌명은 다음과 같다. "Manes, J. & Wolfson, N.(1981), The compliment formula, In F. Coulmas ed., *Conversational Routine: Explorations in Standardized Communication Situations and Prepatterned Speech*, The Hague: Mouton, pp. 115~132".
2) 예문에서 출현하는 물음표 "?"는 선행발화에 대응하는 반응발화가 부재함을 표시한다.
3) 재인용된 문헌명은 다음과 같다. "Holmes, J.(1988), Paying compliments: A sex-preferential positive politeness strategy, *Journal of Pragmatics* 12(4), pp. 445~465".

『제2장』

1) 본 장에서의 '지시'는 화행으로서의 지시(directives, Searle 1979)를 가리킨다. 이에 본 장에서는 '지시'와 '지시화행'을 용어상 동일한 것으로 취급한다.
2) 이익환 등(1992, p.316)은 이를 일컬어 '글자—그대로의—말힘—가설'이라고 번역했는데 현재는 '직접화행 가설'로 자주 일컬어지므로 이를 따르기로 한다.
3) Huang(2006[이해윤 2009, p.139])은 직접화행 가설의 문제점으로서, 첫째, 수행동사와 화행 간에 직접적인 연결조차도 깨지는 화행들이 존재한다는 점과 둘째, 대부분의 용법들이 간접화행으로 실행된다는 점을 지적하였다.
4) Schegloff & Sacks(1973, pp.295~296)는 인접쌍의 구성요건에 대해 다음과 같이 밝히고 있다[박찬욱(2010, p.287) 재인용]. 재인용된 문헌명은 "Schegloff, Emmanuel A., Harvey Sacks(1973), Opening up closings, *Semiotica* 7(4), pp.289~327"이다.
   (1) 인접쌍 구성의 기본 특징:
      1-1) 두 개의 발화로 구성된다.
      1-2) 두 발화는 인접해 있다.
      1-3) 두 발화는 각기 다른 화자에 의해 생산된다.
      1-4) 두 발화가 하나의 유형화된 쌍(pair type)을 구성한다.
      1-5) 유형화된 쌍은 두 화자에 의해 순차적으로 구성된다.
   (2) 인접쌍 조직의 기본 규칙: 선행화자가 (유형화된)행위쌍의 일부를 생산하고 추이적 정지점에서 발화를 멈추면 후행화자는 그 행위쌍의 나머지 일부를 생산해야 한다.

5) 지시화행에 대한 대응행위로는 엄격히 말해 수용, 거절, 무반응으로 나뉠 수 있다. 흔히 상대에 대한 무반응을 거절로 간주하지만, 무반응은 행위로서의 무반응과 언어적 무반응으로 나눠서 볼 필요가 있다. 행위로서의 무반응은 상대의 지시화행을 거부한다는 측면에서 명시적인 거절로 받아들여지지만 지시화행에 대한 언어적 무반응은 그것이 의례적으로 불필요할 때도 있기 때문에 맥락에 따른 고려가 필요하다. 예를 들어, 기숙사로 찾아온 친구에게 행한 '進來'는 들어가는 행위가 곧 수용을 의미하므로 굳이 대응어를 부가할 필요가 없다. 또 집으로 들어온 손님에게 행한 '請坐' 역시 그와 같다. 따라서 지시화행에 대한 반응이 수용인가 거절인가에 대한 해석은, 그것이 직접적인 (신체적)행위를 요구한다는 점에서, 뒤를 잇는 발화와 행위가 어떠한 결과로 실현되는지 관찰을 요구한다.

6) Levinson(1983[이익환 등 1992, p.455])에서는 선호 경향 순으로 예비요청을 제시하고 있는데, 예(9)는 그 중 '(iii) 최소 선호'의 예에 해당할 것이다.
(ⅰ) 최대 선호: 예비요청—비명시적 요청에 대한 반응
(ⅱ) 다음 선호: 예비요청—제의—제의 수락
(iii) 최소 선호: 예비요청—진행 독려—요청—응낙

7) Brown & Levinson(1987, p.69)는 체면 위협 행위에 따른 보상전략을 다음과 같이 분류하고 있다.

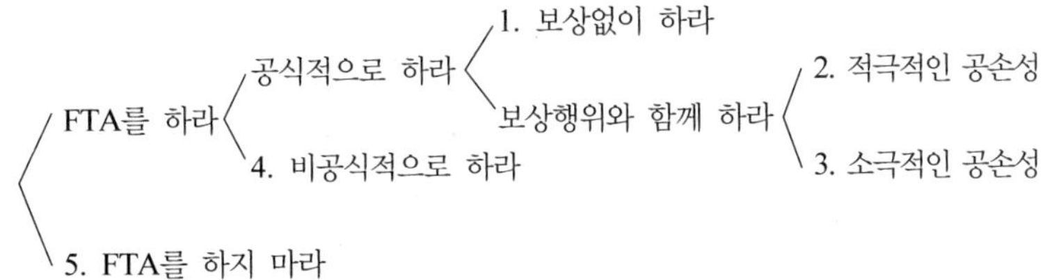

『제3장』

1) 해당 예문은『Google Books』로부터 인용하였다. 명기된 페이지는『Google Books』상의 페이지이다. 사이트 주소: https://books.google.co.nz/books?id=HUc_ug0aGHMC&pg=PA36&lpg=PA36&dq=new+interchange,+hello,+what's+up&source=bl&ots=fLATOeIpsG&sig=jD0q7rbJ06Ev_X0Ws6Ft-0U4vzo&hl=ko&sa=X&ved=0ahUKEwith-jJ7tLJAhXDUZQKHfNYB5IQ6AEIOzAE#v=onepage&q=new%20interchange%2C%20hello%2C%20what's%20up&f=false.

2) "대화 분석은 대화자들이 자연스러운 맥락에서 언어를 사용하여 상호 작용하는 행위를

구성해 가는 과정에서 어떠한 구조적 체계성이 있는지를 대화 참여자의 시각에서 파악하고자 하는 접근 방식이라는 점에서 가장 경험적인(empirical) 성격의 화용적(pragmatic) 접근이라고 할 수 있다(서경희 2014, p.276)".

3) Schegloff & Sacks(1973)의 원저는 "Schegloff, Emmanuel A., Harvey Sacks(1973), Opening up closings, *Semiotica* 7(4), pp.289~327"이다.

4) "Yule(1996)"은 『Google Books』를 이용하였다. 사이트 주소: https://books.google.co.nz/books?id=E2SA8ao0yMAC&printsec=frontcover&dq=pragmatics+yule&hl=ko&sa=X&ved=0ahUKEwjxpZ3d_tDKAhUT2GMKHYD7ATEQ6AEIHjAA#v=onepage&q=pragmatics%20yule&f=false.

5) Tsui(1994)의 화행분류와 관련한 본 장의 논의는 O'Keeffe 등(2011, pp.96~98)에서 재인용되었다. Tsui(1994)의 원서명은 "Tsui, Amy B.M.(1994), *English Conversation*, Oxford: Oxford University Press"이다.

6) 『신공략중국어』의 원서명은 『漢語口語速成』이다. 일본에서는 『中国語口語速成』이란 이름으로 출간되었다.

7) Liu 등(1997), 「前言」, *Integrated Chinese*(Level 2)(페이지 미명기).

8) 이에 대해서는 일찍이 '변이 화용론'(variational pragmatics)이란 분야에서 관심을 갖져왔는데 화용상의 역사적 변이에 관심을 가져온 역사 화용론(historical pragmatics)과 달리 현재의 화용적 변이 현상들에 관심을 갖는 화용론의 한 분야를 말한다.(Schneider 등 2008, p. 1) 『Google Books』 이용. 사이트 주소: https://books.google.co.nz/books?id=bXtw1BYZXhgC&printsec=frontcover&dq=variational+pragmatics&hl=ko&sa=X&redir_esc=y#v=onepage&q=variational%20pragmatics&f=false.

9) O'Keeffe 등(2011, p.109)에 언급된 '사회-화용적 변이(socio-pragmatic variation)'란 용어는 Márquez Reiter 등(2005)의 용어다. 원저는 "Márquez Reiter, R., Placencia, M. E.(2005), *Spanish Pragmatics*, Basingstoke: Palgrave."이다.

10) 徐大明 등(2004, p.268)은 언어, 특히 발화를 중심으로 한 공동체(言語社區)의 구획기준을 "社區是第一位的, 語言是第二位的"으로 밝히고 있다.

11) 편의상, 표와 관련한 논의에서의 『중국1』, 『중국2』는 각각 『신공략중국어』의 (기초)와 (초급)을 의미하고 『미국1』, 『미국2』는 각각 *Integrated Chinese*의 (Level1 Part1)과 (Level1 Part2)를 가리킨다. 각 레벨을 통합하여 가리킬 때는 각각 『중국』, 『미국』이라고 표기한다. 이하 동일하다.

12) Huang(2007, p.105)은 요구행위(requesting)에 대한 적정조건을 다음과 같이 제시하였다. 이 중에서 '거절'은 특히 화자의 '준비 조건'과 '성실성 조건'을 부정한다.
① 명제내용 조건(Propositional content): 청자의 미래 행위이다
② 준비 조건(Preparatory):
(a) 화자는 자신이 요구한 행위를 청자가 할 수 있다고 믿는다

(b) 청자는 요구받지 않는 이상 그 행위를 행하지 않을 것이다

③ 성실성 조건(Sincerity): 화자는 청자가 요구받은 행위를 하길 원한다

④ 본질 조건(Essential): 화자의 발화는 청자가 행위를 하도록 하기 위한 시도로 간주된다.

13) 이에, Levinson(1983, p.333)은 선호구조에 대한 일종의 격률로서 "비선호 반응을 가급적 피하라(try to avoid the dispreferred action)"고 하였으며 Pomerantz 등(2013, p. 210)도 범문화적인 선호구조 원칙으로서 "가능하다면 요구에 대한 거절 발화는 최소화하라(If possible, minimize stated rejections of requests)"를 들고 있다.

14) 언어변종이란 "비슷한 사회적 분포를 가진 한 세트의 언어 항목들(a set of linguistic items with similar social distribution, Hudson 1996, p.22)"을 가리키는데 여기서의 사회적 분포란 해당 "언어항목(또는 형식)들을 수용하고 또 사용하는 언중들(徐大明 등 2004, p.78)"을 의미한다. 따라서 이를 포괄적으로 해석하자면, 어느 한 언어 공동체에서 받아들여져 그들의 관습에 따라 사용되는 언어형식과 방식 등으로 볼 수 있다.

15) 외국어는 "학습자가 자신의 이익을 위하여 선택적으로 배우는 딴 언어"이고 제2언어는 "해당 사회의 공적인 의사소통에 참여하기 위한 언어"이다(김하수 2008, p.239).

16) 페이지수가 상이한 것은 *Integrated Chinese*(Level1 Part1, 2)가 간체본이기 때문이다. 물론 시중에는 번체본도 있으며 그것의 상위레벨인 *Integrated Chinese*(Level2)는 간체와 번체가 동일 과 내의 양면에 배치되어 있다.

17) 여기서 중요한 점 하나를 상기할 필요가 있다. 선호구조는 "사회적으로 결정된 (행위) 구조 패턴"의 수행 결과로서(Yule 1996, p.79) 그 선택 방식을 공유하는 공동체마다 조금씩 다른 양상을 보일 수 있다는 것이다. '칭찬'에 대한 두 번째 화자의 행위로서 영어권에서는 '수용(thank you 등)'의 행위가 선호되지만 중어권에서는 '부정(哪裏 등)'의 행위가 상대적으로 선호되는 것이 그 예가 될 수 있다(劉虹 2004, p.119). 예(21)은 상기 두 양상의 혼재를 보여주는 적절한 예가 될 것이다.

18) Amazon의 전자책 Kindle을 처음 구동시키면 언어를 설정하는 창이 뜬다. English는 두 종(United Kingdom, United States), Español은 다섯 종(ø, Argentina, Chile, Colombia, México)으로 나누어 선택할 수 있도록 되어 있다. 동(同)언어의 다양한 변종을 체감할 수 있는 사례라고 볼 수 있다.

19) 이에 대한 이해는 '문화권별 사유 패턴'을 도해로 제시한 Kaplan(2011, p.21)을 참고할 수 있다.

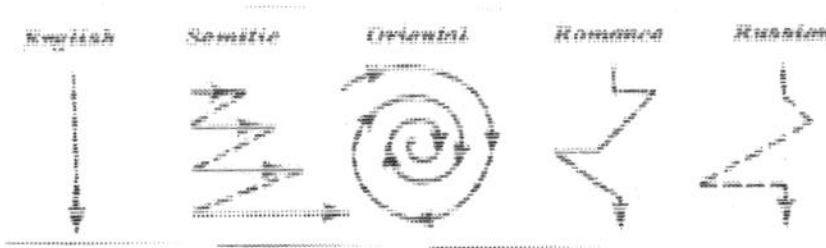

『신공략중국어』가 보여준 '타인 중심'과 '완곡'의 경향이 Oriental로 표현되었다면

Integrated Chinese(Level1 Part1, 2)가 상대적으로 보여준 '자기 중심'과 '직설'의 경향은 Oriental을 본위에 두고 English적 요소들이 더해졌다고 볼 수 있을 것이다.

『제4장』

1) 이 문장은 영화에서 제시된 맨 첫 번째 대사이다.
2) 흔히 장소 직시어를 논할 때는 '가다'류 뿐만이 아닌 '오다'류도 함께 논의한다. 다만 본 연구에서는 '가다'류에 해당하는 '去'만을 분석의 대상으로 삼을 것인데, 이는 분석 자료 속에서 '來'가 논의할 대상으로까지 부각되지 않았고 '가다'에 무표성을 부여하는 기존의 논의(Huang 2006[이해윤 역 2009, p.201])를 바탕으로 볼 때 '去'에 대한 논의가 오히려 기존 논의에 대한 재고에 도움을 줄 수 있겠다는 판단에 따른 것이다.
3) 중국포스터의 출처: http://cfs7.tistory.com/image/20/tistory/2008/09/20/01/09/48d3cea005502.
4) 브로마이드의 출처: http://images.enet.com.cn/2007/0725/50/3294557.jpg.
5) 박용익(2003, p.108)은 질문 화행의 구성 규칙을 다음과 같이 제시하고 있다.
   1) 명제내용 규칙: 모든 명제 또는 명제적 기능
   2) 도입 규칙:
      2-1) 말하는 사람은 대답을 모른다. 즉 명제가 참인지 거짓인지를 모르거나 명제적 기능의 경우 명제를 올바로 완성시키기 위해서 필요한 정보를 가지고 있지 않다.
      2-2) 말하는 사람이나 듣는 사람 모두 질문을 하지 않으면 듣는 사람이 필요한 시점에서 정보를 제공할지를 모른다.
   3) 성실성 규칙: 말하는 사람은 정보를 실제로 원한다.
   4) 본질적 규칙: 듣는 사람이 정보를 제공하도록 요구한다.
6) "這有甚麽好秘密的?"는 일종의 간접 화행이다. 문자적 의미는 '비밀이라고 할 게 뭐가 있어?'라고 할 수 있다. 이는 비밀이라고 말할 수 있는 요인에는 '어떤 것'이 있는지를 묻는 것으로서 앞 뒤 맥락보다는 문장 자체가 가진 의미에 초점이 맞춰져 있다. 하지만 정보의 획득이라는 최종 목적을 달성하기 위해 수행한 발화라는 점에서 '비밀이라고 할 것도 없는데 뭘.(그러니 얼른 말해 줘)'라는 재요구로 해석하는 것이 타당하다.
7) 예(13)은 「Google 이미지」에서 취하였고 예(14)는 YouTube 상의 한국공식예고편 영상에서, 예(15)는 YouTube 상의 영화 영상에서 취하였다. 그 출처는 각각 다음과 같다.
   예(13): http://pds8.egloos.com/pds/200803/27/12/c0043512_47 ea665b38e70.jpg.
   예(14): http://www.youtube.com/watch?v=Hl7pxhhdDkc.
   예(15): http://www.youtube.com/watch?v=Q8Xfy-BA5YY.

8) 한국 포스터의 출처: http://cfile9.uf.tistory.com/image/0179063650A247D1127716. 일본 포스터의 출처: http://cfile22.uf.tistory.com/image/12660F4A4E1FEF991BBEE3.

『제5장』

1) '개그(gag)'란 "a joke or funny story, especially one forming part of a comedian's act(*Concise Oxford English Dictionary*, 2004, p.581)"로 정의된다. 즉 '재미있는 이야기 자체, 특히 (코미디언의)행위에 수반되는 재미있는 이야기' 정도로 정의되는데, 이런 점에서 'gag'는 "남을 즐겁게 하려고 고안된 말 가운데 독립적 구조를 가지고 있는 말"의 '익살(jokes)'과 동일하다(구현정 2000, p.162). 구현정(2000)은 유머(humour)를 "남을 웃기거나 즐겁게 해 주는 말의 통칭"으로 정의하고 '익살'을 '유머'의 하위개념으로 설정하고 있는데, 그렇다면 'gag'도 유머의 한 한위 범주로 귀속될 수 있을 것이다. 하지만 본 장에서는 'gag'를 '유머'보다 좀 더 큰 개념으로 설정하고자 하는데, 그 이유는, 『위키피디아』의 정의처럼 'gag'란 용어가 이미 한국의 상황에 맞게 토착화되면서 이야기뿐만 아니라 행동까지를 포함하는 의미로 사용되기 때문이다. 이에 본 장은 '개그'를 "희극적 행동이나 말로서 청중을 웃게끔 하는 것"으로서 "정식의 무대나 소도구에 크게 의존하지 않고 말재주나 행동으로 웃기는 것이 보통이며 그 길이가 짧"고 "보통 한 가지 스토리 패턴과 등장 인물들이 만들어 낸 형식이 계속 되풀이되면서 변화를 주는 형태"라고 한 『위키피디아』의 정의를 따르고자 한다. 『개그콘서트/GAG生活大爆笑』에서의 '개그'는 사전적 정의보다 상기 정의에 준해 적절하게 이해될 수 있다. 『위키피디아』 사이트 주소: https://ko.wikipedia.org/wiki/개그.
2) 『오마이스타』(2015년 4월 10일). 사이트주소: http://star.ohmynews.com/NWS_Web/OhmyStar/at_pg.aspx?CNTN_CD=A0002097673.
3) 방송 프로그램은 하나의 작품으로 여겨 굵은 꺽쇠(『 』)로 표기하고 프로그램의 한 코너는 작품의 한 장(章)으로 여겨 얇은 꺽쇠(「 」)로 표기하였다. 그리고 극 중 역할은 작은 따옴표(' ')로 표기하였다.
4) 『百度百科』. 사이트주소: http://baike.baidu.com/link?url=Vw795ZXzLq7_4cWuDS88V4T_GR1ieCjXi1VxekOq_fSSzYwvzA8ioYVxIOA_EnUnWYxyGbUpaWmO7dHjjCKSy_.
5) 본 장은 기본적으로 유머 이론에 대한 Raskin(1998)의 소개를 토대로 하였다.
6) "Attardo(1994)"는 『Google Books』를 참고하였다. 사이트 주소: https://books.google.co.nz/books?id=FEWC4_3MrO0C&pg=PA49&lpg=PA49&dq=hostility+theory+of+humor&source=bl&ots=MKxjVg1TIP&sig=NDoCOLnHXn5Ly_HHUXgh2F_

XsHM&hl=ko&sa=X&ved=0ahUKEwjs0c2EppbKAhVCkZQKHRfODl8Q6AEILDAB#v=onepage&q=hostility%20theory%20of%20humor&f=false.

7) 이재원(2006, p. 118)은 상기 이론을 "superiority theory"로 언급하며 '우월론' 또는 '풍자론'이란 이름을 부여했다.

8) 예를 들어 "의사(Doctor)"의 대본은 다음과 같다.(Raskin 1998, p.356, 예(5)a)
주체: [+인간][+어른]
행위: (과거) 의학을 공부하다
(현재) 환자를 접수하다: 환자가 오다 또는 의사가 방문하다 /
의사가 불편함을 듣는다
의사가 환자를 진찰한다
(현재) 질병을 치료하다: 의사가 질병을 진단하다 / 의사가 처방을 내리다
장소: (과거) 의과 대학 / (현재) 병원 또는 진료실
시간: (과거) 오랜 기간 / (현재) 매일 / (현재) 곧바로
조건: 신체적 접촉

9) 이로 인해, '감수성'은 독법에 따라 두 개의 의미로 해석된다. [감수성]은 성벽의 명칭을, [감수썽]은 인간의 감정을 가리킨다. 여기서도 '지위 vs. 감성'이란 대별이 혼재한다.

10) 『개그』「감수성」 2011년 4월 24일 방송분. 관련 영상 사이트 주소: https://www.youtube.com/watch?v=EVRmgYdsPbo.

11) 정확하게 말하면, 예(3)의 유인자는 '음악'이라고 할 수 있다. 왜냐하면 "에?"라고 하기 전부터 음악이 일정시간 흐르고 그것을 배경으로 연기자들의 표정과 태도가 바뀌기 때문이다. 이는 관객의 웃음이 음악부터 시작된다는 것으로도 알 수 있다.

12) '구조 만들기'와 '급소 찌르기'란 번역어는 구현정(2000, p.163)을 따랐다.

13) 『개그콘서트』의 역사와 종영된 코너들에 대해서는 각각 『위키피디아』의 「개그콘서트」, 「개그콘서트의 종영된 코너」를 참고할 수 있다. 사이트 주소: https://ko.wikipedia.org/wiki/개그콘서트, https://ko.wikipedia.org/wiki/개그콘서트의_종영된_코너.

14) "?" 표시는 「心聲」에 대응되는 코너를 『개그』에서 찾지 못하였음을 가리킨다.

15) 패러디는 "주로 익살 또는 풍자를 목적으로, 다른 사람이 먼저 만들어 놓은 어떤 특징적인 부분을 모방해서 자신의 작품에 집어넣는 기법 (『위키피디아』)"으로 정의된다. 다만 『爆笑』의 패러디는 그 목적에 있어, 3.1절에서 논한 바와 같이, 풍자보다는 익살에 치우쳐 있다. 『위키피디아』 사이트 주소: https://ko.wikipedia.org/wiki/패러디.

16) 그림 1과 그림 2의 출처는 동일하다. 사이트 주소: https://youtu.be/b_hwGKzuntQ.

17) 참고 사이트 주소: http://jjaemmy.tistory.com/122, https://www.youtube.com/watch?v=9HrQkF1KQwk&list=PL4EC1DEBDD7FA7D86&index=3.

18) '신년'과 관련한 예(13)의 물리적 환경에 대해서는 3.3.2절에서 논의한다.

19) 해당 광고는 YouTube를 참고할 수 있다. 사이트 주소: https://www.youtube.com/

watch?v=d6nBKT9sEg4.

20) 그림 6의 출처: http://news.xinhuanet.com/collection/2009-06/30/xinsrc_5320606300846609203735.jpg, 그림 9의 출처: https://encrypted-tbn0.gstatic.com/images?q= tbn:ANd9GcT2lIJ7cSy97HSiKCcAfLj-U74yownIXtw50kaYG3cGwLZPk1dMhWKemw, 그림 10의 출처: http://img.zwbk.org/baike/spic/2010/12/22/20101222094304951_1107.jpg.

21) 『新華網』(2009년 6월 30일). 사이트 주소: http://big5.xinhuanet.com/gate/big5/news.xinhuanet.com/collection/2009-06/30/content_11624135.htm.

22) 이 같은 민간의 믿음은 온라인마켓의 마케팅 문구 등을 통해 엿볼 수 있다. 사이트 주소: http://www.truney.com/products/generic-rabbit-yuanbao-10g.html.

23) 『荊楚網』(2014년 1월 27일). 사이트 주소: http://news.cnhubei.com/xw/wh/201401/t2826935.shtml. 그림 15의 출처도 동일하다.

24) 해당 광고는 YouTube를 참고할 수 있다. 사이트 주소: https://www.youtube.com/watch?v=dre97KzBP5o. 그림.17의 출처도 동일하다.

25) 『香港電臺』「赤子同根300秒: 小紅巾」. 사이트 주소: https://www.youtube.com/watch?v=WiReRWPIERE.

26) 그림 20의 출처: http://zt.rednet.cn/16075/.

27) 그림 21의 출처: http://www.letian.net/zt/2013may/, 그림 22의 출처: http://www.58pic.com/ haibao/13132739.html.

『제6장』

1) 굵은 겹낫표 "『 』"는 앨범명을, 얇은 겹낫표 "「 」"는 곡명을 표시한다. 이하 동일하다.

2) 출처 주소: https://www.google.co.nz/url?sa=t&rct=j&q=&esrc=s&source=web&cd=1&cad=rja&uact=8&ved=0ahUKEwj837Py4_zNAhVCjpQKHbDGDfQQFggaMAA&url=http%3A%2F%2Fwww.pttsh.ttct.edu.tw%2Fschool%2Fdata%2Fpaper%2F201111161624381.doc&usg=AFQjCNHS5Xgp_flNuR2og8T7MCLW9XiZnw&bvm=bv.127178174,d.dGo.

3) 관련 정보는 *Wikiwand*로부터 얻었다. 사이트 주소: http://www.wikiwand.com/zh/周傑倫, http://www.wikiwand.com/en/List_of_ songs_recorded_by_Jay_Chou.

4) 관련 사이트 주소:
·「蝸牛」— 『臺灣中國時報電子報(2014.6.15.)』: http://www.chinatimes.com/realtimenews/20140615002569-260404.

·「愛在西元前」 — 「臺灣2011國立臺東高中歷史科試卷」, 상기 주2) 출처와 동일.
·「上海一九四三」 — 『TVBS新聞(2009.4.21.)』: http://news.tvbs.com.tw/news/detail/general/127965.
·「東風破」, 「七里香」, 「髮如雪」 — 『中日通信社』: http://long-net.com/.
·「聽媽媽的話」 — 『聯合報(2006.11.3., 「新浪博客」 재인용)』: http://blog.sina.com.cn/s/blog_40743717010006rr.html.
·「菊花臺」 — 『Amanzon』: https://www.amazon.co.jp/歌って覚える中国語-別冊聴く中国語-株式会社日中通信社/dp/B007GKJXPK/ref=sr_1_3?ie=UTF8&qid= 1467436399&sr=8-3&keywords=歌で覚える中国語.
·「青花瓷」 — 『廣州市語言文字網』: http://yw.gzjkw.net/show.asp?id=614.
·「琴傷」 — 『中國時報(2012.9.7., 「雅虎奇摩新聞」 재인용)』: https://tw.news.yahoo.com/周董-琴傷-入選大陸中學教材-213000184.html.

5) 『蘋果日報』(2009. 4. 21). 사이트 주소: http://www.appledaily.com.tw/appledaily/article/headline/20090421/31564504/.

6) 박자의 구성은 『找歌譜』 참고. 사이트 주소: http://www.zhaogepu.com/search?wd=上海1943.

7) "素顔"은 일본 한자어(すがお)로서 원래는 화장기 없는 맨얼굴을 가리키지만 불순물이 섞이지 않은 있는 그대로의 소재란 의미로 확대 지칭될 수 있다(劉烔朗 2011, p.123).

8) 고대에는 역사를 죽간에다 기록했던 데서 그 연원을 찾을 수 있다(류종목 등 2010, p.229).

9) 예(14)에서 '原'은 고대 시가 속 어휘 의미를, '現'은 周傑倫 곡 속의 어휘 의미를 가리킨다. '='은 의미의 동일함, '≈'은 의미의 유사함을 의미한다.

10) 「菊花臺」의 MTV를 참고하면 이에 대한 이해에 도움이 된다.

11) 이 같은 해석은 『滿城盡帶黃金甲』이란 영화명이 왜 한국으로 수입되면서 『황후花』란 이름으로 개봉되었는지 이해의 맥락을 제공한다.

12) 최종세(2002, 머리말)는 시, 서, 화의 관계성에 대해 다음과 같이 언급하였다. "중국 문화의 여러 장르 중에서도 시와 서예와 회화 부분은 중국 특유의 표의문자(表意文字)인 한문(漢文)과, 역시 특유의 필기도구인 붓과 삼위일체(三位一體)가 되어 절묘하게 어우러지면서 실로 독특하고 고상한 예술세계를 형성하고 있다. 중국 집권계층들은 관리를 임용하거나 능력을 평가하는 데 있어서 곧잘 이 분야에 대해 얼마만한 조예가 있는지를 시험하였다. 때문에 중국의 식자층들은 시(詩) · 서(書) · 화(畫) 세 분야를 항상 한데 연관하여 논하였으며 이를 연마하는데 많은 시간과 정력을 기울이는 것을 매우 가치 있고 풍류로운 일로 여겼다. 이러한 풍조는 평민들에게도 관심을 갖게 하고 영향을 미쳤으니, 세 분야에 모두 능통한 이를 '삼절(三絕)'이라 하여 깊은 존경심을 드러내고 선망의 대상으로 삼았던 것이다." 따라서 회화예술을 논할 때는 흔히 그

특징으로서 "그림 속에 시가 있(畵中有詩)"고 "서와 화는 한 몸(書畵同體)"이란 점 등이 대두된다(김태만 등 2011, pp.213~214).

13) 부연하면, "송체"는 당대 구양순(歐陽詢) 부자의 서체를 토대로 하며 송대 활자 인쇄가 발명되면서 현재까지 통용되어 온 주요 인쇄체를 가리킨다(陳廷祐 2003[최지선 2008, p.28]). 또한 "낙관(落款)"은 저작자의 성명, 장소, 일시 등을 쓰거나 도장으로써 찍는 일을 가리키는데(김태만 등 2011, p.215), 비단 서 · 화 등에 국한하지 않고 상기 「青花瓷」의 예처럼 도자기 등의 실물 작품에도 사용되었음을 짐작할 수 있다.
14) "③指以美女為題材的中國畫。也作士女。"『現代漢語詞典』(2012, p.1186).
15) *Wikiwand*. 사이트 주소: http://www.wikiwand.com/zh/仕女畫.
16) 『廣州市語言文字網』. 사이트 주소: http://yw.gzjkw.net/show.asp?id=614.
17) 『中國哲學書電子化計劃』의 『全唐詩』에서 "牡丹"으로 검색을 하면 제목을 포함하여 총 246례가 보인다. 사이트 주소: http://ctext.org/zh.
18) *Wikiwand*. 사이트 주소: http://www.wikiwand.com/zh/錦鯉.
19) 陸文夫, 『北京晨報』(2005. 3. 16., 「雅虎奇摩知識」 재인용). 사이트 주소: https://tw.answers.yahoo.com/question/index?qid=20050907000013KK13239.
20) 王建輝 등(2004, p.494)에 따르면 "弄堂"은 원래 "弄唐"이었다. "弄"은 궁 내의 길을, "唐"은 종묘 내의 길을 각각 가리켰었는데 후대로 내려오면서 두 자가 합쳐지고 "弄唐"과 "弄堂"으로 변화해왔다고 한다.

『제7장』

1) PSPP는 무료 어플리케이션으로서 다음의 사이트에서 다운로드가 가능하다. 사이트 주소 : https://www.hs-augsburg.de/~beckmanf/pspp.
2) 1번, 4번 문항의 결과 값에 반영된 표 안의 표는 해당 문항의 전체(1반과 2반) 평균값을 나타낸다. 이 같은 전체 평균값의 표기는 경우에 따라, 3번 문항처럼 상하 양분된 값 우측에 통합되어 표기되기도 한다.
3) 2반은 실제 설문인원이 14명이지만 항목에 따라 입력을 거부한 결과 실제보다 적게 집계되기도 하였다. 기타 항목에도 이와 유사한 사례가 출현한다.

『제8장』

1) 박정원(2005)은 제작의 소개에는 eBook Workshop을, 학습자들의 평가에는 Natata

Ebook Compiler란 프로그램을 이용하였다.

2) 관련 사이트 주소: https://www.google.co.nz/search?q=디지로그&client=safari&rls=en&tbm=isch&tbo=u&source=univ&sa=X&ved=0CCEQsARqFQoTCID9sOWI_cgCFeFdpgodYsMAVA&biw=1276&bih=716&dpr=2.

3) 재인용된 서명은 다음과 같다. "로제 샤르티에, 굴리엘모 카발로 엮음, 이종삼 역(2006), 『읽는다는 것의 역사』, 서울 : 한국출판마케팅연구소".

4) 『인터넷통계정보시스템』 메인페이지의 「인터넷이용률」. 사이트 주소: http://isis.kisa.or.kr.

5) 재인용된 원저는 다음과 같다. "Apple, M.(2003), Prejudice and pride: School histories of the freedom struggle in India and Pakistan by Krishna Kumar[Book Review]. *Comparative Education Review* 47, pp.123~125". 참고로, 인용된 Apple의 문구 속 괄호는 필자가 임의로 친 것이 아니라 인용된 원문 그대로의 것이다.

6) 이들 요소를, 생산과 소비, 유통을 아우르는 좀 더 큰 틀의 개념으로서 '디지털 플랫폼'이라고 부른다.(『키워드 100으로 읽는 문화콘텐츠입문사전』 2013, p.253) 사사키 도시나오(2010[한석주 역 2010, p.17])는 하드웨어보다 "'책을 사서 읽을 수 있는 매력적인 기반'을 제공하는 곳"이 승부에서 살아남을 것이라며 이 플랫폼의 중요성을 강조하고 있다. 그러나 이 같은 논의는 자본을 바탕으로 한 논의로서 본 장의 취지와는 상이하다. 본 장은 현재 주어진 환경을 최대한 이용하여 전자책을 만들고 교육에 시용(試用)해보자는 데 목적이 있으므로 특정 플랫폼이나 단말기 등 심화되고 복잡한 논의는 그 범위에서 제외하고자 한다.

7) Kindle은 미국의 Amazon에서, Crema는 한국이퍼브라는 공동출자 회사에서, 그리고 Kobo는 일본의 Rakuten이란 회사에서 만든 전자책 전용 단말기이다. 관련 사이트 주소: Kindle — https://kindle.amazon.com, Crema — http://www.k-epub.com/crema/index.jsp, Kobo — https://www.kobo.com.

8) 『2015한국인터넷백서』의 「인터넷 주요통계」를 보면 2014년 현재 인터넷 이용자수는 41,118천 명, 스마트폰 가입자수는 2015년 4월 현재 41,427천 명이다.(「목차」 전의 제시 사항으로서 페이지수 미상) 사이트 주소: http://isis.kisa.or.kr/ebook/WhitePaper2015.pdf.

9) 제작에 있어 한 가지 고려해야 할 점이 있다. 저작권의 문제가 그것이다. 특히 정보의 전달 및 확대경로가 다양해진 요즘, 학기 단위의 한시적 변용도 민감한 문제가 되었다. 본 장의 주제인 전자교재에만 국한해서 보자. 저작권 문제를 수업으로 들여오려 하면 흔히 두 가지 딜레마에 빠진다. 하나는, 가공 전부터 출판사로부터 이용권에 대한 허락을 받아야 한다. 무엇을 이용하여, 어디부터 어디까지, 언제부터 언제까지 등의 세부논의가 그에 포함될 것이다. 하지만 이 같은 과정을 거치고 나면, 허락을 득할 경우 교수자의 창의적 설계 의도는 상실될 것이고 허락을 득하지 못할 경우 가공 자체는 원천

봉쇄될 것이다. 허락을 득하여도 비용이 요구된다면 봉쇄되는 것은 역시 마찬가지다. 또 하나는, 그렇다면 교수자가 수업에 필요한 교재를 직접 만들면 '내용'에 대한 문제는 풀릴 수 있으나 가공을 원하는 모든 교재들을 자신이 직접 만들어야 하는 부담을 안아야 한다. 해야 하나 말아야 하나 하는 이 같은 고민들이 결국 수업 효과의 상승을 유도하는 차원에서 한시적으로 기획했던 계획들을 시도조차 하지 못하게 만들 수도 있는 것이다. 이에 대해 박정원(2005, pp.129~132)은 "사용자 암호 방식", "사용기간 제한 방식", "복사, 자르기, 붙이기, 인쇄 제한 방식"을 들어 전자책의 저작권과 이용 제한의 방식을 논하였으나 실제 제작 단계로 들어갈 경우, 허락을 기 득했거나 자신의 교재 내용을 전제해야 한다는 점에서, 역시 상기 두 딜레마로부터 자유로울 수 없다고 판단된다. 저작권의 문제를 비켜가는 방법은 기존의 교재를 그대로 채택하거나 이미 제작된 웹상의 어플리케이션들만을 이용하는 것인데, 이는 자칫 '(이럴 바엔)기술을 이용하지 않는 것이 낫다'는 문제로 환원될 우려가 있고 그에 따라 새로운 시도들조차 무의미하게 만들 우려 역시 낳는다. 단기적으로 풀 수 있는 문제는 아니나 향후 이와 관련하여, 어문학 교육에서 기술(technology)을 어떻게 사용해야 할 것인가 하는 문제에 대해 좀 더 많은 논의가 요구된다고 본다.

10) 이를 '앰비언트(ambient)'라는 용어로 지칭하는데 "항상 우리를 둘러싸고 있으면서 원하는 순간에 원하는 것을 사용할 수 있게 해 준다"는 갖는다(사사키 도시나오 2010 [한석주 2010, p.18]).

11) 필자의 사용 환경은 다음과 같다. PC는 Macbook Pro를 이용하였다. 그리고 Paralles Desktop 11이라는 프로그램을 이용하여 두 가지 환경, 즉 Mac 운영체제(El Capitan)와 기타 Windows 운영체제(Windows 8)를 모두 사용하였다. 시용 과정에서 가장 많은 시행착오를 겪은 부분은, 한글이나 워드 등 보편적인 워드프로세서의 작업 결과물을 어떤 파일 형식으로 저장해야 '.epub'로 변환 시 틀의 상당수를 유지할 수 있는가 하는 데 있었다. 이는 보편적인 워드 프로세서를 이용하면서도 변환의 과정에 비용을 들이지 않는 방법을 찾는다는 취지에서 비롯된 것이었다. 필자가 시도해 본 저장 경로는, 아래 예로 들 한글을 위주로 할 때, '.pdf', '.hwp', '.htm', '.html', '.txt', '.odt' 등이있고 이를 Calibre라는 프로그램을 이용하여 '.epub'라는 확장자로 바꾸는 과정에서 가장 많은 착오를 겪었다. Calibre는 Mac용과 Windows용이 모두 있는데 여기서는 Mac용을 이용하여 변환된 '.epub'를 열람하였다. 그리고 그 중에서 '.odt'가 가장 안정적이라고 판단하였다. 휴대 기기는 iPhone, iPad를, 웹하드는 Google Drive를 이용하였다.

12) ePUB란 "'electronic publication'으로서……전자책 국제 표준을 정하는 국제디지털출판포럼에서 제정한 새로운 전자책 포맷이다(두일철 등 2011, p.223, 각주 3)".

13) ".odt"란 확장자는 "open document text"의 준말이며 '개방형 문서'의 하나로서 여러 종의 사무용 프로세에서 접근할 수 있도록 만든 전자 문서용 파일형식이다(『위키피디

아』). 『위키피디아』 사이트 주소: https://ko.wikipedia.org/wiki/오픈도큐먼트.

14) "Calibre"는 전자책 포맷 변환 프로그램으로서 pdf, txt 등의 여러 문서 형식을 단말기 사양에 맞게 변환시켜준다. 프로그램은 해당 사이트에서 무료로 다운로드가 가능하다. 사이트 주소: http://calibre-ebook.com.

15) Mac 계열 컴퓨터의 사용자가 늘어나면서 현재는 '한글'과 'MSWord'도 Mac용으로 출시되어 있다.

16) (6), (7), (8)은 모두 편의상 Mac계열의 제품군으로 사용하였다. 그러나 Windows환경과 Android환경에서도 '.epub'를 열람할 수 있는 프로그램이나 어플리케이션을 통해서 열람이 가능하다.

17) 사이트 주소: http://readwrite.com/2011/03/16/1_in_4_college_textbooks_will_be_digital_by_2015.

18) 『2015한국인터넷백서』(2015, p.118). 사이트 주소: http://isis.kisa.or.kr/ebook/WhitePaper2015.pdf.

『제9장』

1) 와인버거(2011[이진원 2014, p.35])는 "신문, 백과사전, 교과서와 같은 과거 지식 생산 기관들은 대중을 위해 정보를 여과했다는 사실만으로 상당 부분 권위를 인정받았다"고 하면서 정보의 여과가 갖는 중요성을 언급한다.

2) "The exercise revealed numerous errors in both encyclopaedias, but among 42 entries tested, the difference in accuracy was not particularly great."

3) 이 점에서 럼지(2016 [곽성혜 2016, pp.297~298])의 논의는 주의를 기울일만하다. 그는 디지털 리터러시에 대해 "우리가 무엇을 읽고 무엇을 게시하는가, 우리의 데이터를 누가 어떤 방법으로 이용하는가, 우리의 일생 동안, 그리고 그 이후에 우리의 데이터에는 무슨 일이 벌어지는가에 관해 우리가 직접 선택할 수 있는 자율성을 달성"하는 것으로 정의하면서 "적절한 회의주의적 시각으로 읽는 법을 배워서 읽고 있는 정보가 믿을 만한지 평가할 줄 알고, 데이터를 우리 자신과 다른 사람들에게 책임 있는 자세로 이용할 줄 아는 데서 시작한다"고 말한다.

4) 구체적으로, 교재 예시는 목차 상 크게 "음운론", "문자학", "표준어와 방언"으로 구성되어 있으며 구상을 시작(試作)하는데 발췌, 인용된 부분들의 상세는 다음과 같다.
   · 음운론: Sun(2004[최규발 등 2012]), pp.56~60
   · 문자학: 1) "한자" — Sun(2004[최규발 등 2012]), pp.135~136
     2) "갑골문과 금문" — Sun(2004[최규발 등 2012]), p.20

3) "중국문자의 역사" — Sun(2004[최규발 등 2012]), pp.135~144
4) "한자 서사 도구" — 김현철 등(2006), pp.46~53

· 표준어와 방언: 1) "표준어의 형성과정" — 최영애(2008), pp.72~74
2) "중국어의 방언" — 김현철 등(2006), pp.174~176.

5) 그림 11, 12 지도(Languages of East Asia) 출처: http://www.360doc.com/content/10/0329/11 /294383_20708600.shtml. 이상 그림 4, 5, 8의 출처도 이와 동일하다.
6) 그림 13 좌 · 하지도(『中國漢語方言圖』) 출처: http://www.onegreen.net/maps/HTML/51234.html.
그림 13 우 · 상지도(『中國漢語方言圖』—「官話之一」) 출처: http://www.scuec.edu.cn/s/211/t/892/ea/c2/info60098.htm.
7) 그림 14 사이트 주소: https://ko.wikipedia.org/wiki/국제_음성_기호.
8) 그림 15, 16의 해부도 영상 및 그림 15의 우 · 하 그림은 Essential Anatomy를 토대로 가공하였다. Essential Anatomy는 인체해부도와 관련한 어플리케이션 명칭이다. 사이트 주소: https://3d4medical.com.
9) 사이트 주소: http://ironcreek.net/phpsyntaxtree/.
10) 그림 22 좌 · 상그림(蘭亭序) 출처: https://ja.wikipedia.org/wiki/蘭亭序.
11) 그림 23의 각 서체별 출처는 다음과 같다.
좌 · 상그림(甲骨文) 출처: http://www. 9610.com/jiagu/bian/index.htm.
우 · 상그림(大盂鼎銘文) 출처: http://www.9610.com/xianqin/dayu.htm.
좌 · 중그림(石鼓文) 출처: http://www.9610.com/xianqin/shigu/index.htm.
우 · 중그림(曹全碑) 출처: http://collection.sina.com.cn/jczs/20141119/1005170841.shtml.
좌 · 하그림(牛橛造像) 출처: http://book.kongfz.com/item_pic_190456_463273008/.
우 · 하그림(蘭亭序) 출처: https://ja.wikipedia.org/wiki/蘭亭序.
12) 그림 24(그림 22 좌 · 하 영상[周傑倫, 『蘭亭序』]) 출처: https://www.youtube.com/watch?v=s5Xl5MXboas.
13) 그림 25, 26 관련 영상은 "MBC 다큐멘터리 『페이퍼로드』 제1부(2010)"이 일부이다 이상 그림 9, 10의 출처도 이와 동일하다.
14) 그림 27, 28의 "○○ 제시"는 해당란에 관련 사진이나 그림을 삽입해야 한다는 것을 가리킨다.
15) 전자교재를 고려함에 있어 저작권 문제와 관련한 딜레마는 박찬욱(2016, p.38, 각주 9) 또는 본서 제8장 미주 9)를 참고할 수 있다.
16) 일례로, 관련 관계자의 말에 따르면, MAC 계열의 PC와 모바일 사용자를 위해 제공되는 플랫폼 iTunes U는 그것의 사용에 있어 기관장의 결재까지 요구된다고 한다.

참고문헌

강소영(2004), 「중국어의 화행별 공손 표현 연구」, 이화여자대학교 석사학위 논문.

고영빈(2007), 「고등학교 중국어 교육 E-BOOK 제작 툴과 활용」, 『中國語教育과 硏究』 제5호, pp.49~64.

구현정(2000), 「유머 담화의 구조와 생성 기제」, 『한글』 제248호, pp.159~184.

구현정, 전정미(2007), 『화법의 이론과 실제』, 박이정.

글로컬문화연구회(2013), 『키워드 100으로 읽는 문화콘텐츠 입문사전』, 서울: 꿈꿀 권리.

Stein, Jared, Charles R. Graham 저, 김도훈, 최은실 역(2016), 『블렌디드 러닝: 이론과 실제』, 서울: 한국문화사[Jared Stein, Charles R. Graham (2014), *Essentials for Blended Learning: A Standards-Based Guide*, Routledge].

Thorne, Kaye 저, 김성길, 양유정, 임의수, 편은진 역(2005), 『블렌디드 러닝』, 서울: 학지사[Thorne, Kaye(2003), *Blended Learning: How to integrate online & traditional learning*, Kogan Page Limited].

김영식(2009), 『인문학과 과학 ― 과학기술 시대 인문학의 반성과 과제』, 파주: 돌베개.

김원중 역해(2004), 『당시』, 서울: 을유문화사.

김웅용(2003), 「중1 영어교과서 대화문 분석 - 사회언어학적 변인 중심으로」, 연세대학교 교육대학원 석사학위 논문.

김정은(2006), 「한국어와 중국어의 요청표현 대조분석 ― TV 드라마의 대화를 중심으로」, 『中國語文學論集』 제41호, pp.173~192.

김정은(2007),「고등학교 중국어 교과서에 나타난 요청 표현 분석」,『中語中文學』 제41집, pp.167~191.

김정은(2008),「한국인과 중국인의 중국어 거절표현 사용전략 고찰」,『中國語文學論集』 제52호, pp.171~194.

김정은(2010),「한국어와 중국어의 공손표현 대조 분석 — 부탁화행을 중심으로」,『中國語文學論集』 제62호, pp.193~211.

김태만, 김창경, 박노종, 안승웅 저(2011),『쉽게 이해하는 중국문화』, 서울: 다락원.

김하수(2008),『문제로서의 언어1: 사회와 언어』, 서울: 커뮤니케이션북스.

김학주(1998),『중국문학사』(수정판), 서울: 신아사.

김현철, 김시연(2006),『중국어학의 이해』, 서울: 학고방.

더글라스 토머스, 존 실리 브라운 저, 송형호, 손지선 역(2013),『공부하는 사람들』, 서울: 라이팅하우스[Douglas Thomas, John Seely Brown (2011), *A new culture of learning*].

데이비드 와인버거 저, 이진원 역(2014),『지식의 미래』, 서울: 리더스북 [David Weinberger(2011), *Too big to know*, New York: Basic Books].

두일철, 김용범(2011),「모바일 플랫폼에서의 e-Book 콘텐츠 활성화 연구」,『인문콘텐츠』 제21호. pp.221~245.

류영호(2014),『세계 전자책 시장은 어떻게 움직이는가』, 서울: 한국출판마케팅연구소.

미래전략정책연구원(2016),『10년 후 4차산업혁명의 미래』, 고양: 일상과 이상(전자책 ePUB 버전).

相原茂, 石田知子, 戶沼市子 편저, 박귀진, 민병석 해설(2007),『왜? 라는 질문에 속시원히 답해주는 중국어문법책』, 서울: 시사중국어사[相原茂, 石田知子, 戶沼市子(2007),『Why?にこたえるはじめての中国語の文法書』, 株式会社 同学社].

박승억(2015), 『학문의 진화』, 파주: 글항아리.

박용예(2005), 「대화분석과 영어교육」, 양혜순, 이성범, 이창봉 엮음, 『영어학의 최근 논점』, 서울: 한국문화사, pp.321~364.

박용익(2001), 『대화분석론』, 서울: 역락.

박용익(2003), 『수업대화의 분석과 말하기 교육』, 서울: 역락.

박정원(2005), 「중국문학교육을 위한 E-BOOK 콘텐츠 제작론」, 『中國研究』 제36권, pp.117~136.

박정원(2012), 「中國語文 學習을 위한 오디오북 어플리케이션 類型分析과 活用 戰略 研究」, 『중국학연구』 제60집, pp.101~133.

박찬욱(2010), 「대화분석과 중국어 교재분석 ― 말하기 교재를 중심으로」, 『中國文學研究』 제41집, pp.281~313.

박찬욱(2011), 「사례연구를 통한 블렌디드 러닝 기반의 중국어 회화수업 설계」, 『中國語教育과 研究』 제14호, pp.15~31.

박찬욱(2012)a, 「중국어 말하기 교육을 위한 몇 가지 화용론적 제언 ― 교재 속 지시화행 분석을 중심으로」, 『비교문화연구』 제27집, pp.435~470.

박찬욱(2012)b, 「중국어 실습 교육을 위한 블렌디드 러닝 모델: 말하기 수업을 중심으로」, 『中國語教育과 研究』 제16호, pp.95~118.

박찬욱(2012)c, 「중국어 읽기 수업 환경 개선을 위한 제안: 블렌디드 러닝을 중심으로」, 『비교문화연구』, 제29집, pp.413~451.

박찬욱(2016), 「중국어 전자교재 편찬의 검토와 그 의의에 대하여」, 『중국과 중국학』 제27호, pp.29~51.

方李莉 저, 구선심 역(2008), 『도자기』, 서울: 대가[方李莉(2005), 『Chinese Ceramics』, 五洲傳播出版社].

백경숙(1998), 「영어와 한국어에서의 칭찬에 대한 응답전략 고찰」, 『사회언어학』 제6권 2호, pp.229~264.

사사키 도시나오 저, 한석주 역(2010), 『전자책의 충격』, 서울: 커뮤니케이션북스[佐佐木俊尙(2010), 『電子書籍の衝擊』, 東京: Discover 21].

서경희(2014), 「화용론과 대화 분석」, 강현석, 강희숙, 박경래, 박용한, 백경숙, 서경희, 양명희, 이정복, 조태린, 허재영 저, 『사회언어학: 언어와 사회, 그리고 문화』, 서울: 글로벌콘텐츠, pp.233~278.

성민경(2016), 「플립러닝의 이해」, 이민경, 성민경, 정주영 외 15명 저, 『플립러닝: 이해와 실제』, 파주: 교육과학사, pp.23~38.

양은미(2011), 「화행」, 『영어교육을 위한 화용론』, 서울: 한국문화사, pp.109~160.

애비 스미스 럼지 저, 곽성혜 역(2016), 『기억이 사라지는 시대: 디지털 기억은 인간의 운명을 어떻게 바꾸는가』, 서울: 유노북스[Abby Smith Rumsey (2016), *When we are no more: How digital memory is shapping our future,* Bloomsbury Publishing].

요하네스 잘츠베델 저, 박미화 역(2012), 「지식의 역사를 찾아서」, 요아힘 모르, 노베르트 F. 푀츨, 요하네스 잘츠베델 저, 『무엇이 과연 진정한 지식인가』, 서울: 더숲, pp.15~26.

윤남웅(2013), 『iBooks Author 2』, 서울: 디지털북스.

이성범(2002), 『영어화용론』, 서울: 한국문화사.

이원표(2001), 『담화분석: 방법론과 화용 및 사회언어학적 연구의 실례』, 서울: 한국문화사.

이익환, 권경원 역(1992), 『화용론』, 서울: 한신문화사[Stephen C. Levinson (1983), *Pragmatics*, Cambridge University].

이민경(2016), 「대학교육 패러다임의 변화와 플립러닝」, 이민경, 성민경, 정주영 외 15명 저, 『플립러닝: 이해와 실제』, 파주: 교육과학사, pp.13~21.

이어령(2006), 『디지로그 선언』, 서울: 생각의 나무.

이재원(2006), 「의사소통이론에 기댄 유머 텍스트의 분석 — 개그콘서트를 중심으로」, 『독어교육』 제35집, pp.117~141.

이재현(2013), 『디지털 시대의 읽기 쓰기』, 서울: 커뮤니케이션북스.

이지은, 허지운, 최문선, 장애리(2015), 「블렌디드 러닝을 활용한 통역 교수법 사례연구」, 『번역학연구』 제16권 1호, pp.117~144.

이해윤 역(2009), 『화용론』, 서울: 한국외국어대학교 출판부[Yan Huang (2006), *Pragmatics*, Oxford University Press].

임소정(2015), 「시나리오 접근법을 통한 중국어 요청 화행의 유형 및 특징 분석 — 관습적 간접 화행을 중심으로」, 『中國研究』 제64권, pp.87~104.

임지영(2015), 「플립러닝을 활용한 중국어 어법 수업모형 설계 연구: "가능보·정태보어·정도보어"를 실례로」, 『中國語教育과 研究』 제22호, pp.151~174.

陳廷祐 저, 최지선 역(2008), 『서예』, 서울: 대가[陳廷祐(2003), 『Chinese Calligraphy』, 五洲傳播出版社].

진 현(2016), 「중→한 순차통역 교수 모형 설계: 블렌디드 러닝을 중심으로」, 『중국어문학』 제73집, pp.407~429.

Chaofen Sun 저, 최규발, 박원기, 조경환, 정지수 역(2012), 『중국언어학입문』, 서울: 한국문화사[Chaofen Sun(2004), *Chinese: a linguistic introduction*, Cambridge University Press].

최영애(2008), 『중국어란 무엇인가』(개정증보판), 서울: 통나무.

최윤경(2011), 「블렌디드 러닝을 활용한 '기초중국어' 수업 모형 개발 및 적용」, 『中國語教育과 研究』 제13호, pp.1~15.

최종세 엮음(2002), 『중국 시·서·화 풍류담』, 서울: 책이 있는 마을.

최현미(2014), 「Flipped Classroom 모형의 중국어 중급 청취 수업 응용을 위한 교수 설계」, 『中國語文學誌』 제48집, pp.453~481.

편자 미상, 심영환 역(2005), 『시경』, 서울: 홍익출판사.

한기호(2006), 『디지로그 시대 책의 행방』, 서울: 한국출판마케팅연구소.

형당퇴사(蘅塘退士) 편, 류종목, 주기평, 이지운 역(2010), 『당시삼백수』1, 서울: 소명출판.

常敬宇 編著(1995),『漢語詞彙與文化』, 北京: 北京大學出版社.
黃壽祺, 梅桐生 譯注(1984),『楚辭全譯』, 貴陽: 貴州人民出版社.
李起敏, 白嵐玲 選注(1999),『歷朝花鳥咏物詩』, 北京: 華夏出版社.
李 櫻(2012),『語用研究與華語教學』, 新北: 正中書局.
劉 虹(2004),『會話結構分析』, 北京: 北京大學出版社.
劉炯朗(2011),『國文課沒教的事』, 臺北: 時報文化[Google Play 도서 버전].
錢乃榮, 許寶華, 湯珍珠 編著(2007),『上海話大詞典』, 上海: 上海辭書出版社.
商務印書館編輯部(1979),『辭源』(修訂本), 北京: 商務印書館.
索振羽 編著(2000),『語用學教程』, 北京: 北京大學出版社.
王建輝, 易學金 主編(2004),『中國文化知識精華』, 武漢: 湖北人民出版社.
王力(2002),『詩詞格律十講』, 北京: 商務印書館.
王其鈞 主編(2007),『中國建築圖解詞典』, 北京: 機械工業出版社.
徐大明, 陶紅印, 謝天蔚(2004),『當代社會語言學』, 北京:中國社會科學出版社.
游汝傑(2005),「社會語言學與漢語方言學的新階段」, 劉丹青主編,『語言學前沿與漢語研究』, 上海: 上海教育出版社, pp.346~367.
中國社會科學院語言研究所詞典編輯室 編(2012),『現代漢語詞典』, 北京: 商務印書館.

Attardo, Salvatore(1994), *Linguistic theories of humor*, Berlin: Mouton de Gruyter(『Google Books』 버전).
Blum-Kulka, Shoshana, Juliane House, Gabriele Kasper(1989), The CCSARP Coding Manual, In Shoshana Blum-Kulka, Juliane House, Gabriele Kasper eds., *Cross-cultural pragmatics: Requests and apologies*, NJ: Ablex Publishing Corporation, pp.273~294.
Brown, H. Douglas(2001), *Teaching by Principles: An Interactive Approach to Language Pedagogy*(Second Edition), NY: Longman.
Brown, Penelope, Stephen C. Levinson(1987), *Politeness: Some universals*

in language usage, Cambridge: Cambridge University Press.

Chao, Yuen Ren(1981), *A Grammar of Spoken Chinese*(臺灣版), 臺北: 敦煌書局.

Chen, rong(1993), Responding to compliments: A contrastive study of politeness strategies between American English and Chinese speakers, *Journal of Pragmatics* 20(11), pp.49~75.

Chen, Shu-hui Eileen(2003), Compliment Response Strategies in Mandarin Chinese: Politeness Phenomenon Revisited, *Concentric: Studies in English Literature and Linguistics* 29(2), pp.157~184.

Cummings, Louise(2010), *The Pragmatics Encyclopedia*, NY: Routledge.

Giles, Jim(2005), Special Report: Internet encyclopaedias go head to head, *Nature* Vol.438, pp.900~901.

Huang, Yan(2007), *Pragmatics*, New York: Oxford University Press.

Hudson, R. A.(1996), *Sociolinguistics*(second edition), Cambridge: Cambridge University Press.

Hutchby, Ian, Robin Wooffitt(1998), *Conversation Analysis: Principles, Practices and Applications*, MA: Polity Press.

Kaplan, Robert B.(2011), Cultural Thought Patterns Inter-Cultural Education, In Tony Silva, Paul Kei Matsuda eds., *Landmark Essays on ESL Writing*, New York: Routledge, pp.11~25.

Levinson, Stephen C.(1983), *Pragmatics*, Cambridge: Cambridge University Press.

Levinson, Stephen C.(2004), Deixis, In Laurence R. Horn, Gregory Ward eds., *The Handbook of Pragmatics*, Oxford: Blackwell Publishing Ltd.

O'Keeffe, Anne, Brian Clancy, Svenja Adolphs(2011), *Introducing pragmatics in use*, New York: Routledge.

Pomerantz, Anita, John Heritage(2013), Preference, In Jack Sidnell, Tanya Stivers eds., *The Handbook of Conversation Analysis*, Blackwell Publishing, pp.210~228.

Raskin, Victor(1992), Humor and Language, In William Bright ed., *International Encyclopedia of Linguistics*, New York: Oxford University Press, pp.180~182.

Raskin, Victor(1998), Humor, In Jacob L. Mey ed., *Concise Encyclopedia of Pragmatics*, Oxford: Elsevier, pp.354~359.

Schegloff, Emanuel A., Harvey Sacks(1973), Openning up closings, *Semotica* VIII(4), pp.289~327.

Schegloff, Emanuel A.(1995), Discourse as an Interactional Achievement III: The Omnirelevance of Action, *Research on Language and Social Interaction* 28(3), pp.185~211.

Schneider, Klaus P., Anne Barron(2008), Where pragmatics and dialectology meet: Introducing variational pragmatics, In Klaus P. Schneider, Anne Barron eds., *Variational Pragmatics*, Amsterdam: John Benjamins Publishing Company, pp.1~32[『Google Books』 버전].

Searle, John R.(1976), A Classification of Illocutionary Acts, *Language in Society* 5(1), pp.1~23.

Searle, John R.(1979), *Expression and Meaning: Studies in the Theory of Speech Acts*, Cambridge: Cambridge University Press.

Shannon, P.(2010), Textbook Development and Selection, In Penelope Peterson, Eva Baker, Barry McGaw eds., *International Encyclopedia of Education*(Third Edition) Vol.1, Elsevier, pp.397~402.

Sherzer, Joel(1985), Puns and Jokes, In van Dijk, T. A. ed., *Handbook of Discourse Analysis*(vol.3), London: Academic Press, pp.213~221.

Simpson, Paul(2011), Verbal Humor, In Patrick Colm Hogan ed., *The*

Cambridge Encyclopedia of The Language Sciences, New York: Cambridge University Press, pp.897~899.

Soanes, Catherine, Angus Stevenson(2004), *Concise Oxford English Dictionary*(11th edition), New York: Oxford University Press.

Wang, Yu-Fang & Tsai, Pi-Hua(2003), An Empirical Study on Compliments and Compliment Responses in Taiwan Mandarin Conversation, *Concentric: Studies in English Literature and Linguistics* 29(2), pp.118~156.

Ye, Lei(1995), Complimenting in Mandarin Chinese, In Gabriele Kasper ed., *Pragmatics of Chinese as native and target language*, Second Language Teaching & Curriculum Center, Manoa: University of Hawai'i, pp.207~295.

Yule, George(1996), *Pragmatics*, Oxford University Press(『Google Books』 버전).

[웹사이트]

* 포털 성격의 웹사이트 위주로 주소를 제시하였으며 기타 웹사이트들은 주석을 통해 주소를 제시하였다.

인터넷통계정보시스템: http://isis.kisa.or.kr.

百度百科: http://baike.baidu.com/.

讀古詩詞網: http://fanti.dugushici.com.

漢典: http://www.zdic.net.

漢籍電子文獻資料庫: http://hanchi.ihp.sinica.edu.tw/ihp/hanji.htm.

中國哲學書電子化計劃: http://ctext.org/zh.

周傑倫 소속사 홈페이지: www.jvrmusic.com.

Google Books: https://books.google.com.

Wikipedia: https://ko.wikipedia.org.

Wikiwand: http://www.wikiwand.com/.

YouTube: https://www.youtube.com.

[영상]

MBC 다큐멘터리(2010), 『페이퍼로드』 제1부.

[분석자료 — 교재]

北京語言學院留學生二係編(1990), 『聽和說』, 北京: 北京語言學院出版社.

史紅宇, 周翠琳 편저(2006), 『新步步高중국어』(입문), 서울: 시사중국어사.

史紅宇, 周翠琳 편저(2006), 『新步步高중국어』(초급), 서울: 시사중국어사.

史紅宇, 周翠琳, 叢琳 편저(2006), 『新步步高중국어』(초중급), 서울: 시사중국어사.

叢琳 , 盧嵐嵐 편저(2006), 『新步步高중국어』(중급), 서울: 시사중국어사.

戴桂芙, 劉立新, 李海燕 편저(2009), 『한어구어』(1), 서울: 동양북스.

戴桂芙, 劉立新, 李海燕 편저(2010), 『한어구어』(2), 서울: 동양북스.

戴桂芙, 劉立新, 李海燕 편저(2010), 『한어구어』(3), 서울: 동양북스.

劉德聯 , 劉曉雨 編著(1997), 『中級漢語口語』(下册), 北京: 北京大學出版社.

劉元满 , 任雪梅 , 金舒年 編著(1997), 『高級漢語口語』(上册), 北京: 北京大學出版社.

劉彤, 邵力敏 편저(2004), 『Easy 中國語』(Red), 파주: China Press.

劉彤, 邵力敏 편저(2004), 『Easy 中國語』(Blue), 파주: China Press.

劉彤, 邵力敏 편저(2004), 『Easy 中國語』(Green), 파주: China Press.

馬箭飛, 蘇英霞, 翟艶 저, 변형우, 강필임 편역(2000), 『신공략 중국어』(기초), 서울: 다락원.

馬箭飛, 蘇英霞, 翟艶 저, 변형우, 강필임 편역(2000), 『신공략 중국어』(초급), 서울: 다락원.

馬箭飛, 李小榮(2007), 『신공략 중국어』(프리토킹편, 제2판), 서울: 다락원.

沈建華(2006), 『알짜배기 중국어 구어표현 500』, 서울: 시사중국어사.
趙金銘 , 蘇英霞 , 胡孝斌(2007), 『중국어路』(上), 서울: 다락원.
趙金銘 , 蘇英霞 , 胡孝斌(2007), 『중국어路』(下), 서울: 다락원.
Richards, Jack C., Jonathan Hull, Susan Proctor(2008), *Interchange: Full Contact*(third edition, Student's Book 3), New York: Cambridge University Press(『Google Books』 버전).
Liu, Yuehua, Tao-chung Yao, Yaohua Shi, Nyan-ping Bi(1997), *Intergrated Chinese*(Level 2), Boston, MA: Cheng & Tsui Company.
Yao, Tao-chung, Yuehua Liu, Liangyan Ge, Yea-fen Chen, Nyan-ping Bi, Xiaojun Wang(1997), *Intergrated Chinese*(Level 1, Part 1), Boston, MA: Cheng & Tsui Company.
Yao, Tao-chung, Yuehua Liu, Liangyan Ge, Yea-fen Chen, Nyan-ping Bi, Xiaojun Wang(1997), *Intergrated Chinese*(Level 1, Part 2), Boston, MA: Cheng & Tsui Company.

[분석자료 — 영화]

周傑倫 감독, 『不能說的·秘密』, 周傑倫, 桂綸鎂, 黃秋生, 曾愷玹 주연, 臺灣, 2007.

[분석자료 — TV 프로그램]

『GAG生活大爆笑』:
2015년 1월 24일 방송분: https://www.youtube.com/watch?v=kq3vFx273KM&list=PLGjsh-EBqdUPUtol1ZCEQRp2t3umedp4U&index=13.
2015년 1월 31일 방송분: https://www.youtube.com/watch?v=rvrHg8OTW00&list=PLGjsh-EBqdUPUtol1ZCEQRp2t3umedp4U&index=12.
2015년 2월 7일 방송분: https://www.youtube.com/watch?v=riKaHXqtKZ8&list=PLGjsh-EBqdUPUtol1ZCEQRp2t3umedp4U&index=11.

2015년 2월 14일 방송분: https://www.youtube.com/watch?v=Wy6kOiuSOrA&list=PLGjsh-EBqdUPUtol1ZCEQRp2t3umedp4U&index=10.
2015년 2월 21일 방송분: https://www.youtube.com/watch?v=qwK6EYFKl_s&list=PLGjsh-EBqdUPUtol1ZCEQRp2t3umedp4U&index=9.
2015년 2월 28일 방송분: https://www.youtube.com/watch?v=KIFG883e90U&list=PLGjsh-EBqdUPUtol1ZCEQRp2t3umedp4U&index=8.

[분석자료 — 음악]

* '「 」'은 곡명, '『 』'은 앨범명을 가리킨다.

『不能說的 · 秘密』 Original Sound Track, 臺灣: Sony BMG, 2007.
方文山 작사, 周傑倫 작곡(2001), 「愛在西元前」, 『范特西』.
方文山 작사, 周傑倫 작곡(2001), 「上海一九四三」, 『范特西』.
方文山 작사, 周傑倫 작곡(2003), 「東風破」, 『葉惠美』.
方文山 작사, 周傑倫 작곡(2004), 「七里香」, 『七里香』.
方文山 작사, 周傑倫 작곡(2005), 「髮如雪」, 『11月的蕭邦』.
方文山 작사, 周傑倫 작곡(2006), 「菊花臺」, 『依然范特西』.
方文山 작사, 周傑倫 작곡(2007), 「青花瓷」, 『我很忙』.
方文山 작사, 周傑倫 작곡(2011), 「琴傷」, 『驚嘆號』.
周傑倫 작사, 周傑倫 작곡(2001), 「蝸牛」, 『FANTASY PLUS EP』.
周傑倫 작사, 周傑倫 작곡(2006), 「聽媽媽的話」, 『依然范特西』.

박찬욱(朴贊旭)

서울여자대학교 중어중문학과 부교수
경희대학교 중어중문학과 학사
연세대학교 중어중문학과 석사
南京大學 中國語言文學係 박사
역서로는 『당대사회언어학』이, 저서로는 『리얼중국어』(1, 2)가 있다.

중국어교육과 상호작용
– 언어, 문화, 기술

초판 인쇄 2018년 3월 1일
초판 발행 2018년 3월 6일

지 은 이 | 박 찬 욱
펴 낸 이 | 하 운 근
펴 낸 곳 | 學古房

주 소 | 경기도 고양시 덕양구 통일로 140 삼송테크노밸리 A동 B224
전 화 | (02)353-9908 편집부(02)356-9903
팩 스 | (02)6959-8234
홈페이지 | http://hakgobang.co.kr/
전자우편 | hakgobang@naver.com, hakgobang@chol.com
등록번호 | 제311-1994-000001호

ISBN 978-89-6071-738-1 93720

값 : 16,000원